21世纪普通高等院校系列精品教材

会计信息系统

（第二版）

▶ 主　编◎罗　萍　　王婧婧
▶ 副主编◎韩佳佚　　王秀霞　　黄　丹

西南财经大学出版社

中国·成都

图书在版编目（CIP）数据

会计信息系统/罗萍,王婧婧主编;韩佳佚,王秀霞,黄丹副主编.
—2 版.—成都:西南财经大学出版社,2023.8
ISBN 978-7-5504-5797-3

Ⅰ.①会…　Ⅱ.①罗…②王…③韩…④王…⑤黄…　Ⅲ.①会计信息—
财务管理系统—高等学校—教材　Ⅳ.①F232

中国国家版本馆 CIP 数据核字(2023)第 094494 号

会计信息系统(第二版)

KUAIJI XINXI XITONG

主　编　罗　萍　王婧婧
副主编　韩佳佚　王秀霞　黄　丹

责任编辑:雷　静
责任校对:李建蓉
封面设计:墨创文化　张姗姗
责任印制:朱曼丽

出版发行	西南财经大学出版社(四川省成都市光华村街 55 号)
网　　址	http://cbs.swufe.edu.cn
电子邮件	bookcj@swufe.edu.cn
邮政编码	610074
电　　话	028-87353785
照　　排	四川胜翔数码印务设计有限公司
印　　刷	郫县犀浦印刷厂
成品尺寸	185mm×260mm
印　　张	16
字　　数	391 千字
版　　次	2023 年 8 月第 2 版
印　　次	2023 年 8 月第 1 次印刷
印　　数	1— 2000 册
书　　号	ISBN 978-7-5504-5797-3
定　　价	48.00 元

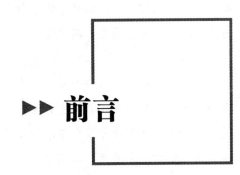

▶▶ 前言

党的二十大报告强调，构建新一代信息技术、人工智能等一批新的增长引擎，可见信息技术正在深刻改变着各行各业，包括会计领域。除了掌握会计专业理论知识外，社会更加注重会计人才的信息技术使用能力、敏捷信息决策能力及人机协同系统下的标准化流程训练能力。会计信息系统课程，可以使读者更好地理解财务信息的生成过程，了解不同决策对财务状况和业绩的影响，并能够通过会计信息系统的报告和分析功能做出更准确、科学的决策。目前，许多企业和组织都依赖会计信息系统来管理财务数据，因此对操作系统熟悉的求职者更受欢迎。

会计信息系统作为管理信息系统中的财务管理子系统，可以记录、处理和报告企业的财务交易和经济活动状况，提供全面且准确的财务信息，满足决策制定、资源配置和监督管理等方面的需要。会计信息系统由多个部分组成。首先是数据输入，我们通过手工输入、电子数据传输或自动化数据采集等方式，将企业的财务交易和相关信息收集起来并输入系统。其次是数据存储，将输入的数据保存在数据库或其他存储设备中，以便后续访问和处理。再次是数据处理阶段，对输入数据进行分类、汇总、计算和分析，生成有用的财务信息和报告。最后是输出报告，将经过处理的信息以适当的形式呈现给内部管理人员、外部利益相关者、投资者和政府监管机构等。会计信息系统协同内外部资源确保财务信息的准确性、完整性、可靠性和及时性，它不仅帮助企业管理者更好地了解企业的财务状况和经营绩效，还能够提供决策依据，支持经济决策和战略规划。

本书基于"项目导向、任务驱动、问题追溯、习题巩固""教、学、做、评合一"的编写思路，以职业核心能力为目标，以企业真实账证资料为载体，以课证融合为途径，使教材内容与会计岗位工作紧密衔接，重构课程内容体系，突显岗位核心能力的培养。以图文并茂的方式，结合大量实例和详尽的操作步骤说明，全面地向读者介绍了用友 ERP-U8 V10.1 在制造企业中的应用。本书先是由浅入深地介绍了会计信息系统的认知方面的基础知识再介绍了如何运用用友 ERP-U8 V10.1 进行财务核算、财务分析以及日常业务处理、期末处理、报表处理等。本书具体分为 12 个项目，各项目的主要内容如下：

项目 1 为会计信息系统认知，使读者了解会计信息系统的来龙去脉和工作界面，掌握会计信息化和会计电算化的区别和联系，明晰会计信息化未来的发展趋势；项目 2 是系统管理，是在读者掌握基础知识后，介绍用友 ERP-U8 V10.1 的系统管理模块中各个功能的使用及操作；项目 3 是企业应用平台，结合会计实务理论进行账务处理；项目 4~项目 11 介绍了用友 ERP-U8 V10.1 的总账系统初始化模块、总账日常管理模块、账簿处理模块、出纳管理模块、薪资管理模块、固定资产管理模块、应收款管理模块、总账管理期末处理模块；项目 12 介绍 UFO 报表模块。本教材由罗萍、王婧婧主编，负责大纲的编写并对全书进行了总纂和审定，副主编有韩佳佚、王秀霞、黄丹。在本书的编写过程中，参考了相关著作和文献，在此向这些著作文献的作者深表感谢。由于作者水平有限，本书难免有不足之处，欢迎广大读者批评指正。

编　者

2023 年 6 月

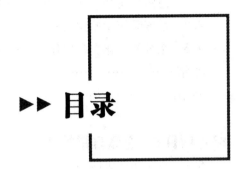

▶▶ 目录

项目 1

会计信息系统认知

1.1 会计信息系统的基本概念

21世纪是一个信息时代，会计工作作为经济生活中不可缺少的一部分，必将更多地运用信息技术。会计信息处理从手工发展到电算化是会计操作技术和信息处理方式的重大变革。它对会计理论和会计方法提出了一系列新的课题，使传统会计格局被打破，新的会计思想和理论逐渐确立，从而在推动会计自身发展和变革的同时，也促进了会计信息系统的进一步发展和完善。

"会计电算化"一词最早来源于1981年8月，在财政部、第一机械工业部、中国会计学会的支持下，中国人民大学和长春第一汽车制造厂联合召开了"财务、会计、成本应用电子计算机问题研讨会"，在这次会议上第一次提出"会计电算化"的概念。当时把"电子计算机在会计业务处理中的应用"简称为"会计电算化"。

会计电算化是一种通俗易懂的提法，人们很容易理解和接受，但对其内涵和外延并没有明确的定义。从字面上讲，会计电算化是指会计业务处理电子计算机化，即会计业务处理工具由原来的算盘转变为电子计算机，其中的"化"字是一个动词，是指用电子计算机这个现代化的工具替代算盘、计算器的一个过程。从其与手工会计的区别上讲，会计电算化不仅是会计业务处理工具从算盘转变为电子计算机的一个过程，也是会计信息载体从纸张转变为磁盘、磁带等磁性介质的一个过程，还是账务处理系统从容易重复计算的四种传统手工会计处理账务的程序转变为成熟的同一种模式的会计电算化账务处理程序的一个过程，从而达到以内部控制方式从岗位分工的项目控制转变为人机结合的综合控制的一个过程。

近三十多年来，会计电算化作为一种事业或奋斗目标，对促进我国计算机在会计业务处理中的应用，起到了很大的作用。随着计算机技术的深入发展和广泛普及，计算机学科对会计学科已经产生了深刻的影响。现在回过头来讨论"会计电算化"一词的含义，可以发现，它的含义已经得到了深化和延伸。现在人们所说的会计电算化的含义与原来的含义已经发生了变化，现在所说的"会计电算化"不仅仅要求用计算机替代算盘和计算器来完成会计业务处理，而且包括一个单位的会计电算化工作的规划与组织、会计电算化的实施与管理、会计电算化制度的建立、会计电算化人员的培训等内容，还要涉及会计核算、会计管理、财务决策和计算机审计等理论与方法的研究。它已经发展成为现代会计学与计算机技术交叉的一门边缘学科。在这种情况下，"会计电算化"一词已经不能包含这个领域的全部内容了，会计电算化作为一个学科的名称或一门课程的名称都显得不合适了。所以，我们主张用"会计信息系统"代替"会计电算化"。其理由有以下几点：

（1）会计信息系统有明确的含义，而会计电算化却无严格定义，是一个不断发展变化的概念，由财务软件的具体工作内容决定。会计信息系统是管理信息系统的一个重要的子系统，属于计算机信息系统的一部分，帮助企业全面管理控制，及时掌握供应链的动态变化和企业实时信息响应的需求，做出有利的决策；而会计电算化主要是对本企业电子会计信息的处理，它仅构成了会计信息系统的基础环境。会计信息系统强调会计管理工作的实质性内容；而会计电算化更侧重会计工作方式和工作环境的现代化，随着计算机技术的发展与会计职能的转变，应用程度将日益提高。

（2）计算机已在各行各业得到广泛应用，如银行、电力、交通、邮电、税收等计算机的应用水平都已达到较高的水平，他们的业务工作、管理工作都离不开计算机，他们都使用"银行信息系统""税收信息系统"等名称。会计也是社会的一个行业，我们使用"会计信息系统"可与其他行业保持一致。

（3）使用"会计信息系统"可与国际上通用的会计信息系统（Accounting Information System，AIS）的概念保持一致，这样便于国际上的交流。

1.2　会计信息系统的功能结构

一个会计信息系统的结构应当包括系统的硬件结构、软件结构和功能结构。会计信息系统的硬件结构和软件结构是根据系统的规模和企业的管理信息系统结构来确定的，如中小型企事业单位可以采用单机系统结构，大中型企事业单位则要采用局部网络结构，大型集团公司或跨国公司则要采用基于 Internet 平台的网络结构。本书我们从应用角度讨论了会计信息系统的功能结构，即会计信息系统是由哪些功能子系统和哪些功能模块组成的。

一个完整的会计信息系统应当由会计核算系统、财务管理系统和财务决策支持系统组成。它们分别满足业务操作层、管理控制层和计划决策层的用户要求。财务管理系统和财务决策支持系统涉及的因素较多，它们与企业管理信息系统的结构有密切关系，有不少单位正在研制和试用，本书着重讨论会计核算系统的功能结构。

在我国，会计核算系统已经有许多成熟的商品化财务软件，不同的行业会计核算系统的功能结构是有区别的，工业企业的会计信息系统的功能模块一般包括账务处理、报表处理、材料核算、工资核算、固定资产核算、往来核算、产品销售核算、成本核算、财务分析等模块，每个模块又有下级的功能模块，形成了一个完整的会计信息系统的功能模块体系。

1.2.1 会计信息系统的基本职能

1.2.1.1 财务子系统

财务子系统主要用于完成会计核算任务。会计核算是对已经发生经济业务的事后反映，主要包括以下几项内容：

(1) 款项和有价证券的收付；

(2) 财物的收发、增减和使用；

(3) 债权、债务的发生和结算；

(4) 资本、基金的增减；

(5) 收支与成本费用的计算；

(6) 财务成果的计算和处理以及其他会计事项等。

1.2.1.2 购销存子系统

购销存子系统主要用于生产单位的供应链管理。供应链管理是对物资采购、库存和产品销售等业务进行会计核算与实物管理。它是财务管理与物流管理的有机整合，是单位对物资进行现代管理的重要内容和手段，也是单位进行成本核算与管理的重要数据来源。会计信息系统只有运用财务软件提供的供应链管理模块，才能使企业做到经济采购、合理库存和扩大销售，从而优化现金流转，更好地管理营运资金，提高资金利用效率。

1.2.1.3 管理决策子系统

管理决策子系统主要用于完成会计管理和会计决策任务。会计管理是根据财经法规和财务管理的要求，来组织企业财务活动和处理财务关系；会计决策是对有多种发展可能性的经济活动，通过编制计划（预算）和量化分析来做出有利的选择。会计信息系统只有运用财务软件中的会计管理和量化分析来做出有利的选择。会计信息系统只有运用财务软件中的会计管理与决策模块，才能正确汇总和分析财务信息，适时取得和反馈管理信息，有效监督和评估企业经营活动，使企业的资金运动能够在可控制的情况下来循环和周转。

1.2.2 会计信息系统的数据传递

1.2.2.1 会计信息系统的数据传递类型

(1) 单向发送数据。

单向发送数据是指只向其他子系统传递数据而不接收外系统发来的数据，如薪资管理系统和固定资产系统等。

(2) 单向接收数据。

单向接收数据是指只接收其他子系统传递的数据而不向外部发送数据，如 UFO 报表系统等。

(3) 双向传递数据。

双向传递数据是指既向其他子系统传递数据，又接收来自其他子系统的数据，如总账处理系统和存货核算系统等。

1.2.2.2 会计信息系统的数据传递关系

会计信息系统主要由总账系统模块、应收款管理模块、应付款管理模块、薪资管理模块、成本管理模块、固定资产模块、采购管理模块、存货核算模块、销售管理模块、库存管理模块、UFO 报表模块构成。会计信息系统以总账系统模块为核心,其他模块与总账系统模块相互互动,进行数据的传递。具体的会计信息系统数据传递关系如图 1-1 所示。

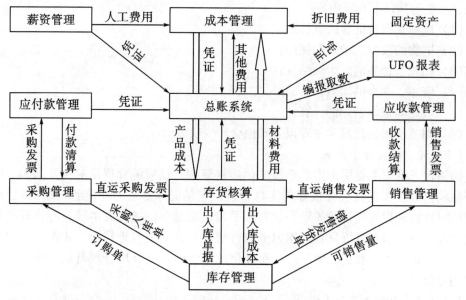

图 1-1　会计信息系统数据传递关系图

1.2.3　会计信息系统模块

1.2.3.1　总账系统

总账系统是一个公司所有账务系统的核心,它好比是公司会计信息的中央处理器。总账系统提供了一个完整的财务管理核算及分析流程。它是所有子账户的信息存储器,反映了所有子账户的财务和现金活动。总账系统的主要作用是记录公司的财务活动,并生成财务报表和管理报表,以帮助公司内外人士进行决策。

(1) 工资子系统与总账系统的关系:工资管理完成工资分摊以及费用规划(福利费、工会费、教育费)自动生成凭证传递到总账子系统,在总账系统中完成审核、记账。

(2) 固定资产子系统与总账系统的关系:固定资产子系统完成增加、减少的卡片输入和折旧处理,自动生成凭证传递到总账子系统,在总账系统中完成审核、记账。

(3) 应收账款子系统与总账系统的关系:应收账款子系统接收销售系统的发票,自动生成凭证传递到总账子系统,在总账系统中完成审核、记账。

(4) 应付账款子系统与总账系统的关系:应付账款子系统接收采购系统的发票,自动生成凭证传递到总账子系统,在总账系统中完成审核、记账。

(5) 存货子系统与总账系统的关系:存货子系统接收库存管理子系统的已审核的出、入库单,自动生成凭证传递到总账子系统,在总账系统中完成审核、记账。

(6) 资金管理子系统与总账系统的关系:资金管理子系统完成企业对内外的收款和付款业务处理以及信息处理,自动生成凭证传到总账子系统,在总账系统中完成审核、记账。

（7）成本子系统与总账系统的关系：成本子系统接收总账、工资、固定资产、库存管理、存货核算传递的数据，自动完成总成本和单位成本计算，自动生成凭证传递到总账子系统、存货以及库存管理子系统，在总账系统中完成审核、记账。

（8）总账子系统与UFO报表系统的关系：总账子系统向UFO报表子系统提供相关数据，自动生成财务系统所需的各种报表。

总账系统的应用流程如图1-2所示。

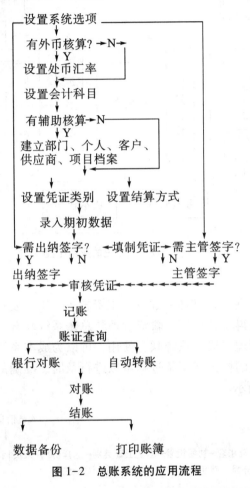

图1-2　总账系统的应用流程

1.2.3.2　应收款管理

应收款管理系统通过销售发票、其他应收单、收款单等单据的业务处理，及时、准确地提供客户的往来账款余额资料、提供各种分析报表，对企业的应收类往来账款进行综合管理，以便合理地进行资金调配、提高资金利用效率。应收款系统的应用流程如图1-3所示。

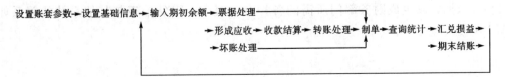

图1-3　应收款系统的应用流程

1.2.3.3 应付款管理

企业通过对采购发票、其他应付单、付款单等单据的业务处理，及时、准确地提供供应商的往来账款余额资料、提供各种分析报表，对企业的应付类往来账款进行综合管理，以便合理地进行资金调配、提高资金利用效率。应付款系统的应用流程如图1-4所示。

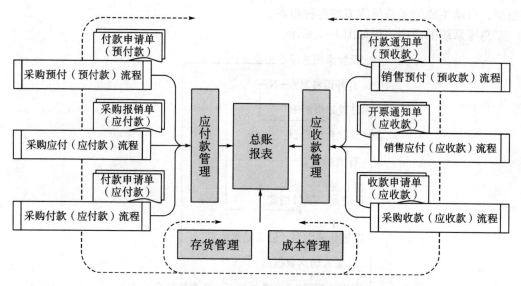

图1-4 应付款系统的应用流程

1.2.3.4 薪资管理

薪资管理系统进行薪资标准体系建立、工资核算、工资发放、工资费用分摊、工资统计、分析和个人所得税核算等。薪资管理与总账系统联合使用，可以将工资凭证传递到总账中；薪资管理与成本系统联合使用，可以为成本系统提供人员的费用。同时，薪资管理对于薪资的档案和调整过程可以进行及时、准确的反映。薪资管理系统的应用流程如图1-5所示。

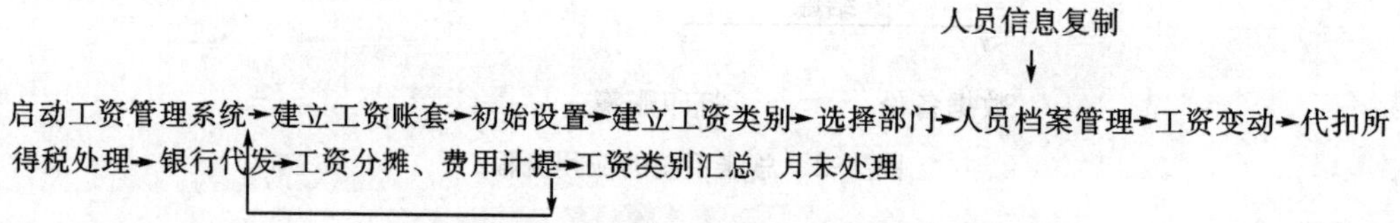

人员信息复制

启动工资管理系统➡建立工资账套➡初始设置➡建立工资类别➡选择部门➡人员档案管理➡工资变动➡代扣所得税处理➡银行代发➡工资分摊、费用计提➡工资类别汇总 月末处理

图1-5 薪资管理系统应用流程

1.2.3.5 UFO报表

UFO报表系统主要是从其他系统中提取编制报表所需的数据。总账、工资、固定资产、应收、应付、财务分析、采购、库存、存货核算和销售子系统均可向报表子系统传递数据，以生成财务部门所需的各种会计报表。UFO报表与其他系统的关系如图1-6所示。

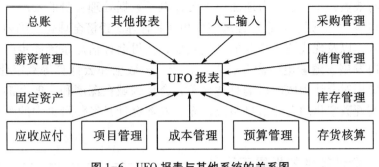

图 1-6 UFO 报表与其他系统的关系图

1.3 会计信息系统的发展历程

1.3.1 会计电算化的产生

随着电子计算机的普及，1954 年美国通用电气公司通过软件第一次在电子计算机上处理工资，使电子计算机开始用于会计工作。电子计算系统通常被称为电子数据处理系统（Electronic Data Processing System，EDPS），会计数据的处理因采用了 EDPS，故称"电子数据处理会计"（Electronic Data Processing Accounting，EDPA）。由于 EDP 会计信息系统刚起步，当时只是用于个别或少数孤立的单项业务模块，如工资计算、编制请款单和销售统计等。1965 年以后逐渐形成完整的会计核算系统，如总账、应收账款、应付账款、工资计算和财务报表等。20 世纪 70 年代开始出现的决策支持系统，为会计单位的预测决策提供了工具，如"购买管理""存货管理"等。20 世纪 80 年代将人工智能引入管理会计的支持系统，进一步增强了会计对整个会计单位的经营管理与决策功能，如"物料需求计划""销售计划""资金及财务管理"等。20 世纪 90 年代以来，信息技术和网络技术的发展，有力地促进了会计（电子）信息系统向企业内部一体化、综合化、智能化和满足局外网户有关信息需求的方向发展，从而使会计（电子）信息系统成为整个企业管理网络的核心部分，出现了 MRP Ⅱ 和 ERP 全面企业管理型软件。

电子数据处理会计在我国开始引入时称为"电子计算机在会计中的应用"。如由中国人民大学财政系编写、中华人民共和国财政部教材编审委员会 1982 年 9 月审定的我国公开出版的第一本 EDPA 高等财经院校试用教材——《电子计算机在会计中的应用》（中国人民大学出版社，1984 年 5 月版）。此后，电子数据处理会计正式简称为"会计电算化"。

我国会计电算化起步较晚。20 世纪 70 年代初开始，有了单项业务的处理。20 世纪 80 年代，逐渐形成了完整的原始凭证输入、编制记账凭证、审核、登账和编制会计报表等会计核算系统。1988 年，先锋和用友软件公司率先推出了商品化会计核算软件，使我国会计电算化进入了快速发展时期。20 世纪 90 年代，随着多功能智能化模块和局域网络、广域网络的出现，会计方面的电子数据处理有了决策与控制的支持系统，网络环境为会计信息系统提供了最大限度的全方位的信息支持，不仅进一步提高了财会工作的效率与效益，而且也有力地加快了会计电子数据处理自身的发展和整个企业经营管理的"电算化"，强化了企业经济核算和企业管理。经济全球化、国内经济体制改革的不断深入，以及现代信息产业的高速发展，使得会计信息系统逐步向智能会计信息处理的方向发展。随着电子商务、人工智能、大数据和云计算等数字化浪潮来袭，新技术、新应用对会计领域的影响日益显著，会计领域在深度和广度上都将出现更新的局面——实现数字化的会计信息系统，充分发挥会计是经济最集中的管理和提供信息的系统的功能。

1.3.2 会计软件的发展历程

软件是电子计算机的灵魂。运用电子计算机所要达到的目的能否实现，关键在于其使用的软件如何。因此，会计电算化的发展，其内涵就在于会计软件的开发与运行环境以及其技术的发展。我国会计软件结构与功能的发展，从 20 世纪开始，大体可分为五个阶段：初始性开发的软件阶段、单项业务处理软件阶段、核算型软件阶段、管理型软件阶段和融合于全面企业管理型软件阶段。

1.3.2.1 初始性开发的软件阶段（1979—1987）

随着国家改革开放的实施，20 世纪 70 年代末开始，我国理论界开始研究计算机在会计中的应用，并逐步建立会计理论结构模型，出现了企业与高等院校、科研院所的合作研究。最早的研究主要是集中在工资的管理与核算模块，以及会计核算中的业务处理上。因而这一阶段的软件开发，不仅广度和深度不足，而且水平有限。会计软件在技术和应用上都处于探索阶段，当时采用和推行的是非商品化定点开发的初始性软件。其中，最有影响的是 1979 年财政部与第一机械工业部联合在第一汽车制造厂进行的建立电子计算机会计信息系统（包括结算中心子系统、会计报表子系统、成本核算子系统、资产台账子系统和货币收付子系统）的开发试点。1981 年 8 月，在财政部、第一机械工业部、中国会计学会的支持下，中国人民大学和第一汽车制造厂联合召开了"财务、会计、成本应用电子计算机专题讨论会"，会议对我国会计电算化的若干理论、政策、步骤、方法和具体技术处理等问题，进行了比较深入的探讨。中国会计学会会计电算化研究组就是经这次会议倡议于 1987 年成立的，它是在中国会计学会领导下专门从事会计电算化理论研究和推广运用的学术团体，这在我国会计发展史上还是首次，也为我国会计电算化的理论深入研究与软件的开发利用奠定了坚实基础。

但定点开发研究，除第一汽车制造厂是由国家组织的以外，基本是自发地进行，缺少长期稳定的技术开发队伍，其开发的软件的后续维护也无法跟上，加之财会人员计算机的应用水平不高等原因，多数定点的开发与应用无果而终。尽管如此，这些实践还是为我国商品化会计软件的出现和应用奠定了基础。

1.3.2.2 单项业务处理型软件阶段（1988—1993）

所谓单项业务处理型软件，是指软件功能只能满足一定业务的一般记账、算账和报账要求的软件，而不是简单地以模块的多少加以区分。其目的是减轻会计人员的工作强度，提高会计核算的工作效率。

1988 年 12 月，我国第一家专业从事商品化会计软件和会计专用设备开发与推广应用的民办高科技企业"用友财务软件服务社"（"用友电子财务技术有限责任公司""用友软件股份有限公司"的前身）在北京海淀新技术产业开发实验区诞生。1990 年

4月，财政部按照1989年12月该部颁布的我国第一个关于会计电算化工作的全国性制度法规《会计核算软件管理的几项规定（试行）》，组织了颁布该规定后的第一次通用会计核算软件的评审活动。此次评审中，用友公司开发的通用会计核算软件工资管理子系统、账务处理子系统和报表处理系统通过了评审。在专项评审后的几年时间里，各软件公司都以各自被评审通过的品牌登场，推出了类似这些子系统的会计核算软件，从而使我国会计软件跨入商品化快速发展阶段。

1.3.2.3 核算型软件阶段（1994—1997）

单项业务处理型软件的商品化，使得各软件公司的竞争日趋激烈，这就迫使各公司对自己所设计的软件不断改进、提高和完善，进而扩展对软件项目和功能的开发，使会计核算对软件的全面需求得到满足，实现了核算型软件发展阶段的到来。

所谓核算型软件，是指对会计六要素（资产、负债、所有者权益、收入、费用和利润）的经济业务，具有进行全部账务处理和报表输出功能的软件，即"三账"（记账、算账和报账）全部由计算机处理。核算型软件的模块一般包括工资核算、材料核算、固定资产核算、成本核算、销售核算、账务处理（一般性）和会计报表等。账务处理和会计报表是最基本的功能模块，它们可独立满足小型会计企业一般的会计核算要求；而对大中型企业和管理要求较高的企业，其核算只使用这两个功能模块显然不够。

1.3.2.4 管理型软件阶段（1998年至今）

随着国有企业改革的深入和现代企业制度的建立，企业的科学管理对会计工作的要求日益提高，同时在软件研制开发及其商务竞争的推动下，会计软件由核算型转向管理型势在必行。

所谓管理型软件，是指对经济业务进行事前预测、决策、计划和预算，事中管理和控制，事后核算和分析的软件。

财政部1998年组织会计软件评审工作时，就要求被评审的软件必须具备应收账款管理、应付账款管理和提供编制现金流量表等功能，为管理型会计软件的开发设计提供了方向性的指导。管理型会计软件的开发，应从最初起就具有规范化的总体设计与系统分析，力求克服同一内容在不同模块中的数据重复输入、缺乏钩稽关系与控制机制等，使软件既具有单元性、整体性、系统性，也可以集成一体化运行；既具有财务管理功能，也可以对生产经营中的物流进行反映与控制。

1.3.2.5 融合于全面企业管理型软件阶段（未来趋势）

随着工业经济时代迈向知识经济时代，国际企业管理软件在应用信息技术和智力资本的推动下，大体经历了三个发展阶段：物料需求规划（MRP）、制造资源规划（MRPⅡ）、企业资源规划（ERP）。

（1）20世纪60~70年代的物料需求规划（Materials Requirement Planning，MRP）软件。

MRP软件是由美国生产与控制协会推出的进行现代企业管理的开创性软件。MRP的发展经历了两个阶段：时段式MRP和闭环式MRP。时段式MRP的特点是，从主生产计划出发，将物料需求区分为独立需求与非独立需求并分别处理，对库存状态引入时间分离概念，从而解决了何时订货以及订货数量问题；闭环式MRP的特点是，围绕物料需求规划，使生产的全过程形成一个统一的闭环系统，只要主生产计划制订好，闭环式 MRP 系统就能很好地运行。现在，一般所说的 MRP 软件指的就是闭环式 MRP。因此，所谓物料需求规划软件，是指围绕物料需求计划，将生产作业计划和采购计划及其执行过程所涉及的数据，进行加工处理，并利用其信息做出计划平衡，具备使生产全过程形成一个统一系统的功能软件。它不仅仅是一个订货及核算系统，事实上，它已成为一个对生产计划的反映和执行控制的工具。

（2）20 世纪 80 年代的制造资源规划（Manufacturing Resource Planning，MRP Ⅱ）软件。

闭环 MRP 系统的出现，使生产计划方面的各种子系统得到了统一，但企业管理中的生产管理只是一个方面，它涉及的只是物流，而与物流密切相关的还有资金流。资金流一般由财会人员实施管理，这就造成了数据的重复录入、加工与存储，降低了工作效率，浪费了资源。人们为了克服这种弊端，使资金流与物流得到统一管理，将财务子系统与生产子系统结合起来，形成一个系统；继而人们又将其他相关的工程技术子系统等纳入，使之成为一个一体化系统，即"制造资源规划"系统，英文缩写也是 MRP，为了与物料需求规划系统的 MRP 有所区别，故称之为"MRP Ⅱ"。因此，MRP Ⅱ 软件是指从主生产计划出发，以企业内物流和资金流为中心，将有关子系统集成一体化管理的软件。它在周密的计划下，可以有效地控制与利用各种制造资源、加速资金周转、缩短生产周期、降低成本，但它仍局限于企业内部物流、资金流、信息流和事中、事后的核算与管理。其基本特点可归纳为以下几个方面：①企业管理系统一体化。将整个企业生产经营活动的物流过程和资金流过程统一于制造资源规划系统，实行一体化的反映与控制。②具备中央数据库。各子系统在统一数据环境下工作，所有数据均取自企业的中央数据库。③具备模拟功能。它能根据不同的决策方针，模拟出各种未来将发生的结果。

由于它具有上述特点，因而我们可将它定义为：制造资源规划（MRP Ⅱ）软件，是指从主生产计划出发，以企业内部的物流和资金流为中心，将有关子系统集成一体化管理的软件。它在周密的计划下，可以有效地控制与利用各种制造资源、加速资金周转、缩短生产周期、降低成本，但它仍局限于企业内部物流、资金流、信息流和事中、事后的核算与管理。

（3）20 世纪 90 年代的企业资源管理（Enterprise Resource Planning，ERP）软件。

20 世纪 90 年代中后期，社会从工业经济时代开始步入知识经济时代，企业所处的时代背景与竞争环境发生了很大变化。主要表现在：创新过程的变化、追求竞争优势的变化、主动需求与被动需求的变化、竞争空间的变化。ERP 是在上述时代背景下，考虑了 MRP Ⅱ 的不足之处，进行大面积的扩充和改进而诞生的。ERP 软件是指将企业的营运流程当作一条紧密连接的供应链，对供应链上所有环节集成一体化系统，实施有效管理，并可实现全球范围的多地区的跨国营运的软件。其基本特点是：能适应企业多元化的经营及跨国一体化的运作，具备动态控制与实时分析和企业的各种资源集成与优化的功能。

近些年来，通过不懈努力，我国也有一些软件企业和高等院校、科研院所，根据我国具体情况，研究开发国产的 ERP 管理软件系统。例如：联想集团 1999 年年初已决定引进国际先进的 ERP 管理系统；用友软件集团已向传统的 ERP 挑战，提出全面实施网络财务战略，建立新型的 ERP 软件，使 ERP 集成网络财务的功能；安易公司 1999

年 10 月 6 日宣布《Anyi2000 财务及企业管理软件》正式出版；还有"金蝶"公司的 K/3ERP。

随着价值链和经济增加值理论的传入，"金蝶"公司于 2004 年 6 月 5 日与思滕思特-远卓管理顾问公司和全球首屈一指的商业软件供应商 HYSL（Hyperion Solutions），在香港召开新闻发布会，宣布三方组成策略性联盟，协助"金蝶"将 EVA 功能纳入 k/3ERP 体系；2004 年，落户深圳的原动力公司也以此为切入点，推出国内首套价值链 VC 管理软件。

这些国产的会计（财务）软件及企业管理软件的日趋完善，必将实现我国数字化会计信息系统的管理型和网络化，推动我国企业管理水平的进一步提高，强化其竞争能力。

1.4　会计信息系统与 ERP 的关系

会计信息系统是企业资源管理系统（ERP）的一部分，因为除了 ACCOUNTING 外，ERP 还包括生产管理（MRPII）、物料管理（MRPI）、人事管理（HRM）、客户管理（CRM）等非会计相关模组。

企业管理的目的是为企业创造利润，企业信息化只是为企业管理提供一种先进的工具、手段与技术。ERP 系统以加强和提高生产及管理效率为目的，是一种有效的手段和工具。对于这点，用户和供应商都毫无疑问。然而，我们很多企业即使在采用了信息化系统之后，仍然对信息的使用知之甚少，造成了大量经营数据的堆积和浪费，或者也只是简单地获得一些系统提供的统计数据；而更多的企业只是用信息化的一些标志把企业弄成"信息化"，却没有真正意识到信息化必须与企业管理实践现代化相结合才能成为企业发展的一种新的生产力。

很多企业被"信息化"了之后，各种企业信息被堆积在企业的各个运行环节中，如果这些信息能够被企业的所有管理人员自觉地有意识地使用，信息系统就能够为企业带来真正的推动力。当前，事实上是企业并没有因为这些"信息"带来更多的效益，反而常常因为管理思想的落后，而成为效率与效益提升的羁绊。一方面，中国的企业必须信息化；另一方面，企业又必须尽快从农业化经济形态转向工业化经济形态。那么，如何为处于工业化初级阶段的企业实施信息化将是中国 ERP 人必须认真思考和解决的问题，既不能简单照搬国外的模式和经验，也不能盲目地把信息化建立在农业化经济形态上。

随着企业业务处理的复杂化，企业不再简单地要求软件系统进行记账与报表输出，还要求软件系统能够提供业务相关的成本、盈利以及绩效等方面的支持信息，这就促使财务软件逐渐向 MRP、ERP 等高度集成化的方向发展。ERP 将财务会计、管理会计的思想与业务流程集成到一体，完全实现了管理会计与财务会计的一体化以及财务业务的一体化。

1.4.1　会计信息系统与 ERP 的区别

（1）集成化程度不同：ERP 系统采用的集成管理技术，远远超出了会计信息系统的范围，它是针对整个价值链的管理。

（2）信息采集方式不同：财务系统的信息源与业务系统完全一致。其唯一性确保了财务信息的真实性、实时性、完整性，使得会计部门的工作重心开始向会计信息的再开发和再利用方面转变，变被动的信息提供服务为主动的决策支持服务，能更好地发挥其自身的创造性和主动性。

（3）控制模式与侧重点不同：在人工环境或者非 ERP 系统下，对业务开支的管理是事前控制，而在 ERP 环境下，由于通过预算管理和利润中心控制的原则，财务对业务的控制模式改变了，ERP 环境下的控制模式变成了事后审查。非 ERP 环境下会计信息系统的控制权限是由财务部门确定的，控制点是动态的。在 ERP 环境下，控制点是单一的强控制。

（4）为现代审计服务的功能不同：在手工操作系统中，审计线索包括凭证、日记账、分类账和报表等。审计人员利用这些资料能够从原始业务开始，追踪到报表中的合计数；或者将合计数分解为原始业务，并通过这些审计线索来检查和确定这些合计数是否正确地反映了被审计单位的经济业务，检查其财务活动是否合法。但是，在会计信息系统中，原先审计所必须审查的大量书面资料都在磁性介质中存储，传统的审计线索从内容到形式上都发生了变化。

会计信息系统根据手工核算原理设置成结果型会计科目，仅记录业务结果，与审计处于一种"脱节"状态，基础数据变动时无任何痕迹，所有的业务改动均在原记录上发生变化，没有时间和过程记录，严重地影响了财务与审计工作的开展，不能适应现代审计的要求。

ERP 财务系统强调财务与业务的实时性、一致性，记录业务价值流全过程，在初始录入凭证时有一条记录，在改动和删除时，并不是在原记录上变动，而是另有记录反映。这样，当审计人员在查询同一笔业务时有哪些改动，在什么时间改动的，谁操作的，在哪项功能中变动的，均可查出。每一笔业务处理都留有痕迹，为审计工作提供线索和方便。

（5）两者的性能不同：会计信息系统的各子系统可分可合，用户可以根据需要选择，但各子系统设计好后，其处理流程和程序控制都是固定的。虽然用户可以通过初始化调整科目级数、每级长度、非法对应关系及自动转账凭证等，但是对系统的处理流程和程序控制难以做更多的选择或改变。各个子系统中的子模块都不能有选择地进行使用，一旦选择某一子系统，其中的子模块必然也全部投入使用，不能有所选择。ERP 系统用户不仅可以在系统初始化时设定要进行分析或由责任会计核算的科目，还可以设定各业务管理子系统与总账处理子系统间自动转账凭证的科目；ERP 系统用户可以根据企业的实际情况，自行选择，设定每个子系统中哪些子模块必须执行，哪些子模块可以不执行，并确定各子模块系统的处理流程。

会计信息系统与 ERP 最大的差别是，ERP 是将企业各种资源整合在一起管理的系统，而会计信息系统只覆盖了企业的财务会计部分。比如一个典型的 ERP 软件包含了物资管理、项目管理、设备管理、生产管理、销售管理、财务管理等几大模块，模块之间都是无缝集成，也就是说用一套 ERP 软件，就可以管理企业日常的所有业务。而会计信息系统，只能供企业中的财务部门使用。因为 ERP 也有财务管理模块，所以 ERP 软件是在实现会计信息化的基础上同时也实现了其他部门业务的"信息化"。

1.4.2 会计信息系统与 ERP 的联系

1.4.2.1 会计信息系统是 ERP 系统的一个子系统

会计信息系统在 ERP 系统中属于财务、会计及控制的模块，它提供企业内部所需的财务规划、成本控制、利润中心等管理会计信息，以及企业外部主管机关所要求的会计报表（包括总分类账、应收应付款、财产及合并作业）和财务资金调度、投资理财、出纳等作业的管理。一般独立的会计信息系统子系统则是由总账子系统、会计报表子系统、购销存子系统、工资子系统、固定资产子系统、成本子系统、应收应付子系统构成的会计核算模块和领导查询子系统、财务分析子系统、决策子系统、其他管理子系统构成的管理与决策支持系统，这与 ERP 系统的财务会计信息系统的功能模块是基本一致的，而 ERP 系统下的会计信息系统更侧重管理会计。

1.4.2.2 ERP 系统是整合性的会计信息系统 ERP

ERP 运用工作流程技术，以流程为主轴整合了企业内部各个功能的作业，配合及时供补和作业流程最优化的设计，减少流程中重复、闲置和等待等无附加价值的作业，以缩短作业处理时间，有效运用企业资源，迅速响应市场需求。

目前许多软件厂商称其开发的整合性软件包为 ERP 系统，这是广义的 ERP 系统。因为 ERP 系统在狭义的基础上具备了延伸功能，将 ERP 扩展至后端供货商与前端客户，通过供应链管理与供货商信息系统连接，通过销售自动化与客户关系管理整合客户信息进行销售，成为延伸式 ERP，快速响应市场竞争需求，整合企业一切可用资源做最佳化配置的企业经营管理信息系统，不再局限于支持企业内部决策的交易管理系统的内涵。

因此，从功能上看，会计信息系统的主要功能都集成到 ERP 系统中，会计信息系统是 ERP 系统的重要组成部分。

从信息集成角度看，在 ERP 系统中强调会计信息与业务信息的集成，实现物流、资金流和信息流的集成，并从价值反映和管理的角度实现会计管理的职能。

1.5　会计信息系统的运行管理

1.5.1 建立内部控制制度

为保证会计信息系统的顺利运行，企业建立内部控制制度是必不可少的保障措施。企业建立内部控制制度的作用不仅可以帮助企业更好地保护企业财产的安全与完整，还可以提高数据的正确性、可靠性，以实现健全机构、明确分工、落实责任、严格的操作规程，充分发挥内部控制作用。建立内部控制制度的具体目标是：

（1）合法性，保证处理的经济业务及相关数据符合有关规章制度的规定；

（2）合理性，保证处理的经济业务及相关数据有利于提高经济效益与工作效率；

（3）适应性，适应管理需要、环境变化和例外业务；

（4）安全性，保证财产和数据的安全，具有严格的操作权限、保密功能、恢复功能和防止非法操作功能；

（5）正确性，保证输入、加工、输出数据准确无误；

（6）及时性，保证数据处理及时，为管理提供信息。

1.5.2　建立完善的管理制度

1.5.2.1　操作管理制度

（1）明确规范操作人员的权限。

通常由系统管理员为各类操作人设置使用权限。未经授权，一律不得上机；操作权限的分工要符合内部控制制度，系统开发人员、维护人员不得从事业务处理的操作工作；出纳人员不得同时具有不相容的操作权限。

（2）操作人员必须严格按照会计业务流程进行操作。

要确保已输入计算机的会计数据准确合法；已经输入的数据发生错误应根据不同情况进行留有痕迹的修改。操作人员离开机房前，应执行相应命令退出会计软件，否则密码就会失去作用，给无关人员操作系统留下机会。

1.5.2.2　软、硬件管理制度

（1）硬件设备的维护管理。要经常对有关设备进行保养，保持机房和设备的整洁，防止意外事故的发生。在硬件维护工作中，小故障一般由本单位的信息化维护人员负责，较大的故障应及时与硬件生产商或销售厂家联系解决。

（2）系统软件的维护管理要检查系统文件的完整性，是否被非法删除和修改，保证系统软件的正常运行。

（3）会计软件的维护管理。会计软件的维护是会计软件系统维护的主要工作，包括操作维护与程序维护两方面。一方面，操作维护是日常维护工作，日常使用软件过程中发现的问题，系统维护员应尽早排除障碍，如不能排除，应即刻求助于软件开发公司的专职维护人员或本单位的软件开发人员；另一方面，程序维护软件的修改、版本升级等是由软件开发厂家负责的，单位的软件维护人员的主要任务是与软件开发销售单位进行联系，及时获得更新版会计软件。对于自行开发软件的单位，程序维护则包括正确性维护、适应性维护和完善性维护等内容。正确性维护是指诊断和改正错误的过程；适应性维护是指当单位的会计工作发生变化时，为适应变化了的工作而进行的修改活动；完善性维护是为了完善软件功能而进行的软件修改活动。对正在使用的会计核算软件进行修改，对通用会计软件进行升级，要有一定的审批手续。在软件修改、升级过程中，要保证实际会计数据的连续性和安全性。

1.5.2.3　会计档案管理制度

会计信息化档案，是指存储在计算机中的会计数据和计算机打印出来的纸介质，包括记账凭证、会计账簿、会计报表等数据，以及会计信息系统开发运行中编制的各种文档以及其他会计资料。会计信息化档案具有不可见以及容易修改的特点。因此，单位必须加强对会计信息化档案管理工作的领导，建立健全会计档案的立卷、归档、保管、调阅和销毁管理制度，并由专人负责管理。

做好防磁、防火、防潮、防尘等工作，重要会计档案应准备双份，安全存放在两个不同的地点。采用磁性等介质保存会计档案，要定期进行检查，定期进行复制，防止由于存储介质损坏而使会计档案丢失。大中型单位应采用磁带、光盘等介质存储会

计数据，尽量少用软盘。会计软件的全套文档资料及会计软件程序视同会计档案保管，如遇到会计软件升级、更换及会计软件运行环境改变的情况时，旧版本会计软件及相关的文档资料应与该软件使用期的会计资料一并归档。

1.6 用友 ERP-U8 V10.1 软件

21世纪头一个十年即将结束的时候，国家提出"十二五"规划，拉开了中国企业以创新为主轴的经济转型的大幕，其中最具活力的中小企业群的机遇和挑战并存。一方面，客户群逐渐扩展到世界各地，企业或间接、或直接地参与到全球市场中去。客户的忠诚度维系，电子商务的经营模式，深度挖掘客户，实际订单的快速满意交付等要求，对于企业来说要直接、深入、持续地和客户建立多渠道的接触面，才能够获得客户持续的消费支持。另一方面，国家政策鼓励整体经济转型，中小企业有必要转型赢利方式和经营范围：从外销型向内需型转变，从简单人力优势型向深入运营和品牌建设转变，从单一模仿型向技术创新、管理创新、产品创新转变，从低端产品提供向中高端产品服务转变，需要企业将管理触角进一步深入二、三级城市甚至四级城市；管理架构在社会转型、经济转型期要更加扁平，变动更灵活，人员也相对更加精炼；商业模式向着更为自主发掘市场、发明创造、深入服务方向发展。企业管理层越来越关心转型中战略的实际落地，管理软件已经是企业运营管理不可或缺的信息神经，应用 ERP 可以快速复制标杆的运营模式，贯彻企业制度，规范管理理念，并能够依靠 ERP 快速地进行管理创新、锤炼持续的竞争能力。

用友 ERP-U8 V10.1 以集成的信息管理为基础，以规范企业运营、改善经营成果为目标，帮助企业"优化资源，提升管理"，实现面向市场的盈利性增长。采取 All-in-One 产品战略，不但自身可以集成应用在不同的竞争环境下，不同的制造、商务模式下，不同运营模式下的企业内部价值流运作，而且在集成 PDM、CRM、OA、BI、分销、零售等方面，可以帮助企业在技术创新、商务创新、渠道创新方面获得应用支持，针对不同企业类型提供管理经营平台。用友 ERP-U8 V10.1 传承"精细管理，敏捷经营"设计理念，符合"效用、风险、成本"的客户价值标准，代表了"标准、行业、个性"的成功应用模式。

用友 ERP-U8 V10.1 是一个企业经营管理平台，可以用来满足各级管理者对信息化的不同要求：为高层经营管理者提供大量收益与风险的决策信息，辅助企业制定长远发展战略；为中层管理人员提供企业各个运作层面的运作状况，帮助做到各种事件的监控、发现、分析、解决、反馈等处理流程，帮助做到投入产出最优比；为基层管理人员提供便利的作业环境，简便的操作方式。产品"用友 ERP-U8 V10.1"系统为"用友 ERP-U8 V810.1"的升级版本，包括财务管理（FM）、供应链管理（SCM）、生产制造（PM）、客户关系（CRM）、人力资源（HR）、决策支持（DSS）、集团应用（FM）、系统管理集成应用以及办公自动化（OA）等产品，如图 1-7 所示。

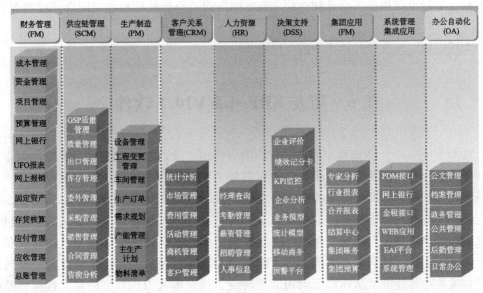

图 1-7　用友 ERP-U8 V810.1

用友 ERP-U8 V10.1 软件分成财务链方面和供应链方面。本书以某制造类企业完整经济业务为线索，详细地介绍了会计信息化-财务链，包括系统管理、基础设置、系统初始化、总账、应收款管理、应付款管理、固定资产管理、薪资管理、期末处理、UFO 报表等系统功能及典型业务处理。

小　结

　　本部分主要对会计信息系统进行讲解，包括对会计信息化的概念、发展变革以及用友软件的介绍。

　　（1）会计信息化的概念。

　　会计信息化是指将会计信息作为管理信息资源，全面运用以网络通信为主的信息技术对其进行获取、加工、传输、应用等处理，为企业经营管理、控制决策和经济运行提供充足、实时、全方位的信息。

　　（2）会计信息化的变革。

　　会计信息化经历了三次变革：

　　第一次变革是从 20 世纪六七十年代开始的单项的会计核算；

　　第二次变革是 20 世纪八九十年代，会计应用从单项会计核算开始进入了全面会计核算和业财一体化的时代（ERP 时代）；

　　当前，我们进入了第三次变革时代。其核心技术是大智移云的技术，主要特点是跨组织边界、全产业链的财务管理和财务决策支持。

　　（3）会计信息化和会计电算化的区别。

　　会计信息化和会计电算化的区别主要体现在以下几个方面：①目标不同；②理论基础不同；③技术手段不同；④功能范围不同；⑤信息输入、输出不同。

一、单项选择题

1. "会计电算化"一词是于（　　）年在长春会议上提出的。

    A. 1989　　　　　B. 1990　　　　　C. 1981　　　　　D. 1995

2. 在学习会计信息化的过程中，应主要理解和掌握（　　）。

    A. 计算机基本知识　　　　　　　　B. 会计知识

    C. 会计与计算机知识的有机结合　　D. 会计与计算机的区别

3. （　　）是一切会计信息化工作的基础。

    A. 会计管理电算化　　　　　　　　B. 会计核算电算化

    C. 会计决策模块　　　　　　　　　D. 会计流程电算化

4. 会计信息化系统由（　　）直接使用。

    A. 会计人员　　　　　　　　　　　B. 计算机人员

    C. 软件维护人员　　　　　　　　　D. 单位负责人

5. 发展会计信息化的瓶颈是（　　）。

    A. 硬件　　　　　B. 人才　　　　　C. 制度　　　　　D. 软件

6. 学习会计信息化的最终目的是为（　　）服务。

    A. 管理决策　　　B. 纳税　　　　　C. 审计　　　　　D. 公益

7. 在会计软件中，其核心子系统是（　　）。

    A. 报表子系统　　　　　　　　　　B. 账务处理子系统

    C. 财务分析子系统　　　　　　　　D. 工资核算子系统

二、多项选择题

1. 会计信息化与会计电算化的说法正确的有（　　）。

    A. 两者的历史背景不同　　　　　　B. 两者的目标一致

    C. 两者的技术手段不同　　　　　　D. 两者的会计程序不同

2. 会计信息化在时间上的动态性表现为（　　）。

    A. 会计数据的采集是动态的

    B. 会计数据的处理是实时的

    C. 会计数据的采集是静态的

    D. 会计数据采集与处理的实时化、动态化

3. 我国的会计信息化开展中存在（　　）问题。

    A. 企业对会计信息化的重要性缺乏认识

    B. 信息化会计理论研究滞后

    C. 企业缺乏相关的复合型财会人才

    D. 财务数据难以实现共享

4. （　　）的正确选择与配置，是开展会计信息化工作的一个重要前提。

    A. 会计档案　　　　　　　　　　　B. 会计凭证

    C. 会计软件　　　　　　　　　　　D. 计算机硬件设备

5. 会计信息系统与 ERP 的区别有（　　　）。

    A. 集成化程度不同　　　　　　　　B. 信息采集方式不同

    C. 控制模式与侧重点不同　　　　　D. 为现代审计服务的功能不同

三、思考题

1. 什么是会计信息系统？

2. 简述会计信息化与会计电算化的区别与联系。

3. 简述会计信息系统与 ERP 的区别与联系。

项目 2

系统管理

2.1 系统管理功能概述

系统管理的主要功能是对用友 ERP-U8 V10.1（以下简称用友 ERP-U8）管理软件的各个产品进行统一的管理和维护，具体包括账套管理、年度账管理、操作员及权限管理等。

系统管理功能的基本流程：一般是以系统管理员注册的方式进入用友 ERP-U8 的系统管理窗口，建立账套，添加新的操作员并设置新操作员权限、指定该账套的账套主管；然后，以账套主管身份重新注册系统管理功能，进行账套启用的设置。

（1）新建账套。

用友 ERP-U8 管理软件属于通用型商品化管理软件，系统中并没有任何与使用单位相关的信息，因此企业要使用计算机进行账务处理工作，必须进行账套文件设置，以存放企业开展会计工作的信息。建立账套是在建账向导指引下进行的，主要是确定账套号、账套名称、企业所属行业、记账本位币、会计科目体系结构、会计期间的划分和设置账套启用期间等。这一过程被称为新建账套。

（2）年度账管理。

在用友 ERP-U8 系统中，每个账套都存放企业不同年度的财务数据。年度账与账套是两个不同的概念，一个账套中包含了企业所有的数据。用户不仅可以建立多个账套，而且每个账套中可以存放不同年度的年度账。对不同核算单位、不同时期的数据，用户可以方便地进行操作。

年度账管理包括年度账的建立、清空、引入、输出和结转上年数据等。

（3）操作员及权限管理。

为了保证系统及数据的安全与保密，系统管理提供了操作员及操作权限的集中管理功能。对系统操作分工和权限进行管理，一方面可以避免与业务无关的人员进入系统，另一方面可以对系统所含的各个模块的操作进行协调，以保证各负其责、流程顺畅。

操作员管理包括操作员的增加、修改、删除等操作。操作员权限管理包括操作员权限的增加、修改、删除等操作。

（4）系统数据及运行安全的管理。

设立统一的安全机制，对企业来说，系统运行安全、数据存储安全是必需的。设立统一的安全机制包括设置系统运行过程中的监控机制、设置数据自动备份、清除系统运行过程中的异常任务等。

[重点、难点提示]

系统管理是用友 ERP-U8 管理软件中一个特殊的组成部分，它不是一个具体的功能模块，但却是整个系统的运行基础。

（1）系统管理员与账套主管。

鉴于系统管理的重要地位，系统严格规定了能够登录系统管理的两种身份：一种是系统管理员的身份，另一种是账套主管的身份。以不同的身份登录，权限范围是不同的。

系统管理员与账套主管是系统的两个重要角色，主要职能如下：

系统管理员：是指其在系统中的用户名叫 admin，负责整个系统的总体管理和数据维护工作，可以管理系统中所有的账套。以其身份注册进入系统管理，可以进行账套的建立、输出和引入，设置用户，指定账套主管，设置和修改用户的密码及权限等。

账套主管：是指由系统管理员（admin）指定的，其负责所选账套的维护工作。以其身份注册进入系统管理，可以对所选账套参数进行修改、启用账套模块，对年度账的管理（包括年度账的建立、清空、输出、引入和结转上年数据），以及该账套操作员权限的设置。

（2）账套与年度账。

账套是由年度账组成的。每个账套中一般存放不同年度的会计数据。为方便管理，不同年度的数据存放在不同的数据表中，被称为年度账。

采用账套和年度账两层结构的优点如下：

①便于企业的管理，如进行账套的上报、跨年的数据结构调整等；

②方便数据输出和引入；

③减少数据的负担，提高应用效率。

[系统管理操作流程]

系统管理操作流程如图 2-1 所示。

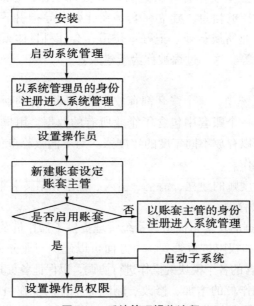

图 2-1　系统管理操作流程

2.2　系统管理实验

2.2.1　建账

2.2.1.1　实验资料

重庆融智科技股份有限公司生产的主要产品：

（1）账套信息。

账套号：学号后三位；账套名称：融智科技股份有限公司；采用默认账套路径；启用会计期：2021年11月；会计期间设置：1月1日—12月31日。

（2）单位信息。

单位名称：融智科技股份有限公司；单位简称：融智科技；单位地址：重庆市巴南区龙洲湾街道；法人代表：杨帆，邮政编码：401320；联系电话：023-84455789；传真：023-84455789；

电子邮件：RZKJ@163.com；税号：909233252811999。

企业类型：工业；行业性质：2007年新会计制度科目；账套主管：刘斌；选中"按行业性质预置科目"复选框。记账本位币为人民币（RMB）；有外币核算；进行经济业务工作处理时，需要对存货、客户、供应商进行分类。

（3）编码方案。

科目编码级次：42222；客户分类编码级次：123；部门编码级次：122；地区分类编码级次：223；存货分类编码级次：123；结算方式编码级次：12；供应商分类编码级次：123。

（4）数据精度。

该企业对存货数量、单价小数位定为2。

（5）系统启用。

若在建账时未立即启用系统，企业可以通过其应用平台启用系统。

2.2.1.2　实验过程

（1）选择"开始"丨"程序"丨"用友ERP-U8V10.1"丨"系统服务"丨"系统管理"命令，进入"用友ERP-U8［系统管理］"窗口。

（2）执行"系统"丨"注册"命令，打开"登录"对话框。

（3）登录到文本框中默认为本地计算机名称。在"操作员"输入栏中输入系统管理员"admin"，系统默认管理员密码为空，如图2-2所示。

（4）单击【确定】按钮进入系统管理界面。系统管理界面最下行的状态栏中显示当前操作员［admin］。

［**操作提示**］

为了保证系统的安全性，在"登录"对话框中，可以设置或更改系统管理员的密码。如设置系统管理员密码为"123"的操作步骤是：单击选中【改密码】复选框，打开"设置操作员密码"对话框，在"新密码"和"确认"后面的输入区中均输入"123"，如图2-3所示。最后单击【确定】按钮，返回登录界面。

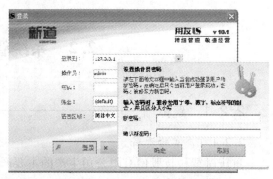

图 2-2　以系统管理员身份登录系统管理　　　　图 2-3　为系统管理员设置密码

　　由于系统管理员的密码无法被其他操作员撤销，所以一定要牢记设置的系统管理员密码，否则无法以系统管理员的身份进入系统管理，也就不能执行账套数据的输出和引入。

　　在教学过程中，由于多人共用一套系统，为了避免由于他人不知道系统管理员密码而无法以系统管理员身份进入系统的情况出现，建议不给系统管理员设置密码。

　　[操作提示]

　　系统管理员（admin）是系统的超级管理员，主要职能是管理企业的核算账套、管理系统的操作人员、保证系统的正常运行。因为系统管理员职权的特殊性，涉及系统的安全运行，所以建议企业的系统管理员第一次登录系统时，为自己设置管理员密码，以避免他人冒用管理员名义进入系统进行非法操作。即使是平时工作时间，系统管理员如果有事需要暂时离开，建议执行"系统"｜"注销"命令，注销管理员身份，待返回后再重新登录系统管理。

　　以系统管理员（admin）的身份登录系统管理，执行"账套"｜"建立"命令，如图 2-4 所示，打开"新建空白账套"对话框，如图 2-5 所示，单击"下一步"按钮，输入账套信息。

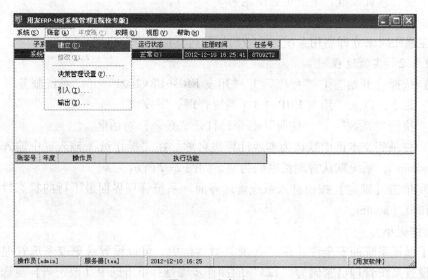

图 2-4　账套建立

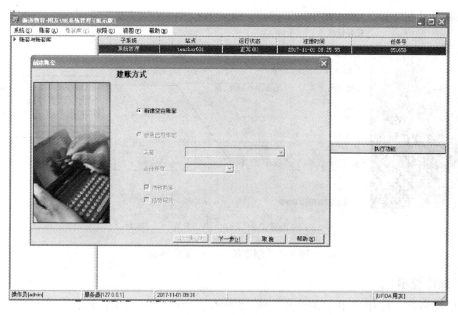

图 2-5　新建空白账套

[操作提示]

已存账套：系统将已存在的账套以下拉列表框的形式显示，用户只能查看，不能输入或修改，目的是避免重复建账。

账套号：账套号是该企业账套的唯一标识，必须输入，且不得与机内已经存在的账套号重复。可以输入 002~999 之间的 3 个字符。

账套名称：账套名称可以输入核算单位的简称。必须输入。进入系统后它将显示在正在运行的软件的界面上。本例输入"融智科技股份有限公司"。

账套路径：用来确定新建账套将要被放置的位置，系统默认的路径为"C：\U8SOFT\Admin"，用户可以人工更改，也可以利用"　…　"按钮进行参照输入。

启用会计期：开始使用计算机系统进行业务处理的初始日期。必须输入。系统默认为计算机的系统日期，更改为"2021 年 11 月"。

账套号是账套的唯一标识，可以自行设置 3 位数字（学生号后 3 位），本例的账套号设为 501，但不允许与已存账套的账套号重复，账套号设置后将不允许修改。

账套名称是账套的另外一种标识方法，它将与账套号一起显示在系统正在运行的屏幕上。账套名称可以自行设置，并可以由账套主管在修改账套功能中进行修改。

系统默认的账套路径是用友 ERP-U8 的安装路径，可以进行修改。

建立账套时，系统将启用会计期自动默认为系统日期，应注意根据所给资料修改，否则将影响企业的系统初始化及日常业务处理等内容的操作。

输入完成后，如图 2-6 所示。单击【下一步】按钮，打开"创建账套——账套信息"对话框。

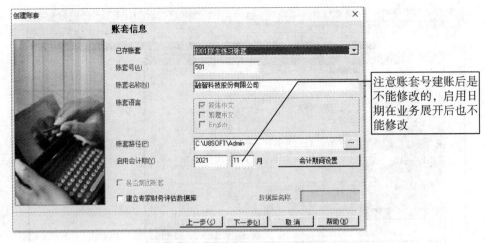

注意账套号建账后是不能修改的，启用日期在业务展开后也不能修改

图 2-6　创建账套——账套信息

[操作提示]

单位名称，即用户单位的全称。必须输入。企业全称只在发票打印时使用，其余情况全部使用企业的简称。本例输入"融智科技股份有限公司"。

单位简称，即用户单位的简称。最好输入。本例输入"融智科技股份有限公司"。

单位信息中只有"单位名称"是必须录入的。必须录入的信息以蓝色字体标识（下同）。

单位名称应录入企业的全称，以便打印发票时使用。

其他栏目都属于任选项，参照所给资料输入即可。

输入完成后，如图 2-7 所示。

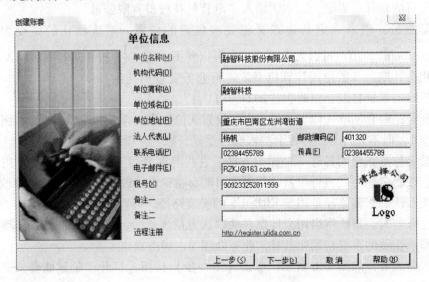

图 2-7　创建账套——单位信息

单击【下一步】按钮，打开"账套信息——核算类型"对话框。

[操作提示]

本币代码：必须输入。本例采用系统默认值"RMB"。

本币名称：必须输入。本例采用系统默认值"人民币"。

企业类型：用户必须从下拉列表框中选择输入。系统提供了工业、商业两种类型。本例选择"工业"。

行业性质：用户必须从下拉列表框中选择输入，系统按照所选择的行业性质预置科目。本例选择行业性质为"2007 年新会计制度科目"。

账套主管：从下拉列表框中选择输入。本例选择"［101］刘斌"。

按行业性质预置科目：如果用户希望预置所属行业的标准一级科目，则选中该复选框。本例选择"按行业性质预置科目"。

输入结果如图 2-8 所示。单击【下一步】按钮，打开"创建账套——基础信息"对话框。

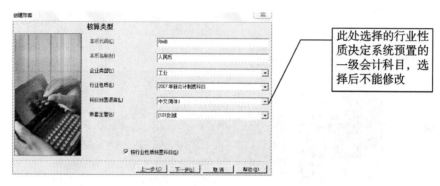

图 2-8　创建账套——核算类型

［操作提示］

行业性质将决定系统预置科目的内容，必须选择正确。

如果事先增加了用户，则可以在建账时选择该用户作为该账套的账套主管。如果建账前未设置用户，建账过程中可以先选一个操作员作为该账套的主管，待账套建立完成后再到"权限"功能中进行账套主管的设置。

如果选择了按行业性质预置科目，则系统根据你所选择的行业类型自动归入国家规定的一级科目及部分二级科目。

如果单位的存货、客户、供应商相对较多，可以对他们进行分类核算。如果此时不能确定是否进行分类核算，也可以在建账完成后由账套主管在"修改账套"功能中设置分类核算。

按照本例要求，选中"存货是否分类""客户是否分类""供应商是否分类""有无外币核算"几个复选框，如图 2-9 所示，单击【下一步】。如图 2-10 所示，单击【完成】按钮，弹出系统提示"可以创建账套了么？"如图 2-11 所示。

图 2-9　创建账套——基础信息

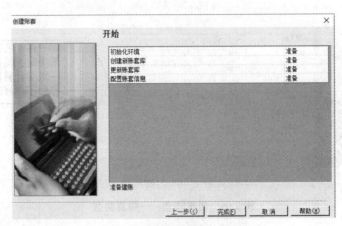

图 2-10　创建账套——开始

图 2-11　创建账套提示信息

单击【是】按钮，稍后，打开"分类编码方案"对话框。

［操作提示］

本企业要求对存货、客户、供应商进行分类，有外币核算。

是否对存货、客户及供应商进行分类将影响其档案的设置。有无外币核算将影响基础信息的设置及日常能否处理外币业务。

如果基础信息设置错误，可以由账套主管在修改账套功能中进行修改。

为了便于对经济业务数据进行分级核算、统计和管理，系统要求预先设置某些基础档案的编码方案，即规定编码的级次及各级编码的级长。级次是指该编码方案最长允许设置的级数；级长是指某级编码的数字位数，即数字的长度。级次和级长的设置需要充分结合企业的具体情况来设置。

按资料要求设置编码方案，如图 2-12 所示，单击【确定】按钮，单击【取消】按钮，打开"数据精度定义"对话框。

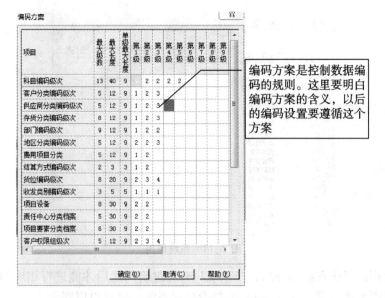

图 2-12　分类编码方案定义

[操作提示]

编码方案的设置，将直接影响基础信息设置中相应内容的编码级次及每级编码的位长。

删除编码级次时，必须从最后一级向前依次删除。

数据精度涉及核算精度问题。涉及购销存业务环节时，会输入一些原始单据，如发票、出入库单等，需要填写数量及单价。数据精度定义是确定有关数量及单价的小数位数。设置完成后，如图 2-13 所示。单击【确定】按钮，系统弹出提示"创建账套｛融智科技股份有限公司：［501］｝成功"。单击【确定】按钮，系统弹出提示"是否立即启用账套"？单击【是】按钮，进入"系统启用"窗口，如图 2-14 所示。

图 2-13　创建账套——数据精度定义

图 2-14　系统启用

系统启用是指子系统的开启，子系统只有经过启用之后才能进行相应的业务处理。我们既可以以系统管理员（admin）的身份启用系统，也可以以账套主管的身份进行系统启用。在"系统启用"窗口中，选中要启用的系统名称前的复选框，系统弹出"日历"窗口。选择总账启用日期为"2021-11-01"，单击【确定】按钮返回。

依次启用应收款管理、应付款管理、固定资产管理、薪资管理，启用日期必须为2021年11月1日。

[操作提示]

各系统的启用会计期间必须大于或等于账套的启用期间。

如果在建账完成后再启用系统，需要以账套主管身份登录到 U8V10.1 企业应用平台，执行"基础设置"｜"基本信息"｜"系统启用"命令，进行系统启用设置。

2.2.2　财务分工

（1）101 刘斌（口令：1）——账套主管、财务总监，财务部。

（2）102 张宁（口令：2）——会计主管，财务部。

（3）103 学生本人（口令：无）——会计，财务部。

（4）104 吴浩（口令：无）——出纳，财务部。

具体要求如表 2-1 所示。

表 2-1　不同角色财务分工的具体要求

编号	姓名	角色	系统权限	工作职责
101	刘斌	账套主管、财务总监	具有账套全部权限	负责财务软件运行环境的建立以及各项初始基础设置工作；负责财务软件的日常运行管理工作，监督并保证系统的有效、安全、正常运行；负责期末处理生成凭证的审核、记账、账簿查询、月末结账工作；负责报表管理及其财务分析工作

表2-1（续）

编号	姓名	角色	系统权限	工作职责
102	张宁	会计主管	公用目录设置、总账、固定资产、薪资管理、UFO报表、应收款、应付款	负责总账系统的凭证审核、记账、账簿查询；负责总账系统的期末处理、自动转账定义、自动转账凭证生成、凭证查询等
103	学生本人	总账会计、应收会计、应付会计、材料会计、成本会计、资产管理	公用目录设置、总账、固定资产、薪资管理、UFO报表、应收款、应付款；无出纳签字、主管签字、审核凭证、出纳	负责总账系统的凭证管理工作及客户往来及供应商往来管理工作
104	吴浩	出纳	出纳签字、出纳	对收付款凭证进行核对、签字，管理现金日记账、银行日记账、资金日报及银行对账

2.2.3 账套备份

对账套、年度账进行输出（备份）、引入（恢复）、删除等操作。

（1）账套输出（备份）。

（2）账套引入（恢复）。

（3）删除账套。

备份路径：C：\账套备份。

账套：学生姓名+练习用账套。

账套号：学生学号后三位。

2.2.4 账套异常

（1）清除异常任务（在系统管理窗口出现异常时，单击此菜单可清除异常任务）。

（2）清除单据锁定（在某个模块功能操作过程中系统出现单据被锁定，操作不能执行，单击此菜单清除单据锁定，单击刷新即可）。

2.3 系统管理实验操作

2.3.1 增加其他用户

2.3.1.1 增加角色

（1）执行"权限"｜"角色"命令，进入"用户管理"窗口。

（2）单击【增加】按钮，打开"角色管理"对话框。

（3）按表2-1中所提示的资料输入角色编号、角色名称，本例要求增加KJZG：会计主管、ZZKJ：总账会计、CN：出纳，如图2-15所示。

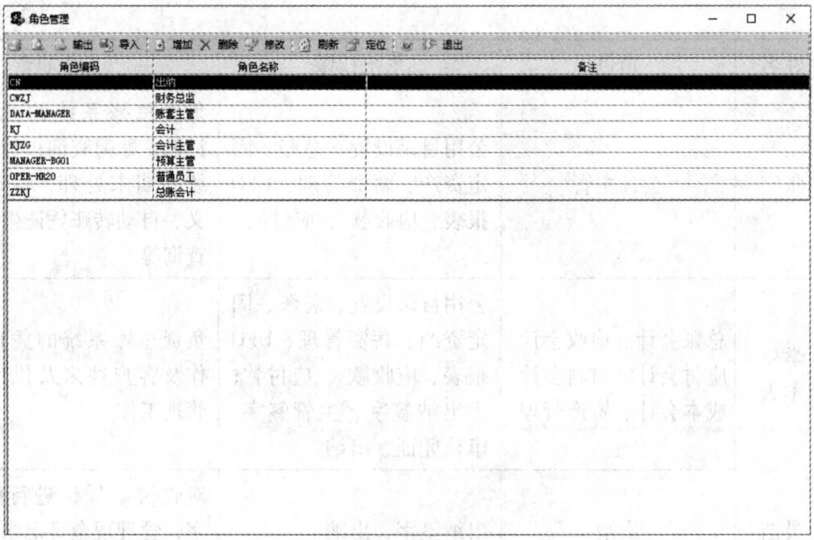

图 2-15　增加角色

2.3.1.2　增加其他用户

略。

2.3.2　增加操作员

（1）以系统管理员（admin）的身份注册进入系统管理，执行"权限"｜"用户"命令，进入"用户管理"窗口。

（2）单击【增加】按钮，打开"操作员详细情况"对话框。

（3）按表 2-1 中所提示的资料输入操作员编号、姓名、口令，从所属角色列表中选择操作员角色为"账套主管"，如图 2-16 所示。

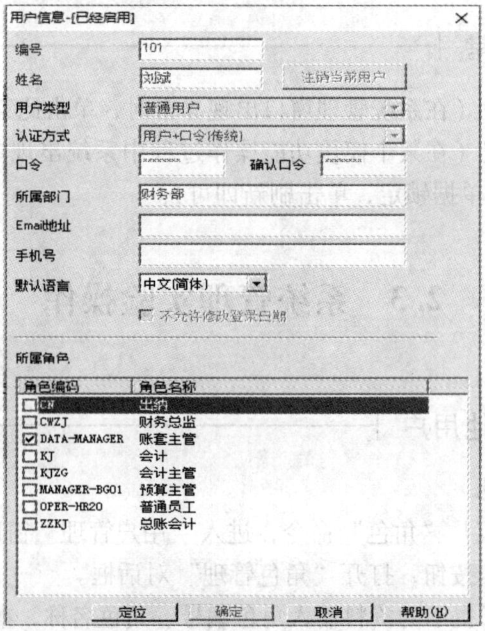

图 2-16　增加操作员刘斌

（4）每增加一个操作员完成后，单击【增加】按钮增加下一位操作员，全部输入完成后，单击【取消】按钮返回。

［操作提示］

"操作员详细情况"窗口中标注蓝色字体的是必输项，其他是任选项。

从未在系统中执行过业务操作的操作员可以通过"删除"功能从系统中删除。

已使用但调离本企业的操作员可以通过"修改"功能"注销当前用户"，被注销的操作员此后不允许再登录本系统。只有重新设置了"启用当前用户"，才能再登录系统。

（1）执行"权限"｜"用户"命令，进入"用户管理"窗口。

（2）单击【增加】按钮，打开"操作员详细情况"对话框。

（3）按所提示的资料输入操作员编号、姓名、口令，从所属角色列表中选择操作员所属角色。

2.3.3 权限设置

设置操作员权限的工作应由系统管理员（admin）或该账套的主管，在系统管理中的权限功能中完成。在权限功能中既可以对角色赋权也可以对用户赋权。如果在设置账套时已经正确地选择了该账套的主管，则此时可以查看；否则，可以在权限功能中设置账套主管。如果在设置用户时已经指定该用户的所属角色，并且该角色已经被赋权，则该用户已经拥有了与所选角色相同的权限；如果经查看后，发现该用户的权限并不与该角色完全相同，则可以在权限功能中进行修改；如果在设置用户时并未指定该用户所属的角色，或者虽已指定该用户所属的角色，但该角色并未进行权限设置，则该用户的权限应直接在权限功能中进行设置，或者应先设置角色的权限再设置用户并指定该用户所属的角色，则角色的权限就自动传递给用户了。

2.3.3.1　查看"101 刘斌"是不是当前账套的账套主管

（1）在系统管理中，执行"权限"｜"权限"命令，打开"操作员权限"对话框。

（2）在"账套主管"右边的下拉列表框中选中"［501］融智科技股份有限公司"账套。

（3）在左侧的操作员列表中，选中"101 刘斌"，如图 2-17 所示。

2.3.3.2　指定/取消账套主管

我们可以在两个环节指定企业账套的账套主管：一个是在建立账套环节，在建账步骤已经介绍过了，这里不再赘述；另一个是在权限设置环节，由系统管理员指定账套主管。

指定账套主管的操作步骤如下：

（1）以系统管理员（admin）的身份注册进入系统管理，执行"权限"｜"权限"命令，进入"操作员权限"窗口。

（2）从账套列表下拉框中选择"［501］融智科技股份有限公司"。

（3）在操作员列表中选择"102 张宁"，此时右边的权限窗口中显示为空白，表示当前操作员没有任何权限。

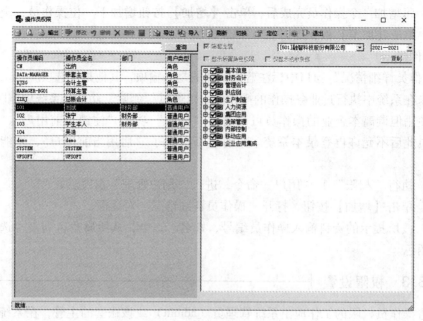

图 2-17 操作员刘斌权限

（4）选中上面"账套主管"复选框，系统弹出提示"设置操作员［102］账套主管权限吗？"如图 2-18 所示。

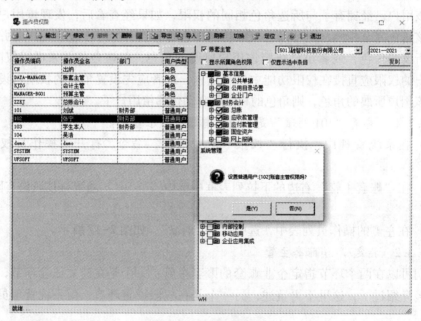

图 2-18 指定账套主管

（5）单击【是】按钮，此时，操作员权限列表中显示当前操作员所具有的权限。

（6）单击上面"账套主管"复选框，取消操作员"102 张宁"的账套主管权限。

［操作提示］

一个账套可以设定多个账套主管，一个账套主管也可以被指定为多个账套的账套主管，但整个系统只有一个系统管理员。

账套主管自动拥有该账套的所有权限。

只有系统管理员（admin）才有权设置或取消账套主管，而账套主管只有权对所辖账套进行操作员的权限设置。

设置权限时，应注意分别选中"账套"及相应的"用户"。

如果此时查看到 588 账套主管前的复选框为未选中状态，则可以单击该复选框将其选中，设置该用户为 588 账套的账套主管。

2.3.3.3 给操作员赋权

系统管理员和账套主管都可以给操作员赋权。

给操作员赋权的操作步骤如下：

（1）以系统管理员（admin）身份注册进入系统管理，执行"权限"｜"权限"命令，进入"操作员权限"窗口。

（2）给操作员"102 张宁"授权。在操作员权限窗口中，从账套列表下拉框中选择"［501］融智科技股份有限公司"，从操作员列表中选择"张宁"，单击【修改】按钮。在右侧窗口的产品分类选择列表中选中"应付款管理""应收款管理""公用目录设置""固定资产""总账""存货核算""UFO 报表""薪资管理"复选框，如图 2-19 所示。完成后，单击【保存】按钮。

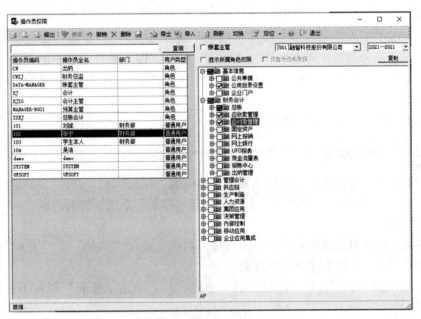

图 2-19　给操作员张宁授权

（3）给操作员 103 授权。从操作员列表中选择"103 自己名"，单击【修改】按钮。在右侧窗口的产品分类选择列表中单击"总账"前的"⊞"展开总账下的功能节点，再展开"凭证"，去掉"出纳签字、审核凭证、主管签字"功能项，去掉"出纳"功能项，如图 2-20 所示。完成后，单击【保存】按钮。

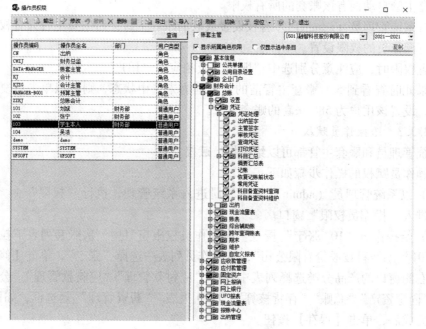

图 2-20 给操作员 103 赋权

（4）给操作员吴浩授权。从操作员列表中选择"吴浩"，单击【修改】按钮。在右侧窗口的产品分类选择列表中单击"总账"前的"田"展开总账下的功能节点，再展开"凭证"，选中"出纳签字"功能项，选中"出纳"功能组。完成后，单击【保存】按钮。

（5）以此类推，设置其他操作员的权限。

2.3.4 修改账套

修改账套的工作应由账套主管在系统管理中的"账套"|"修改"功能中完成。

（1）执行"系统"|"注册"命令，打开"登录"系统管理对话框。

［操作提示］

如果此时已由其他操作员注册系统管理，则应先通过"系统"|"注销"命令注销当前操作员后再由账套主管重新注册。

（2）录入操作员"101"（或刘斌），密码"1"，单击"账套"栏的下三角按钮，如图 2-21 所示。

（3）单击【确定】按钮，以账套主管身份登录系统管理。

（4）执行"账套"|"修改"命令，打开"修改账套"对话框。

（5）单击【下一步】按钮，打开"单位信息"对话框。

（6）单击【下一步】按钮，打开"核算类型"对话框。

（7）单击【下一步】按钮，打开"基础信息"对话框。

（8）单击选中【存货是否分类】前的复选框。

（9）单击【完成】按钮，系统弹出提示"确认修改账套了么?"。

（10）单击【是】按钮，并在"分类编码方案"和"数据精度"窗口中分别单击【取消】和【确定】按钮后修改成功。

图 2-21 账套主管登录系统管理

2.3.5 输出账套

进行账套输出的操作步骤如下：

（1）在 D 盘中新建"姓名+日期"文件夹。

（2）以系统管理员（admin）身份注册进入系统管理，执行"账套"|"输出"命令，打开"账套输出"对话框，如图 2-22 所示。

（3）从"账套号"下拉列表中选择要输出的账套，如图 2-22 所示，单击【确认】按钮。

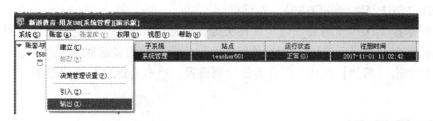

图 2-22 账套输出

（4）系统对所要输出的账套数据进行压缩处理，稍后，系统压缩完成，打开"请选择账套备份路径"对话框。

（5）双击选中存放账套备份数据的文件夹，单击【确定】按钮，系统弹出提示"输出成功"，单击【确定】按钮返回系统管理。

［操作提示］

只有系统管理员才有权限进行账套的输出和引入。

如果要删除当前账套，需在账套输出界面选中"删除当前输出账套"复选框，系统会先按常规程序备份数据，然后进行删除确认提示，确认后最终删除当前账套。

如果学校的机器装有还原卡，每次实验之后需要进行账套输出，并且需要把账套文件备份到一个没有还原设置的硬盘上，或者备份之后再复制到自己的 U 盘。这样做的目的是，保留本次实验结果，以作为下次实验的基础数据。如果自己有专用机器而且在机器中并未装还原卡，就不必每次实验完都进行账套备份了。

2.3.6　账套恢复

账套备份的工作应由系统管理员在系统管理中的"账套"｜"引入"功能中完成。

（1）由系统管理员注册系统管理，执行"账套"｜"引入"命令，打开"账套输出"对话框。

（2）选择 U 盘中"姓名+学号账套备份"文件夹中的文件 UfErpAct.Lst。系统输出的备份文件有两个：UFDATA.BAK 和 UfErpAct.Lst。系统要求确认选择账套引入的目录，确定后，如果当前系统内已经有该账套数据存在，则系统弹出提示"此项操作将覆盖当前账套的所有信息，继续吗？"，单击【是】按钮，系统进行账套数据的引入，完成后提示"账套［501］引入成功！"，单击【确定】按钮返回。

2.3.7　设置系统自动备份计划

设置系统自动备份计划的工作应由系统管理员（admin）在系统管理的"系统"｜"设置备份计划"功能中完成。

（1）在 D 盘中新建"学号后三位"文件夹。

（2）在系统管理中，执行"系统"｜"设置备份计划"命令，打开"备份计划设置"对话框。

（3）单击【增加】按钮，进入"增加备份计划"窗口。

（4）录入计划编号"001"，计划名称"11 月份数据"，单击"发生频率"栏的下三角按钮，选择"每天"，在"开始时间"栏录入"16：00：00"，在"发生天数"栏录入或选择"1"，单击【增加】按钮，在"请选择备份路径"选项区中单击【浏览】按钮，打开"请选择账套备份路径"对话框。

（5）选择"D：\学号后三位"文件夹为备份路径，单击【确定】按钮返回。

（6）选中"学号后三位 融智科技股份有限公司"前的复选框。

（7）单击【增加】按钮，保存备份计划设置，单击【退出】按钮退出。

◤ 小　结

本部分主要介绍了用友软件的"系统管理"功能。用友软件由业务、财务、生产管理等系统组成，各个系统间的数据彼此联系，资源共享。"系统管理"是用友软件的管理平台，通过"系统管理"平台可以完成账套的新建、修改、删除和备份以及增加用户，增加操作员，分配权限等操作。

（1）系统管理员与账套主管。

鉴于系统管理的重要地位，系统严格规定了能够登录系统管理的两种身份：一种是系统管理员的身份，另一种是账套主管的身份。以不同的身份登录，权限范围是不同的。

系统管理员与账套主管是系统的两个重要角色，主要职能如下：

系统管理员：是指其在系统中的用户名叫 admin，其负责整个系统的总体管理和数据维护工作，可以管理系统中所有的账套。以其系统管理员的身份注册进入系统管理，可以进行账套的建立、输出和引入，设置用户，指定账套主管，设置和修改用户的密码及权限等。

账套主管：是指由系统管理员（admin）指定的，其负责所选账套的维护工作。主要包括对所选账套参数进行修改、启用账套模块，对年度账的管理（包括年度账的建立、清空、输出、引入和结转上年数据），以及该账套操作员权限的设置。

（2）账套与年度账。

账套是由年度账组成的。每个账套中一般存放不同年度的会计数据。为方便管理，不同年度的数据存放在不同的数据表中，被称为年度账。

采用账套和年度账两层结构的优点如下：

①便于企业的管理，如进行账套的上报、跨年的数据结构调整等。

②方便数据输出和引入。

③减少数据的负担，提高应用效率。

（3）创建账套过程中需注意，"已存账套"下拉列表框中显示的账套是该系统中已经创建使用的账套。用户不能对已存账套进行修改。"账套号"一般是000~999之间的三位数字，账套号唯一，不能重复。"启用会计期"是指新建账套将被启用的时间，具体到"月份"，用户可以根据实际情况进行设置。系统根据启用会计期的设置，自动将启用会计期以前的日期设置为黄色，示意为不可以修改；启用会计期以后的日期设置为白色，示意为可以修改。

章节练习

一、单项选择题

1. 有权在系统中建立账套的是（　　）。
   A. 企业总经理　　　　　　　B. 系统管理员
   C. 账套主管　　　　　　　　D. 操作员

2. 用友 ERP-U8 可以管理（　　）套账。
   A. 1 套　　　　　　　　　　B. 2 套
   C. 3 套　　　　　　　　　　D. 多套

3. 企业首次实施会计信息化，首先必须做的工作是（　　）。
   A. 财务分工　　　　　　　　B. 建立账套
   C. 初始数据录入　　　　　　D. 设置会计科目编码

4. 账套设置不包括（　　）。
   A. 单位名称　　　　　　　　B. 会计期间设置
   C. 编制报表　　　　　　　　D. 会计科目设置

项目 2　系统管理

二、多项选择题

1. 在用友 ERP-U8 管理系统中，系统管理提供安全控制功能的是（　　）。

A. 系统运行过程的监控　B. 设置数据自动备份

C. 清除系统的非正常任务　D. 病毒检测

2. 在引入账套时，账套的文件必须为（　　）系统才能引入。

A. UFDATA.BAK　B. XXUFDATA.BAK

C. XXUfErpAct.Lst　D. UfErpAct.Lst

3. 可以登录系统管理的用户是（　　）。

A. 账套主管　B. 系统管理员

C. 出纳　D. 会计

三、判断题

1. 用友 ERP-U8 管理系统中各子系统的启用时间必须大于或等于账套的启用时间。（　　）

2. 在会计信息化下，会计主体的界限划分主要是通过账套设置来完成的。（　　）

3. 会计主体与会计账套是一一对应的，即一个会计主体对应一个会计账套。（　　）

4. 操作员可以随时修改自己的密码。（　　）

5. 全国会计核算是以人民币作为记账本位币的，因此不允许出现外币记账。（　　）

6. 在用友 ERP-U8 管理系统中，只能有一个系统管理员但可以有多个账套主管。（　　）

7. 财务分工一旦设定，就不能更改。（　　）

四、思考题

1. 企业派一名车间负责人陈瑞到国外学习、考察三个月，由财务部刘冬暂时代理外地销售部管理工作。请问，是否需要在软件中体现这一变化？如果需要在软件中体现这一变化，应如何体现？

2. 企业建立核算账套时并无外币业务，随着市场的快速拓展，企业开始有外币核算业务。请问，如何修改账套信息以体现这一变化？

3. 系统是否允许增加两个姓名完全相同的操作员？

4. 谁可以进行系统启用的设置？

5. 如何删除已经建立的系统账套？

6. 账套备份后形成什么文件？

项目 3

企业应用平台

3.1　基础设置功能概述

（1）基本信息设置。

在基本信息设置中，可以对建立企业账套时确定的编码方案和数据精度进行修改。

（2）基础档案设置。

基础档案是系统日常业务处理必需的基础资料，是系统运行的基石。会计信息系统一般由若干个子系统构成，这些子系统可以共享公用的基础档案信息。在启用新账套之前，应根据企业的实际情况，结合系统基础档案设置的要求，事先做好基础数据的准备工作。

基础档案主要包括部门档案、职员档案、地区分类、客户分类、客户档案、供应商分类和供应商档案等。

（3）单据设置。

不同企业各项业务处理中使用的单据可能存在细微的差别，用友 ERP-U8 管理软件中预置了常用单据模板，而且允许用户对各种单据进行设置，以定义本企业需要的单据格式。

［重点、难点提示］

业务处理是建立在基础数据之上的，基础数据设置的正确性、完整性直接关系系统运行的效率和质量。下面对几项涉及财务处理的重要基础档案进行强调和说明。

①客户档案。客户档案是往来交易客户的档案信息，包括客户名称、银行账号、联系方式等。

②供应商档案。供应商档案是往来交易供应商的档案信息，包括供应商名称、银行账号等。

3.2 基础设置实验资料

3.2.1 机构人员档案

（1）部门档案（见表3-1）。

表3-1 部门档案

部门编码	部门名称	部门属性	部门编码	部门名称	部门属性
1	管理部门	管理部门	4	生产部	生产制造
101	办公室	综合管理	401	一车间	生产冰箱
102	财务部	财务管理	402	二车间	生产洗衣机
103	人事部	人力资源	403	三车间	生产电风扇
2	销售部	市场营销	5	仓储部	仓储
201	本地销售部	产品销售	501	材料库	材料库
202	外地销售部	产品销售	502	成品库	产品库
3	采购部	材料采购	6	研发中心	技术研发

（2）人员类别（见表3-2）。

表3-2 人员类别

类别编码	类别名称
10101	管理人员
10102	经营人员
10103	车间管理人员
10104	生产人员

（3）人员档案（见表3-3）。

表3-3 人员档案

职员编号	职员名称	所属部门	职员类别	职员属性
001	谢鑫	办公室	管理人员	总经理
002	郑文	办公室	管理人员	办公室主任
003	刘斌	财务部	管理人员	财务总监
004	张宁	财务部	管理人员	会计主管
005	学生本人	财务部	管理人员	会计
006	吴浩	财务部	管理人员	出纳
007	刘希晨	财务部	管理人员	办税员
008	张丽	采购部	经营人员	采购部长
009	董瑞	采购部	经营人员	采购人员
010	蒋宁宁	一车间	生产人员	工人
011	林雯	二车间	生产人员	工人

表3-3(续)

职员编号	职员名称	所属部门	职员类别	职员属性
012	张力	三车间	生产人员	工人
013	许芳	本地销售部	经营人员	销售人员
014	王晓林	外地销售部	经营人员	销售人员

注：所有人员均为业务员。

3.2.2 往来单位设置

（1）地区分类（见表3-4）。

表3-4 地区分类

地区分类编码	地区分类名称
01	国内
02	国外

（2）客户分类（见表3-5）。

表3-5 客户分类

客户分类编码	客户分类名称
1	本地
2	外地
201	华中
202	华东
203	华南
204	华北
205	西南
206	西北
207	东北

（3）供应商分类（见表3-6）。

表3-6 供应商分类

供应商分类编码	供应商分类名称
1	本地
2	外地
201	华中
202	华东
203	华南
204	华北
205	西南
206	西北
207	东北

（4）客户档案（见表3-7）。

表3-7　客户档案

客户编号	客户名称	客户简称	客户分类	银行账号
001	重庆小城公司	小城	本地	500123456780
002	南京古都公司	古都	华东	500123456781
003	深圳大河公司	大河	华南	500123456782
004	天津同城公司	同城	华北	500123456783
005	重庆巴渝公司	巴渝	本地	500123456784

（5）供应商档案（见表3-8）。

表3-8　供应商档案

供应商编号	供应商名称	供应商简称	供应商分类	银行账号
001	哈尔滨大华公司	大华	东北	600123456780
002	上海温达公司	上海温达	华东	600123456781
003	云南民生公司	民生	西南	600123456782
004	重庆柯达公司	柯达	本地	600123456783

3.2.3　收付结算基础设置

结算方式，如表3-9所示。

表3-9　结算方式

编码	结算方式名称	票据管理	编码	结算方式名称	票据管理
1	现金	否	4	汇兑	否
2	支票	否	401	电汇	否
201	现金支票	是	402	信汇	否
202	转账支票	是	5	委托收款	否
3	商业汇票	否	6	银行汇票	否
301	商业承兑汇票	否	7	托收承付	否
302	银行承兑汇票	否	9	其他	否

3.2.4　外币汇率基础设置

（1）币符：USD；币名：美元；保留5位小数；折算方式：外币×汇率＝本位币；2021年11月汇率：6.402 7。

（2）币符：HKD；币名：港币；保留5位小数；折算方式：外币×汇率＝本位币；2021年11月汇率：0.823 4。

3.3 基础设置实验操作

3.3.1 机构人员档案

3.3.1.1 部门档案

（1）执行"开始"丨"程序"丨"用友 ERP-U8"丨"企业应用平台"命令，打开"登录"对话框。以账套主管身份注册，如图 3-1 所示，单击【确定】按钮，进入用友 ERP-U8 主界面。

图 3-1 以账套主管身份登录用友 ERP-U8

（2）执行"基础设置"页中的"基础档案"丨"机构人员"丨"部门档案"命令，进入"部门档案"窗口。

（3）单击【增加】按钮，输入部门编码、部门名称信息，单击【保存】按钮，如图 3-2 所示。

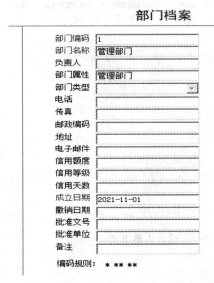

图 3-2 增加部门档案

（4）所有部门录入完成后，如图 3-3 所示。

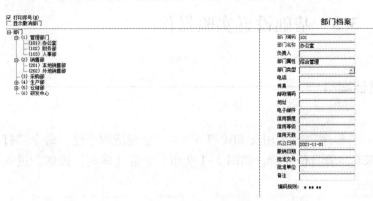

图 3-3　部门档案

［操作提示］

在未建立职员档案前，不能选择输入负责人信息。待职员档案建立完成后，通过"修改"功能补充输入负责人信息。

3.3.1.2　建立人员类别

（1）在用友 ERP-U8 主界面，执行基础设置中的"基础档案"｜"机构人员"｜"人员类别"命令，进入"人员类别"窗口，如图 3-4 所示。

（2）单击选择左窗口中的"在职人员"类别，单击【增加】按钮，进入"增加档案项"窗口。输入人员类别编码、人员类别名称，单击【确定】按钮。

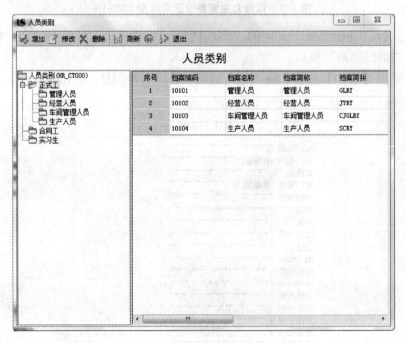

图 3-4　设置人员类别

［操作提示］

人员类别的划分要有利于对人员工资的统计，有利于对工资费用的分配。

3.3.1.3　人员档案

（1）在用友 ERP-U8 主界面，执行"基础设置"页中的"基础档案"｜"机构人员"｜"人员档案"命令，进入"人员列表"窗口。

（2）单击左窗口中"部门分类"下的"办公室"，单击【增加】按钮，进入人员相关信息，按实验资料输入人员信息，输入完成后，单击【保存】按钮保存，如图 3-5 所示。

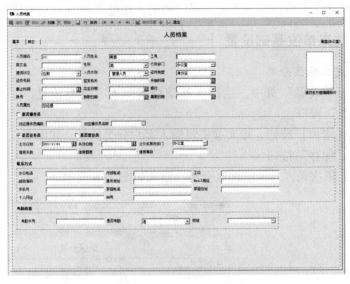

图 3-5　增加人员档案

（3）同理，依次输入其他人员档案。

（4）所有人员录入完成后，结果如图 3-6 所示。

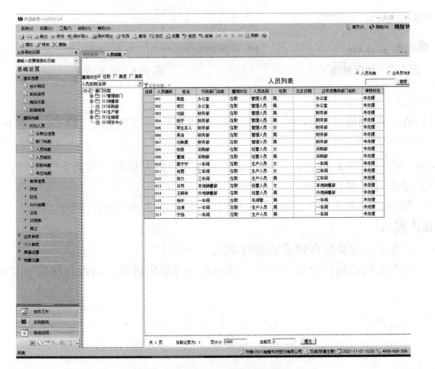

图 3-6　人员档案

[操作提示]

此处的人员档案应该包括企业所有员工。

人员编码必须唯一，行政部门只能是末级部门。

如果该员工需要在其他档案或其他单据的"业务员"项目中被参照，要选中"是否业务员"选项。

人员档案建立完成后，可重新进入部门档案，通过"修改"功能增加负责人信息。

3.3.2 往来单位基础设置

3.3.2.1 建立地区分类

（1）在"基础设置"页中，执行"基础档案"｜"客商信息"｜"地区分类"，进入"地区分类"窗口。

（2）单击【增加】按钮，按实验资料输入客户分类信息，如图 3-7 所示。

（3）单击"保存"按钮。

（4）同理，依次录入其他的地区分类，结果如图 3-8 所示。

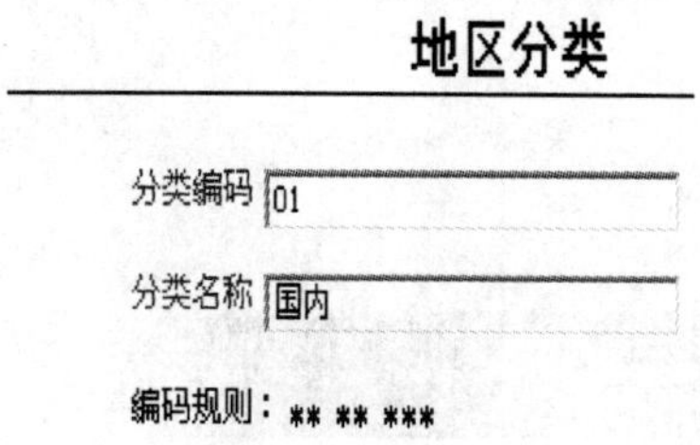

地区分类

分类编码 01

分类名称 国内

编码规则：** ** ***

图 3-7 地区分类 1

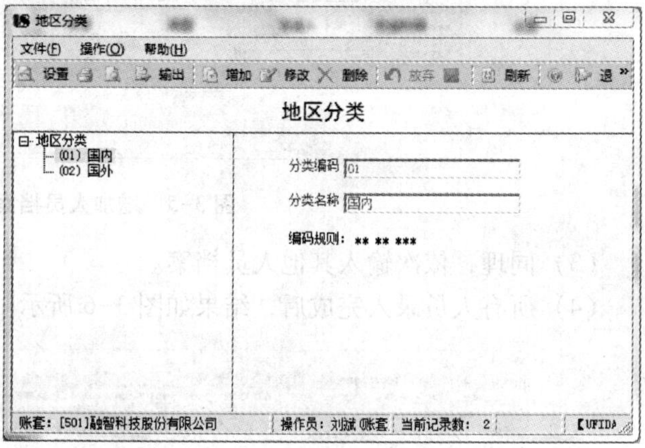

图 3-8 地区分类 2

3.3.2.2 建立客户分类

（1）在"基础设置"页中，执行"基础档案"｜"客商信息"｜"客户分类"，进入"客户分类"窗口。

（2）单击【增加】按钮，按实验资料输入客户分类信息，如图 3-9 所示。

（3）单击【保存】按钮。

（4）同理，依次录入其他的客户分类，结果如图 3-10 所示。

[操作提示]

客户是否需要分类应在建立账套时确定。

客户分类编码必须符合编码规则，如果不符合编码规则，请进行修改账套的操作。

客户分类

分类编码 1

分类名称 本地

编码规则：* ** ***

图 3-9　客户分类 1

图 3-10　客户分类 2

3.3.2.3　设置供应商分类

（1）在"设置"选项卡中，执行"基础档案"｜"客商信息"｜"供应商分类"，进入"供应商分类"窗口。

（2）单击【增加】按钮，按实验资料输入供应商分类信息，如图 3-11 所示。

（3）单击【保存】按钮。

（4）同理，依次录入其他的供应商分类，结果如图 3-12 所示。

供应商分类

分类编码 201

分类名称 华中

编码规则：* ** ***

图 3-11　供应商分类 1

图 3-12　供应商分类 2

[操作提示]

供应商是否需要分类应在建立账套时确定。

供应商分类编码必须符合编码规则。

3.3.2.4　建立客户档案

（1）在"基础设置"页中，执行"基础档案"｜"客商信息"｜"客户档案"命令，打开"客户档案"窗口。窗口分为左、右两部分：左窗口中显示已经设置的客户分类，右窗口中显示该分类下所有的客户列表。

（2）单击【增加】按钮，打开"增加客户档案"窗口。窗口中共包括 4 个选项卡，即"基本""联系""信用""其他"，用于对客户不同的属性分别归类记录。

（3）按实验资料输入"客户编码""客户名称""客户简称""所属分类码""税号""分管部门""分管业务员"等相关信息。

（4）单击【保存】按钮。

（5）以此方法依次录入其他的客户档案，结果如图 3-13 所示。

图 3-13　客户档案

[操作提示]

之所以设置"分管部门""分管业务员",是为了在应收应付款管理系统填制发票等原始单据时能自动根据客户显示部门及业务员信息。

3.3.2.5　供应商档案

（1）在"基础设置"页中，执行"基础档案"|"客商信息"|"供应商档案"命令，打开"供应商档案"窗口。窗口分为左、右两部分：左窗口中显示供应商分类，右窗口中显示所有的供应商列表。

（2）单击【增加】按钮，打开"增加供应商档案"窗口，按实验资料输入供应商信息。

（3）同理，依次录入其他的供应商档案，结果如图 3-14 所示。

图 3-14　供应商档案

[操作提示]

在录入供应商档案时，供应商编码及供应商简称必须录入。

供应商是否分类应在建立账套时确定，此时不能修改，如若修改只能在未建立供应商档案的情况下，在系统管理中以修改账套的方式修改。

供应商编码必须唯一。

3.3.3　收付结算设置

（1）在"设置"选项卡中，执行"基础档案"|"财务"|"收付结算"命令，打开"结算方式"窗口。

（2）单击【增加】按钮，打开"结算方式"窗口，按实验资料输入收、付结算信息，如图 3-15 所示。

（3）同理，依次录入其他的结算方式，结果如图 3-16 所示。

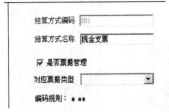

结算方式

结算方式编码 201

结算方式名称 现金支票

☑ 是否票据管理

对应票据类型 [▼]

编码规则: * * *

图 3-15 增加结算方式

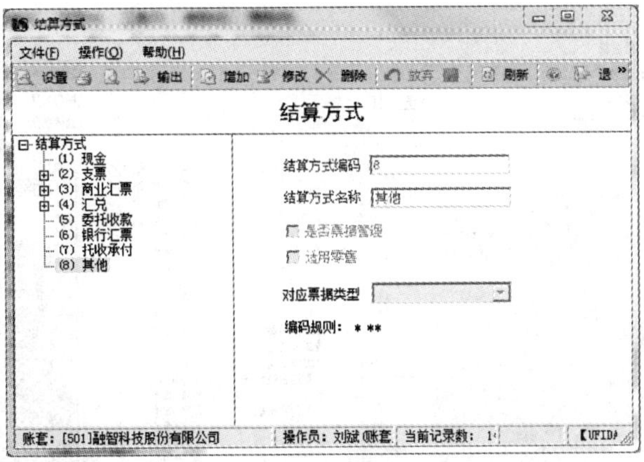

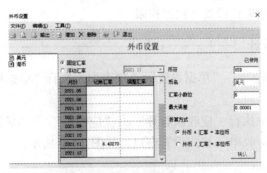

图 3-16 结算方式

3.3.4 外币设置

（1）在用友 ERP-U8 主界面，执行"基础设置"｜"财务"｜"外币设置"命令，进入"外币设置"窗口。

（2）输入币符"USD"、币名"美元"，其他项目采用默认值，单击【确认】按钮。

（3）输入 2021 年 11 月初的记账汇率 6.402 7，回车确认，如图 3-17 所示。

图 3-17 外币设置

（4）单击【退出】按钮，完成外币设置。

3.3.5 设置数据权限

（1）在"业务工作"页中的"财务会计"｜"总账"｜"设置"选项卡中，执行"数据权限分配"命令，进入"权限浏览"窗口。

（2）在左侧"用户及角色"列表中选择"102 张宁"，再单击【授权】按钮，打开"记录权限分配"对话框。

（3）单击"业务对象"栏的下三角按钮选"科目"，单击【>>】按钮选择所有科目，如图 3-18 所示。

（4）单击"业务对象"栏的下三角按钮选"用户"，单击【>】按钮将"103 学生本人"从"禁用"列表中选择到"可用"列表中，并取消"审核""弃审"权限，以此方法选择"103 学生本人"，如图 3-19 所示。

（5）单击【保存】按钮，系统弹出"保存成功"信息提示框，单击【退出】按钮。

项目 3 企业应用平台

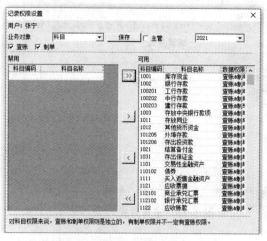

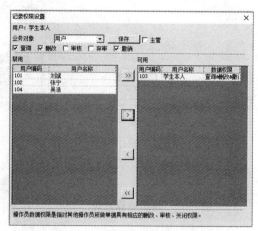

图 3-18 数据权限设置——科目　　　　**图 3-19 数据权限设置——用户**

（6）选择"用户"，设置所有用户权限。

[操作提示]

必须在系统管理中定义角色或用户，并分配完功能级权限后才能进行数据权限分配。数据权限包括记录级权限和字段级权限。可以分别进行授权，可以在"数据权限控制设置"中选择需要进行设置的数据权限。

3.3.6 单据设计

（1）在"基础设置"｜"单据设置"选项卡中，执行"单据格式设置"命令，进入"单据格式设置"窗口。

（2）在左侧窗口中执行"应收款管理"｜"应收单"｜"显示"｜"应收单显示模板"命令，进入"应收单"格式设置窗口，如图 3-20 所示。

图 3-20 应收单显示模板

（3）单击"应收单"中的表头项目"币种5"，单击按钮，系统提示"是否删除当前选择项目?"信息，单击【是】按钮。同理，可删除"应收单"表头项目中的"汇率6"。

（4）单击【退出】按钮，系统提示"模板已修改，是否保存?"单击【是】确认。

[**操作提示**]

单据设计只能在"企业应用平台"中进行。

只有在启用了"应付""应收"系统或其他业务系统时，在"企业应用平台"的单据目录分类中，才会列出与启用系统相对应的单据分类及内容。

单据设计功能，可以分别进行不同模块中不同单据的显示格式和打印格式的设置，可以分别就单据的显示格式和打印格式设置单据属性设计、表头项目设计、表体项目设计、单据项目属性设计、单据标题属性设计。

3.3.7 账套备份

在"D:\XX练习用账套"文件夹中新建"基础设置3-1"文件夹，将账套输出至"基础设置3-1"文件夹中。

> **小 结**
>
> 本部分主要介绍了如何为已经建立的账套进行基础功能的设置。在用友软件"企业应用平台"里，可以完成设置机构人员档案、往来单位、收付结算、外币设置、数据权限、单据设计等操作。
>
> （1）在"部门档案"设置过程中，部门编码和部门名称两栏为必须输入，其他项目可以允许省略。"负责人"一栏可以在设置了人员档案后再使用"修改"的功能补充上去。如果其中有信息输入错误，可以在左窗口里选中这个部门，单击【修改】按键进行内容的修改，但是部门编号不能修改。可以删除某个部门，已经使用的部门不能进行修改和删除。
>
> （2）在"人员档案"设置过程中，蓝色背景显示的栏为必须输入，非蓝色显示的栏为可省略。人员编码必须唯一，输入采购人员、销售人员、仓库管理员等业务人员信息时，应在"是否业务员"一栏打钩。人员档案是按照部门分类输入的。需要设置不同部门人员档案时，必须退出"人员档案"窗口回到"人员列表"窗口，重新选择对应部门单击【增加】按键，新增人员档案。

章节练习

一、单项选择题

1. 下列选项中，（　　）不属于企业基础档案的设置。

    A. 部门档案　　　　　　　　　　　B. 人员档案

    C. 客户档案　　　　　　　　　　　D. 多栏式定义

2. （　　）主要是用于设置本单位职员个人信息资料。

    A. 客户档案　　　　　　　　　　　B. 部门档案

    C. 职员档案　　　　　　　　　　　D. 客户分类

3. （　　）主要是用于设置与单位往来客户信息资料。

    A. 客户档案　　　　　　　　　　　B. 部门档案

    C. 职员档案　　　　　　　　　　　D. 客户分类

二、多项选择题

1. 会计软件的备份功能非常重要，在进行这一工作时应该（　　）。

    A. 注册备份时间　　　　　　　　　B. 备份介质应该有两份以上

    C. 删除数据前必须先备份　　　　　D. 先恢复数据

三、判断题

1. 在部门编码错误时，不能修改，只能删除该部门后再重新增加。　　（　　）

2. 用户自动拥有所属角色的所有权限，同时可以额外增加角色中没有包含的权限。　　　　　　　　　　　　　　　　　　　　　　　　　　　　　　（　　）

四、思考题

1. 图 3-2 部门档案右窗口底部显示"编码规则：＊ ＊＊ ＊＊"，其含义是什么？若需要修改部门档案的编码规则，应如何处理？

2. 操作员、职员、企业职工三者有什么关系？

3. 结算方式设置中的"票据管理"的含义是什么？

4. 系统管理员在系统管理中为账套主管刘斌设置了登录密码"1"，刘斌为防止系统管理员用其身份登录系统，需要修改密码。假定希望设置密码为"202111"，他应怎样做？

项目 4

总账系统初始化

4.1 总账系统初始化功能概述

录入基础档案后，系统中即含有企业账套所需的各项共享数据信息，就可以开始进入系统的核心子系统——总账系统了。总账管理系统与其他系统的数据关系见图 4-1。

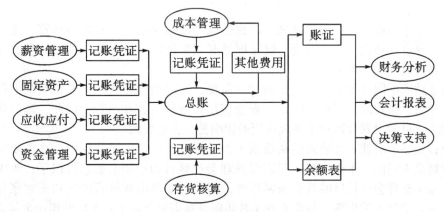

图 4-1 总账管理系统与其他系统的数据关系

在进行日常业务处理之前，还须根据本企业自身的需要，对总账管理系统进行初始化设定，设定其应用环境，使用友 ERP-U8 管理系统变成更适合企业实际需要的专用系统。主要工作包括设置账务参数，明细账权限的设定，凭证类别、项目目录和期初余额的录入等。因此，项目实施小组需要结合企业的自身需求设定总账的各项参数，并整理企业各会计科目的期初余额，准确地录入系统中，作为总账管理系统启动的先决条件。

总账管理系统成功启动后，就可以通过该系统处理企业的各项日常业务、账簿查询及总账期末处理等工作。

在本项目中，项目组已预先整理好了各项资料，开始进行总账的初始化设置，由使用者根据本企业的具体需要建立会计核算的基础应用环境，将通用的总账系统变成适合本单位核算需要的专用系统。初始设置的工作主要包括设置各项业务参数、明细账权限的设定、设置会计科目体系、凭证类别、项目目录和期初余额的录入等。

系统的业务处理是建立在基础数据之上的，基础数据设置的正确性、完整性直接关系到系统运行的效率和质量。下面对几项涉及财务处理的重要初始化设置进行说明。

（1）会计科目。

企业最终的会计信息是以报表形式体现的。在会计信息系统中，报表的数据来自账簿，账簿中的数据来自凭证，凭证是记录各项业务的载体，企业对经济业务的确认和记录是由会计科目表示的。因此，会计科目的设计决定了整个会计信息系统的效率和质量。

会计科目的设置包括增加、删除和修改会计科目体系，设置会计科目辅助核算标志，指定会计科目等内容。

通用会计核算软件一般根据国家会计制度或准则规定预置了一级科目，除了一级科目以外，我们还需要根据企业管理和核算要求设置适合本企业业务需求的明细科目。

辅助核算是用友 ERP-U8 管理系统的一个特色。随着企业管理的深化和细化，与财务相关的非会计信息越来越受到企业管理者的重视，会计信息系统已经不仅仅是提供资金信息了，为了满足企业对会计及相关信息的全面了解和管理，通常软件还设置了辅助核算功能来提供资金辅助信息。灵活运用各种辅助核算可以有效地提高系统的管理效率和管理水平。

指定会计科目是指定出纳的专管科目。指定会计科目以后，出纳就可以对现金和银行凭证执行签字，能够对现金和银行日记账进行管理了。如果不做指定科目，不能以出纳身份进行签字，也不能查询现金日记账和银行日记账。

（2）项目。

项目是系统提供的辅助核算之一，也是应用最为灵活的一种辅助核算。通常用于按对象核算收入和成本这类问题。设置项目时，要理解项目大类、项目分类、项目目录、核算科目的具体含义。

为了适应不同行业、不同企业的管理需要，通用型管理软件一般在系统内设计了大量的参数，参数的不同组合决定了企业应用系统的方式和流程。因此，理解各项参数的意义，科学设置参数对于系统应用的影响是至关重要的。

设置完参数后就需要输入期初数据了，企业对于年初建账和年中建账需要准备的期初数据是不同的。年初建账，只需要整理会计科目的年初余额就可以了；年中某月建账，除了整理会计科目的月初余额以外，还需要整理出各科目的年初至建账月前一个月的累积借贷方发生额，如企业在 4 月建账，则需要整理 1 月 1 日的年初余额和 1~3 月的累计借贷方发生额。设置了辅助核算的科目还要准备辅助账的期初数据。

总账套打工具提供了使用用友标准套打表单与账簿进行套打设置，账表输出格式美观，是使企业管理工作规范化的工具。

（3）总账参数设置。

系统参数的设置决定了企业的应用模式和应用流程。为了明确各项参数的适用对象，软件一般将参数分门别类进行管理。用友 ERP-U8 的总账管理系统将参数分为以下四个页签。

①凭证页签。

a. 制单控制。

b. 凭证控制。

c. 凭证编号方式。系统提供系统编号和手工编号两种方式。如果选用系统编号，系统在填制凭证时按照设置的凭证类别按月自动编号。

d. 外币核算。有外币业务时，企业可以选择"固定汇率"或"浮动汇率"的处理方式。

e. 预算控制。根据预算管理系统或财务分析系统设置的预算数对业务发生进行控制。

f. 合并凭证显示、打印。选择此项，在填制凭证、查询凭证、出纳签字和凭证审核时，凭证按照"按科目、摘要相同方式合并"或"按科目相同方式合并"显示，在明细账显示界面提供是否"合并显示"的选项。

②账簿页签。

账簿页签用来设置各种账簿的输出方式和打印要求等。

③会计日历页签。

在会计日历页签中，可查看各会计期间的起始日期与结束日期，以及启用会计年度和启用日期。

④其他页签。

在其他页签中可以设置以下内容：

a. 可以查看建立账套时的一些信息，如账套名称、单位名称、账套存放的路径、行业性质和定义的科目级长等。

b. 可以修改数量小数位、单价小数位和本位币精度。

c. 排序方式：在参照部门目录、查询部门辅助账时，可以指定查询列表的内容是按编码顺序显示还是按名称顺序显示。对个人往来辅助核算和项目辅助核算也可以进行设置。

[**总账系统初始化操作流程**]

总账系统初始化操作流程如图4-2所示。

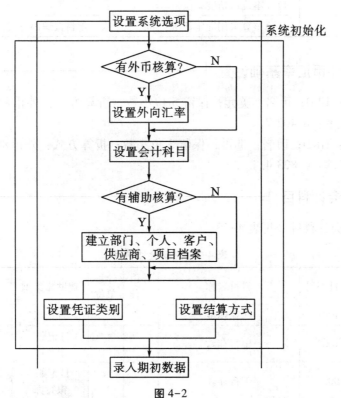

图 4-2

4.2 总账系统初始化实验资料

4.2.1 参数设置

总账参数列表如表4-1所示。

表4-1 总账参数列表

选项卡	参数设置
凭证	不勾选"制单序时控制" 可以使用应收、应付、存货受控科目 不勾选"现金流量科目必录入现金流量项目"选项 自动填补凭证断号 银行科目结算方式必录 凭证编号方式采用系统编号 其他使用默认设置
账簿	按照默认设置
凭证打印	按照默认设置
预算控制	按照默认设置
权限	出纳凭证必须经由出纳签字;允许修改、作废他人填制的凭证 可查询他人凭证
会计日历	会计日历为1月1日—12月31日;数量小数位、单价小数位、设置为2位;本位币精度2位
其他	外币核算采用固定汇率;部门、个人、项目按编码方式排序

4.2.2 外币汇率基础设置

（1）币符：USD；币名：美元；保留5位小数；折算方式：外币×汇率＝本位币；2021年11月汇率：6.402 7。

（2）币符：HKD；币名：港币；保留5位小数；折算方式：外币×汇率＝本位币；2021年11月汇率：0.823 4。

4.2.3 会计科目

（1）新增会计科目（见表4-2）。

表4-2 新增会计科目

类型	级次	科目编码	科目名称	外币币种	计量单位	辅助账类型	账页格式	余额方向
资产	1	1001	库存现金			日记账	金额式	借
资产	1	1002	银行存款			日记账、银行账	金额式	借
资产	2	100201	工行存款			日记账、银行账	金额式	借

表4-2(续)

类型	级次	科目编码	科目名称	外币币种	计量单位	辅助账类型	账页格式	余额方向
资产	2	100202	中行存款	美元		日记账、银行账	外币金额式	借
资产	2	100203	建行存款	港币		日记账、银行账	外币金额式	借
资产	2	100204	交行存款	港币		日记账、银行账	外币金额式	借
资产	1	1003	存放中央银行款项				金额式	借
资产	1	1011	存放同业				金额式	借
资产	1	1012	其他货币资金				金额式	借
资产	2	101205	外埠存款				金额式	借
资产	2	101206	存出投资款				金额式	借
资产	1	1021	结算备付金				金额式	借
资产	1	1031	存出保证金				金额式	借
资产	1	1101	交易性金融资产				金额式	借
资产	2	110102	债券				金额式	借
资产	1	1111	买入返售金融资产				金额式	借
资产	1	1121	应收票据				金额式	借
资产	2	112101	商业承兑汇票			客户往来	金额式	借
资产	2	112102	银行承兑汇票			客户往来	金额式	借
资产	1	1122	应收账款			客户往来	金额式	借
资产	1	1123	预付账款			供应商往来	金额式	借
资产	1	1131	应收股利				金额式	借
资产	1	1132	应收利息				金额式	借
资产	1	1201	应收代位追偿款				金额式	借
资产	1	1221	其他应收款				金额式	借
资产	2	122101	备用金			部门核算	金额式	借
资产	2	122102	应收个人款			个人往来	金额式	借
资产	1	1231	坏账准备				金额式	贷
资产	1	1401	材料采购				数量金额式	借
资产	1	1402	在途物资				金额式	借
资产	1	1403	原材料				金额式	借
资产	2	140301	原料及主要材料				金额式	借
资产	3	14030101	甲材料		千克		数量金额式	借
资产	3	14030102	乙材料		千克		数量金额式	借
资产	3	14030103	丙材料		千克		数量金额式	借

表4-2（续）

类型	级次	科目编码	科目名称	外币币种	计量单位	辅助账类型	账页格式	余额方向
资产	3	14030104	丁材料		千克		数量金额式	借
资产	2	140302	辅助材料				金额式	借
资产	3	14030201	a材料		千克		数量金额式	借
资产	3	14030202	b材料		千克		数量金额式	借
资产	2	140303	外购半成品				金额式	借
资产	3	14030301	Ⅰ产品		台		数量金额式	借
资产	3	14030302	Ⅱ产品		台		数量金额式	借
资产	3	14030303	Ⅲ产品		台		数量金额式	借
资产	1	1404	材料成本差异				金额式	借
资产	1	1405	库存商品				金额式	借
资产	2	140501	A产品		台		数量金额式	借
资产	2	140502	B产品		台		数量金额式	借
资产	2	140503	C产品		台		数量金额式	借
资产	1	1406	发出商品				金额式	借
资产	1	1407	商品进销差价				金额式	贷
资产	1	1408	委托加工物资				金额式	借
资产	1	1411	周转材料				金额式	借
资产	2	141101	包装箱		个		数量金额式	借
资产	2	141102	包装袋		个		数量金额式	借
资产	1	1421	消耗性生物资产				金额式	借
资产	1	1431	贵金属				金额式	借
资产	1	1441	抵债资产				金额式	借
资产	1	1451	损余物资				金额式	借
资产	1	1461	融资租赁资产				金额式	借
资产	1	1471	存货跌价准备				金额式	贷
资产	1	1501	持有至到期投资				金额式	借
资产	1	1502	持有至到期投资减值准备				金额式	贷
资产	1	1503	可供出售金融资产				金额式	借
资产	1	1511	长期股权投资				金额式	借
资产	1	1512	长期股权投资减值准备				金额式	贷
资产	1	1521	投资性房地产				金额式	借
资产	1	1531	长期应收款				金额式	借
资产	1	1532	未实现融资收益				金额式	贷
资产	1	1541	存出资本保证金				金额式	借
资产	1	1601	固定资产				金额式	借

表4-2（续）

类型	级次	科目编码	科目名称	外币币种	计量单位	辅助账类型	账页格式	余额方向
资产	2	160101	房屋及建筑物				金额式	借
资产	2	160102	生产设备				金额式	借
资产	2	160103	交通运输设备				金额式	借
资产	2	160104	办公设备				金额式	借
资产	1	1602	累计折旧				金额式	贷
资产	1	1603	固定资产减值准备				金额式	贷
资产	1	1604	在建工程				金额式	借
资产	1	1605	工程物资				金额式	借
资产	1	1606	固定资产清理				金额式	借
资产	1	1611	未担保余值				金额式	借
资产	1	1621	生产性生物资产				金额式	借
资产	1	1622	生产性生物资产累计折旧				金额式	贷
资产	1	1623	公益性生物资产				金额式	借
资产	1	1631	油气资产				金额式	借
资产	1	1632	累计折耗				金额式	贷
资产	1	1701	无形资产				金额式	借
资产	1	1702	累计摊销				金额式	贷
资产	1	1703	无形资产减值准备				金额式	贷
资产	1	1711	商誉				金额式	借
资产	1	1801	长期待摊费用				金额式	借
资产	1	1811	递延所得税资产				金额式	借
资产	1	1821	独立账户资产				金额式	借
资产	1	1901	待处理财产损溢				金额式	借
负债	1	2001	短期借款				金额式	贷
负债	1	2002	存入保证金				金额式	贷
负债	1	2003	拆入资金				金额式	贷
负债	1	2004	向中央银行借款				金额式	贷
负债	1	2017	吸收存款				金额式	贷
负债	1	2021	贴现负债				金额式	贷
负债	1	2101	交易性金融负债				金额式	贷
负债	1	2111	卖出回购金融资产款				金额式	借
负债	1	2201	应付票据				金额式	贷
负债	2	220101	商业承兑汇票			供应商往来	金额式	贷
负债	2	220102	银行承兑汇票			供应商往来	金额式	贷
负债	1	2202	应付账款			供应商往来	金额式	贷

表4-2(续)

类型	级次	科目编码	科目名称	外币币种	计量单位	辅助账类型	账页格式	余额方向
负债	1	2203	预收账款			客户往来	金额式	贷
负债	1	2211	应付职工薪酬				金额式	贷
负债	2	221101	应付工资				金额式	贷
负债	2	221102	应付福利费				金额式	贷
负债	1	2221	应交税费				金额式	贷
负债	2	222101	应交增值税				金额式	贷
负债	3	22210101	进项税额				金额式	贷
负债	3	22210102	已交税金				金额式	贷
负债	3	22210103	转出未交增值税				金额式	贷
负债	3	22210105	销项税额				金额式	贷
负债	3	22210109	转出多交增值税				金额式	贷
负债	2	222102	未交增值税				金额式	贷
负债	2	222106	应交所得税				金额式	贷
负债	2	222108	应交城市建设维护税				金额式	贷
负债	2	222112	应交个人所得税				金额式	贷
负债	2	222113	教育费附加				金额式	贷
负债	1	2231	应付利息				金额式	贷
负债	1	2232	应付股利				金额式	贷
负债	1	2241	其他应付款				金额式	贷
负债	1	2251	应付保单红利				金额式	贷
负债	1	2261	应付分保账款				金额式	贷
负债	1	2311	代理买卖证券款				金额式	贷
负债	1	2312	代理承销证券款				金额式	贷
负债	1	2313	代理兑付证券款				金额式	贷
负债	1	2314	代理业务工作负债				金额式	贷
负债	1	2401	递延收益				金额式	贷
负债	1	2501	长期借款				金额式	贷
负债	2	250101	借款本金				金额式	贷
负债	2	250102	借款利息				金额式	贷
负债	1	2502	应付债券				金额式	贷
负债	1	2601	未到期责任准备金				金额式	贷
负债	1	2602	保险责任准备金				金额式	贷
负债	1	2611	保户储金				金额式	贷
负债	1	2621	独立账户负债				金额式	借
负债	1	2701	长期应付款				金额式	贷

表4-2(续)

类型	级次	科目编码	科目名称	外币币种	计量单位	辅助账类型	账页格式	余额方向
负债	1	2702	未确认融资费用				金额式	借
负债	1	2711	专项应付款				金额式	贷
负债	1	2801	预计负债				金额式	贷
负债	1	2901	递延所得税负债				金额式	贷
共同	1	3001	清算资金往来				金额式	借
共同	1	3002	货币兑换				金额式	借
共同	1	3101	衍生工具				金额式	借
共同	1	3201	套期工具				金额式	借
共同	1	3202	被套期项目				金额式	借
权益	1	4001	实收资本				金额式	贷
权益	1	4002	资本公积				金额式	贷
权益	2	400201	资本溢价				金额式	贷
权益	2	400203	接受现金捐赠				金额式	贷
权益	1	4101	盈余公积				金额式	贷
权益	2	410101	法定盈余公积				金额式	贷
权益	1	4102	一般风险准备				金额式	贷
权益	1	4103	本年利润				金额式	贷
权益	1	4104	利润分配				金额式	贷
权益	2	410415	未分配利润				金额式	贷
权益	1	4201	库存股				金额式	借
成本	1	5001	生产成本				金额式	借
成本	2	500101	基本生产成本			项目核算	金额式	借
成本	3	50010101	直接材料			项目核算	金额式	借
成本	3	50010102	直接人工			项目核算	金额式	借
成本	3	50010103	制造费用			项目核算	金额式	借
成本	1	5101	制造费用				金额式	借
成本	2	510101	工资及福利费			部门核算	金额式	借
成本	2	510102	折旧			部门核算	金额式	借
成本	2	510103	办公费			部门核算	金额式	借
成本	2	510104	水电费			部门核算	金额式	借
成本	2	510105	修理费			部门核算	金额式	借
成本	2	510120	其他			部门核算	金额式	借
成本	1	5201	劳务成本				金额式	借
成本	1	5301	研发支出				金额式	借
成本	1	5401	工程施工				金额式	借

表4-2（续）

类型	级次	科目编码	科目名称	外币币种	计量单位	辅助账类型	账页格式	余额方向
成本	1	5402	工程结算				金额式	贷
成本	1	5403	机械作业				金额式	借
损益	1	6001	主营业务收入				金额式	贷
损益	2	600101	A产品		台		数量金额式	贷
损益	2	600102	B产品		台		数量金额式	贷
损益	2	600103	C产品		台		数量金额式	贷
损益	1	6011	利息收入				金额式	贷
损益	1	6021	手续费及佣金收入				金额式	贷
损益	1	6031	保费收入				金额式	贷
损益	1	6041	租赁收入				金额式	贷
损益	1	6051	其他业务工作收入				金额式	贷
损益	1	6061	汇兑损益				金额式	贷
损益	1	6101	公允价值变动损益				金额式	贷
损益	1	6111	投资收益				金额式	贷
损益	1	6201	摊回保险责任准备金				金额式	贷
损益	1	6202	摊回赔付支出				金额式	贷
损益	1	6203	摊回分保费用				金额式	贷
损益	1	6301	营业外收入				金额式	贷
损益	1	6401	主营业务成本				金额式	借
损益	2	640101	A产品		台		数量金额式	借
损益	2	640102	B产品		台		数量金额式	借
损益	2	640103	C产品		台		数量金额式	借
损益	1	6402	其他业务工作成本				金额式	借
损益	1	6403	税金及附加				金额式	借
损益	1	6411	利息支出				金额式	借
损益	1	6421	手续费及佣金支出				金额式	借
损益	1	6501	提取未到期责任准备金				金额式	借
损益	1	6502	提取保险责任准备金				金额式	借
损益	1	6511	赔付支出				金额式	借
损益	1	6521	保单红利支出				金额式	借
损益	1	6531	退保金				金额式	借
损益	1	6541	分出保费				金额式	借
损益	1	6542	分保费用				金额式	借
损益	1	6601	销售费用				金额式	借
损益	2	660101	工资及福利费			部门核算	金额式	借

表4-2(续)

类型	级次	科目编码	科目名称	外币币种	计量单位	辅助账类型	账页格式	余额方向
损益	2	660102	折旧			部门核算	金额式	借
损益	2	660103	办公费			部门核算	金额式	借
损益	2	660104	水电费			部门核算	金额式	借
损益	2	660105	修理费			部门核算	金额式	借
损益	2	660120	其他			部门核算	金额式	借
损益	1	6602	管理费用				金额式	借
损益	2	660201	工资及福利费			部门核算	金额式	借
损益	2	660202	折旧			部门核算	金额式	借
损益	2	660203	办公费			部门核算	金额式	借
损益	2	660204	水电费			部门核算	金额式	借
损益	2	660205	修理费			部门核算	金额式	借
损益	2	660220	其他			部门核算	金额式	借
损益	1	6603	财务费用				金额式	借
损益	2	660301	利息支出				金额式	借
损益	2	660302	手续费				金额式	借
损益	1	6604	勘探费用				金额式	借
损益	1	6701	资产减值损失				金额式	借
损益	1	6711	营业外支出				金额式	借
损益	1	6801	所得税费用				金额式	借
损益	1	6901	以前年度损益调整				金额式	借

（2）修改会计科目（见表4-3）。

表4-3 修改会计科目

科目代码	科目名称	类型	外币	计量单位	辅助核算类型	账页格式
1001	库存现金	资产			日记账	金额式
1002	银行存款	资产			日记账、银行账	金额式
1122	应收账款	资产			客户往来	金额式
1123	预付账款	资产			供应商往来	金额式
2202	应付账款	负债			供应商往来	金额式
2203	预收账款	负债			客户往来	金额式

①将部分会计科目基础设置为辅助核算科目，如部门核算、个人往来、客户往来、供应商往来、项目核算。

②删除100204会计科目。

（3）指定科目。

指定科目为"现金总账科目""银行总账科目"。

4.2.4 凭证类别

凭证类别见表4-4。

表4-4 凭证类别

凭证字	类型	限制类型	限制科目
收	收款凭证	借方必有	1001，100201，100202，100203
付	付款凭证	贷方必有	1001，100201，100202，100203
转	转账凭证	凭证必无	1001，100201，100202，100203

4.2.5 项目档案

项目档案见表4-5。

表4-5 项目档案

项目大类	核算项目	项目分类定义		项目目录	
生产成本	基本生产成本（500101）	1	普通产品	101	A产品
	直接材料（50010101）			102	B产品
	直接人工（50010102）	2	节能产品	201	C产品
	制造费用（50010103）			202	D产品

4.2.6 期初数据

操作员：101（账套主管、财务总监）。

（1）灰色处为不可录入区、白色处为可录入区。

（2）黄色处的期初余额要双击录入，在明细录入中单击"行"录入明细。累计借方、累计贷方可直接录入。（注意：带有个人往来、部门核算和客户往来、供应商往来等辅助核算的会计科目，请参照"辅助核算科目期初余额"相关数据录入）。

说明：年初建账只需录入期初数。如果是年中建账，则要录入累计发生数及期初余额。

第一，期初余额见表4-6。

表4-6 期初余额　　　　　单位：元

科目名称	方向	币别计量	年初余额	累计借方	累计贷方	期初余额
库存现金（1001）	借		12 345.00	1 085 123.40	1 087 210.40	10 258.00
银行存款（1002）	借		1 484 260.00	18 011 254.00	17 321 101.00	2 174 413.00
工行存款（100201）	借		899 561.00	18 011 254.00	17 321 101.00	1 589 714.00
中行存款（100202）	借		512 399.00	0.00	0.00	512 399.00
	借	美元	52 110.00	0.00	0.00	52 110.00
建行存款（100203）	借		72 300.00	0.00	0.00	72 300.00
	借	港币	200 010.00	0.00	0.00	200 010.00
其他货币资金（1012）	借		23 890.00	1 700 360.00	1 300 360.00	423 890.00

表4-6（续）

科目名称	方向	币别计量	年初余额	累计借方	累计贷方	期初余额
外埠存款（101205）	借		23 890.00	0.00	0.00	23 890.00
存出投资款（101206）	借		0.00	1 700 360.00	1 300 360.00	400 000.00
交易性金融资产（1101）	借		89 000.00		59 000.00	30 000.00
债券（110101）	借		89 000.00		59 000.00	30 000.00
应收票据（1121）	借		600 254.00	5 230 780.00	5 230 380.00	600 654.00
商业承兑汇票（112101）	借		600 254.00	5 230 780.00	5 230 380.00	600 654.00
应收账款（1122）	借		2 630 000.00	16 780 000.00	16 520 360.00	2 889 640.00
预付账款（1123）	借		298 000.00	1 287 300.00	1 287 300.00	298 000.00
其他应收款（1221）	借		8 821.00	1 341 432.00	1 341 432.00	8 821.00
备用金（122101）	借		5 900.00	1 341 432.00	1 341 432.00	5 900.00
应收个人款（122102）	借		2 921.00	0.00	0.00	2 921.00
坏账准备（1231）	贷		13 000.00	0.00	0.00	13 000.00
原材料（1403）	借		2 656 860.00	53 971 071.00	54 293 836.00	2 334 095.00
原料及主要材料（140301）	借		1 596 000.00	49 498 000.00	49 598 400.00	1 495 600.00
甲材料（14030101）	借		42 000.00	12 876 000.00	12 800 000.00	118 000.00
	借	千克	4.00	1 465.00	1 465.00	4.00
乙材料（14030102）	借		300 000.00	19 990 000.00	20 198 400.00	91 600.00
	借	千克	148.00	836.00	824.00	160.00
丙材料（14030103）	借		1 254 000.00	16 632 000.00	16 600 000.00	1 286 000.00
	借	千克	168.00	1 683.00	1 569.00	282.00
辅助材料（140302）	借		333 000.00	1 230 781.00	1 351 211.00	212 570.00
a 材料（14030201）	借		3 000.00	30 541.00	30 211.00	3 330.00
	借	千克	780.00	7 655.00	7 660.00	775.00
b 材料（14030202）	借		330 000.00	1 200 240.00	1 321 000.00	209 240.00
	借	千克	32 000.00	127 000.00	138 000.00	21 000.00
外购半成品（140303）	借		727 860.00	3 242 290.00	3 344 225.00	625 925.00
Ⅰ产品（14030301）	借		281 000.00	1 490 100.00	1 623 100.00	148 000.00
	借	台	321.00	1 780.00	1 998.00	103.00
Ⅱ产品（14030302）	借		323 670.00	1 421 000.00	1 421 000.00	323 670.00
	借	台	1 100.00	4 000.00	4 217.00	883.00
Ⅲ产品（14030303）	借		123 190.00	331 190.00	300 125.00	154 255.00
	借	台	6 651.00	19 612.00	16 007.00	10 256.00
库存商品（1405）	借		1 236 200.00	21 682 000.00	21 911 000.00	1 007 200.00
A 产品（140501）	借		496 000.00	9 783 000.00	9 599 000.00	680 000.00
	借	台	220.00	3 900.00	3 800.00	320.00
B 产品（140502）	借		540 200.00	6 772 000.00	7 102 000.00	210 200.00
	借	台	358.00	5 190.00	5 170.00	378.00
C 产品（140503）	借		200 000.00	5 127 000.00	5 210 000.00	117 000.00
	借	台	400.00	8 260.00	8 621.00	39.00

表4-6（续）

会计信息系统

科目名称	方向	币别/计量	年初余额	累计借方	累计贷方	期初余额
周转材料(1411)	借		86 956.00	880 261.00	701 000.00	266 217.00
包装箱(141101)	借		86 956.00	880 261.00	701 000.00	266 217.00
	借	个	220.00	2 246.00	1 679.00	787.00
可供出售金融资产(1503)	借		639 610.00	218 870.00	477 890.00	380 590.00
固定资产(1601)	借		13 998 000.00	702 000.00	0.00	14 700 000.00
房屋及建筑物(160101)			13 998 000.00	702 000.00	0.00	14 700 000.00
累计折旧(1602)	贷		4 223 210.00	0.00	631 560.00	4 854 770.00
无形资产(1801)	借		279 980.00	0.00	0.00	279 980.00
累计摊销(1702)	贷		25 211.80	25 211.80	31 890.00	31 890.00
待处理财产损益(1901)	借		75 960.00	0.00	0.00	75 960.00
短期借款(2001)	贷		1 197 000.00	0.00	803 000.00	2 000 000.00
应付票据(2201)			340 000.00	0.00	0.00	340 000.00
商业承兑汇票(220101)			340 000.00	0.00	0.00	340 000.00
应付账款(2202)			2 398 708.00	21 650 000.00	20 741 000.00	1 489 708.00
预收账款(2203)			19 000.00	0.00	0.00	19 000.00
应付职工薪酬(2211)			324 632.80	1 358 365.20	1 120 990.40	87 258.00
应付工资(221101)			317 845.00	1 259 002.20	1 000 202.40	59 045.20
应付福利费(221102)			6 787.80	99 363.00	120 788.00	28 212.80
应交税费(2221)			296 299.32	36 996 295.59	37 220 043.19	520 046.92
应交增值税(222101)			0.00	31 954 446.00	31 954 446.00	0.00
进项税额(22210101)			0.00	15 667 450.00	15 667 450.00	0.00
已交税金(22210102)			0.00	4 120 300.00	4 120 300.00	0.00
转出未交增值税(22210103)			0.00	4 120 300.00	4 120 300.00	0.00
销项税额(22210105)			0.00	4 023 198.00	4 023 198.00	0.00
转出多交增值税(22210109)			0.00	4 023 198.00	4 023 198.00	0.00
未交增值税(222102)			105 732.00	3 986 261.00	4 000 217.00	119 688.00
应交所得税(222106)			176 652.34	910 782.00	800 671.23	66 541.57
应交城市维护建设税(222108)			7 652.00	77 104.85	81 623.00	12 170.15
应交个人所得税(222112)			3 984.38	34 716.08	346 542.98	315 811.28
教育费附加(222113)			2 278.60	32 985.66	36 542.98	5 835.92
其他应付款(2241)			250 200.00	300 490.00	200 700.00	150 410.00
应付债券(2502)			302 566.08			302 566.08
长期借款(2501)			690 000.00	690 000.00	876 000.00	876 000.00
借款本金(250101)			390 000.00	390 000.00	876 000.00	876 000.00
借款利息(250102)			300 000.00	300 000.00	0.00	0.00
实收资本(或股本)(4001)			15 627 239.00	1 641 337.00	0.00	13 985 902.00
资本公积(4002)			600 432.00	0.00	0.00	600 432.00
资本(或股本)溢价(400201)			600 432.00	0.00	0.00	600 432.00
盈余公积(4101)			590 000.00	0.00	0.00	590 000.00
法定盈余公积(410101)			590 000.00	0.00	0.00	590 000.00

表4-6(续)

科目名称	方向	币别 计量	年初余额	累计借方	累计贷方	期初余额
本年利润(4103)			0.00	31 346 652.00	33 048 007.00	1 701 355.00
利润分配(4104)			500 000.00	0.00	0.00	500 000.00
未分配利润(410405)			500 000.00	0.00	0.00	500 000.00
生产成本(5001)			3 353 323.00	23 772 831.00	24 543 534.00	2 582 620.00
基本生产成本(500101)			3 353 323.00	23 772 831.00	24 543 534.00	2 582 620.00
直接材料(50010101)			22 705.00	17 562 010.00	17 423 000.00	161 715.00
直接人工(50010102)			350 921.00	3 000 000.00	3 120 300.00	230 621.00
制造费用(50010103)			2 979 697.00	3 210 821.00	4 000 234.00	2 190 284.00
制造费用(5101)			0.00	1 130 820.00	1 130 820.00	0.00
工资及福利费(510101)			0.00	90 990.00	90 990.00	0.00
折旧(510102)			0.00	395 440.00	395 440.00	0.00
其他(510106)	借		0.00	644 390.00	644 390.00	0.00
主营业务收入(6001)	贷		0.00	169 451 000.00	169 451 000.00	0.00
A 产品(600101)			0.00	81 463 000.00	81 463 000.00	0.00
		台	0.00	21 234.00	21 234.00	0.00
B 产品(600102)			0.00	87 988 000.00	87 988 000.00	0.00
		台	0.00	30 200.00	30 200.00	0.00
主营业务成本(6401)	借		0.00	95 072 045.00	95 072 045.00	0.00
A 产品(640101)			0.00	50 400 045.00	50 400 045.00	0.00
		台	0.00	21 234.00	21 234.00	0.00
B 产品(640102)			0.00	44 672 000.00	44 672 000.00	0.00
		台	0.00	30 200.00	30 200.00	0.00
税金及附加(6403)	借		0.00	130 229.00	130 229.00	0.00
销售费用(6601)	借		0.00	4 998 754.00	4 998 754.00	0.00
工资及福利费(660101)	借		0.00	4 998 754.00	4 998 754.00	0.00
管理费用(6602)	借		0.00	2 921 280.00	2 921 280.00	0.00
工资及福利费(660201)	借		0.00	321 561.20	321 561.20	0.00
折旧(660202)	借		0.00	1 200 451.60	1 200 451.60	0.00
其他(660220)	借		0.00	1 399 267.20	1 399 267.20	0.00
财务费用(6603)	借		0.00	96 900.00	96 900.00	0.00
利息支出(660301)	借		0.00	80 000.00	80 000.00	0.00
手续费(660302)	借		0.00	16 900.00	16 900.00	0.00
所得税费用(6801)	借		0.00	800 231.00	800 231.00	0.00

备注：制造费用部门选一车间；销售费用部门选本地销售部；管理费用部门选办公室。

第二，辅助账期初数据。

①应收票据科目——商业承兑汇票（112101）期初数据，如表4-7所示。

表4-7 应收票据科目——商业承兑汇票（112101）期初数据

客户	业务员	方向	累计借方金额	累计贷方金额	金额
深圳大河	许芳	借	5 230 780.00	5 230 380.00	600 654.00

往来明细资料，如表4-8所示。

表4-8 往来明细资料

时间	凭证号	客户	摘要	方向	金 额	业务员	票号
2021. 10. 01	转-25	深圳大河	销售产品	借	600 654.00	许芳	X201

②应收账款科目（1122）期初数据，如表4-9所示。

表4-9 应收账款科目（1122）期初数据

客户	业务员	方向	累计借方金额	累计贷方金额	金 额
南京古都	王晓林	借	4 792 300.00	4 792 300.00	668 226.00
南京古都	许芳	借	2 000 000.00	2 000 000.00	596 214.00
深圳大河	许芳	借	1 000 250.00	1 000 250.00	397 600.00
天津同城	王晓林	借	5 887 050.00	5 615 810.00	790 000.00
重庆小城	许芳	借	3 100 400.00	3 112 000.00	437 600.00

往来明细资料，如表4-10所示。

表4-10 往来明细资料

时间	凭证号	客户	摘要	方向	金 额	业务员	票号
2021. 07. 01	转-23	南京古都	销售产品	借	668 226.00	王晓林	X202
2021. 07. 23	转-76	南京古都	销售产品	借	596 214.00	许芳	X203
2021. 08. 28	转-28	深圳大河	销售产品	借	397 600.00	许芳	X204
2021. 10. 12	转-6	天津同城	销售产品	借	790 000.00	王晓林	X205
2021. 10. 18	转-13	重庆小城	销售产品	借	437 600.00	许芳	X206

③其他应收款科目——备用金（122101）期初数据，如表4-11所示。

表4-11 其他应收款科目——备用金（122101）期初数据

部门	方向	累计借方金额	累计贷方金额	金 额
办公室	借	1 341 432.00	1 341 432.00	5 900.00

④其他应收款科目——应收个人款（122102）期初数据，如表4-12所示。

表4-12 其他应收款科目——应收个人款（122102）期初数据

部门	个人	方向	累计借方金额	累计贷方金额	金 额
采购部	董瑞	借	0	0	2 921.00

往来明细资料，如表4-13所示。

表4-13 往来明细资料

时间	凭证号	部门	个人名称	摘要	方向	金 额	票号
2021. 10. 28	付-36	采购部	董瑞	出差借款	借	2 921.00	G001

⑤预付账款科目（1123）期初数据，如表 4-14 所示。

表 4-14　预付账款科目（1123）期初数据

供应商	业务员	方向	累计借方金额	累计贷方金额	金　额
上海温达	张丽	借	1 287 300.00	1 287 300.00	298 000.00

往来明细资料，如表 4-15 所示。

表 4-15　往来明细资料

时间	凭证号	供应商	业务员	摘要	方向	金　额	票号
2021.9.01	转-16	上海温达	张丽	采购材料	借	298 000.00	C102

⑥应付票据科目——商业承兑汇票（220101）期初数据，如表 4-16 所示。

表 4-16　应付票据科目——商业承兑汇票（220101）期初数据

供应商	业务员	方向	累计借方金额	累计贷方金额	金　额
哈尔滨大华	张丽	贷	0	0	340 000.00

往来明细资料，如表 4-17 所示。

表 4-17　往来明细资料

时间	凭证号	供应商	摘要	方向	金　额	业务员	票号
2021.10.10	转-2	哈尔滨大华	采购材料	贷	340 000.00	张丽	C101

⑦应付账款科目（2202）期初余额，如表 4-18 所示。

表 4-18　应付账款科目（2202）期初余额

供应商	业务员	方向	累计借方金额	累计贷方金额	金　额
云南民生	张丽	贷	1 965 420.00	2 055 410.00	203 651.00
重庆柯达	张丽	贷	18 600 000.00	17 601 010.00	330 665.00
重庆柯达	董瑞	贷	1 084 580.00	1 084 580.00	955 392.00

往来明细资料，如表 4-19 所示。

表 4-19　往来明细资料

时间	凭证号	供应商	摘要	方向	金　额	业务员	票号
2021.10.18	转-10	云南民生	采购材料	贷	203 651.00	张丽	C103
2021.10.20	转-20	重庆柯达	采购材料	贷	330 665.00	张丽	C104
2021.10.23	转-28	重庆柯达	采购材料	贷	955 392.00	董瑞	C105

⑧预收账款科目（2203）期初数据，如表 4-20 所示。

表 4-20　预收账款科目（2203）期初数据

客户	业务员	方向	累计借方金额	累计贷方金额	金　额
天津同城公司	王晓林	贷	0	0	19 000.00

往来明细资料，如表4-21所示。

表4-21　往来明细资料

时间	凭证号	客户	摘要	方向	金　额	业务员	票号
2021.9.01	转-76	天津同城公司	预收款	贷	19 000.00	王晓林	X207

⑨项目核算——基本生产成本期初数据。

a. 直接材料（50010101）期初数据，如表4-22所示。

表4-22　直接材料（50010101）期初数据

项目	方向	累计借方金额	累计贷方金额	金额
A产品	借方	12 100 000.00	12 000 000.00	123 540.00
B产品	借方	5 462 010.00	5 423 000.00	38 175.00
合计		17 562 010.00	17 423 000.00	161 715.00

b. 直接人工（50010102）期初数据，如表4-23所示。

表4-23　直接人工（50010102）期初数据

项目	方向	累计借方金额	累计贷方金额	金额
A产品	借方	2 010 780.00	2 140 000.00	145 450.00
B产品	借方	989 220.00	980 300.00	85 171.00
合计		3 000 000.00	3 120 300.00	230 621.00

c. 制造费用（50010103）期初数据，如表4-24所示。

表4-24　制造费用（50010103）期初数据

项目	方向	累计借方金额	累计贷方金额	金额
A产品	借方	2 081 854.00	2 140 100.00	1 283 250.00
B产品	借方	1 128 967.00	1 860 134.00	907 034.00
合计		3 210 821.00	4 000 234.00	2 190 284.00

⑩制造费用期初数据。

a. 制造费用——工资及福利费（510101）期初数据，如表4-25所示。

表4-25　制造费用——工资及福利费（510101）期初数据

部门	方向	累计借方金额	累计贷方金额	金　额
一车间	借	90 990.00	90 990.00	0

b. 制造费用——折旧（510102）期初数据，如表4-26所示。

表4-26　制造费用——折旧（510102）期初数据

部门	方向	累计借方金额	累计贷方金额	金　额
一车间	借	395 440.00	395 440.00	0

c. 制造费用——其他（510120）期初数据，如表4-27所示。

表4-27　制造费用——其他（510120）期初数据

部门	方向	累计借方金额	累计贷方金额	金　额
一车间	借	644 390.00	644 390.00	0

⑪销售费用——工资及福利费（660101）期初数据，如表4-28所示。

表4-28　销售费用——工资及福利费（660101）期初数据

部门	方向	累计借方金额	累计贷方金额	金　额
本地销售部	借	4 998 754.00	4 998 754.00	0

⑫管理费用期初数据。

a. 管理费用——工资及福利费（660201）期初数据，如表4-29所示。

表4-29　管理费用——工资及福利费（660201）期初数据

部门	方向	累计借方金额	累计贷方金额	金　额
办公室	借	321 561.20	321 561.20	0

b. 管理费用——折旧（660202）期初数据，如表4-30所示。

表4-30　管理费用——折旧（660202）期初数据

部门	方向	累计借方金额	累计贷方金额	金　额
办公室	借	1 200 451.60	1 200 451.60	0

c. 管理费用——其他（660220）期初数据，如表4-31所示。

表4-31　管理费用——其他（660220）期初数据

部门	方向	累计借方金额	累计贷方金额	金　额
办公室	借	1 399 267.20	1 399 267.20	0

说明：期初余额录完后，再进行如下操作。

一是进行试算平衡，检查借、贷方是否相等；期初试算平衡结果应该是（资产+成本=负债+损益+权益）。

二是进行对账，检查总账和明细账相等。

注：只有期初试算平衡、对账正确后，才表示期初录入正确，才可以进行填制凭证；若期初试算不平衡，可以进行填制凭证，但系统不允许进行期末记账。

4.3　系统初始化实验操作

4.3.1　总账参数设置

以101账套主管的身份进入用友ERP-U8管理系统中，选择"业务工作"页中

"财务会计"｜"总账"，执行"设置"｜"选项"命令，打开"选项"对话框。

4.3.1.1 凭证选项卡

（1）单击【编辑】按钮。

（2）单击"凭证"选项卡，按资料中所示进行相应的设置。

（3）在选择可以使用应收受控科目时，系统提示如图4-3所示。单击【确定】按钮返回。

（4）同样，依次选择可以使用应付受控科目、自动填补凭证断号、凭证录入时结算方式及票据号必录，设置完成后，如图4-4所示。单击【确定】按钮返回。

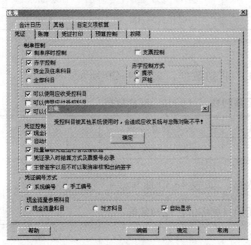

图4-3 选项——使用应收受控科目提示　　　　图4-4 选项——凭证

4.3.1.2 账簿选项卡

单击"账簿"选项卡，按资料中所示进行相应的设置。设置完成后，如图4-5所示。单击【确定】按钮返回。

4.3.1.3 凭证打印选项卡

单击"凭证打印"选项卡，按资料中所示进行相应的设置。设置完成后，如图4-6所示。单击【确定】按钮返回。

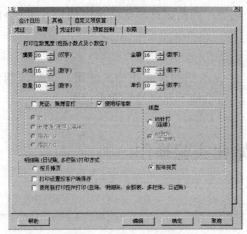

图4-5 选项——账簿　　　　图4-6 选项——凭证打印

4.3.1.4 权限选项卡

单击"权限"选项卡，选择"出纳凭证必须由出纳签字""凭证必须由主管签字"选项，设置完成后，如图4-7所示。单击【确定】按钮返回。

4.3.1.5 会计日历选项卡

单击"会计日历"选项卡，将数量小数位、单价小数位设为2，设置完成后，单击【确定】按钮返回。

4.3.1.6 其他选项卡

单击"其他"选项卡，按资料中所示进行相应的设置。设置完成后，如图4-8所示。单击【确定】按钮返回。

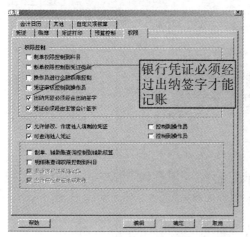

图4-7 选项——权限

图4-8 选项——其他

4.3.1.7 预算控制、自定义项目核算

按系统默认即可，完成后，单击【确定】按钮返回。

4.3.2 设置会计科目

4.3.2.1 增加会计科目

（1）在用友 ERP-U8 主界面基础设置中，执行"基础档案"｜"财务"｜"会计科目"命令，进入"会计科目"窗口。

（2）单击【增加】按钮，打开"新增会计科目"对话框，如图4-9。

（3）逐个输入实验资料会计科目表中需要"新增"的科目，单击【确定】按钮保存。

［操作提示］

会计科目只需增加二、三级科目，即列表框级次为2、3的科目；一级科目不用增加，只需通过"修改"功能修改会计属性。

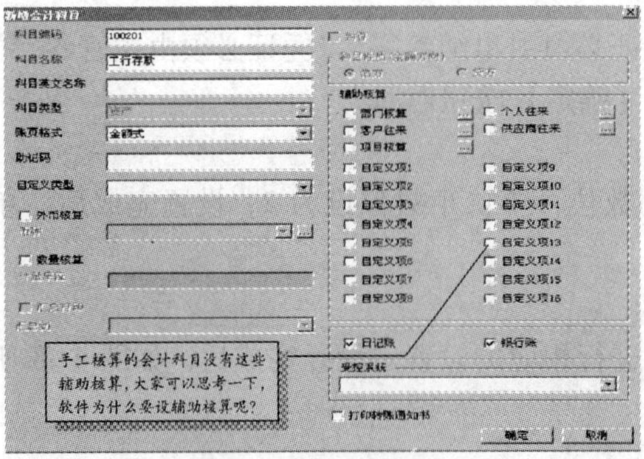

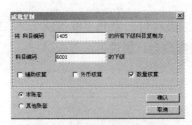

（a）增加会计科目 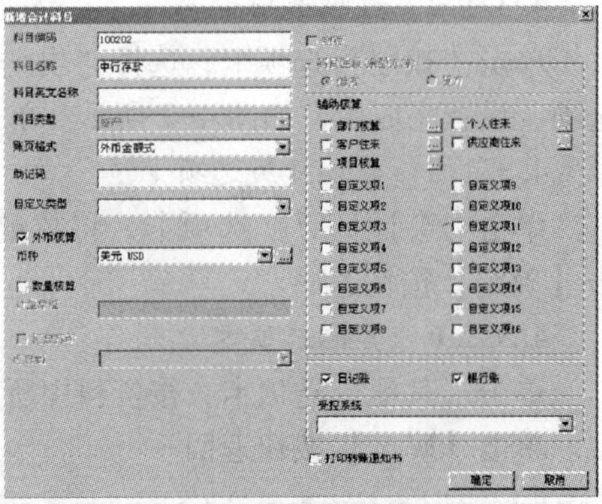　　　　　　　（b）增加有外币核算的会计科目

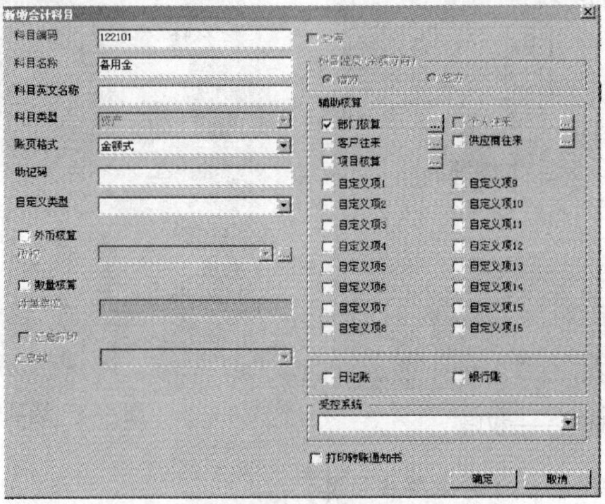

（c）增加有辅助核算的会计科目

图 4-9　增加会计科目

4.3.2.2　"复制"或"成批复制"会计科目

当完成管理费用下明细科目的增加后，可以利用成批复制功能增加营业费用下的明细科目。其操作步骤如下：

（1）在会计科目窗口中，执行"编辑"｜"成批复制"命令，打开"成批复制"对话框。

（2）输入复制源科目编码"1405"和目标科目编码"6001"，选择"数量核算"，如图 4-10 所示。

图 4-10　成批复制会计科目

（3）单击【确认】按钮，保存。

（4）利用成批科目复制功能增加会计科目及表备注栏中标记为"复制"的科目。

4.3.2.3 修改会计科目

（1）双击"1001 库存现金"科目，进入"会计科目——修改"窗口。

（2）单击【修改】，修改会计科目辅助核算标志，选中"日记账"复选框，单击【确定】按钮。

（3）单击▶按钮，调入其他需要修改的科目，继续修改。

4.3.2.4 指定会计科目

其操作步骤如下：

（1）会计科目窗口中，执行"编辑"｜"指定科目"命令，打开"指定科目"对话框。

（2）单击左边"现金科目"单选项，从待选科目列表框中选择"1001 库存现金"科目，单击 ＞ 按钮，将现金科目添加到已选科目列表中，如图 4-11 所示。

（3）根据以上步骤，将银行存款科目设置为银行总账科目，如图 4-12 所示。

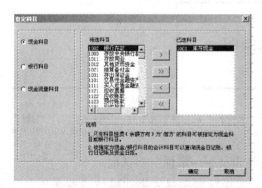

图 4-11　指定现金科目

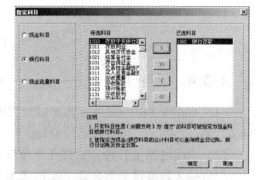

图 4-12　指定银行存款科目

（4）单击【确定】按钮，保存。

4.3.3　凭证类别

（1）在用友 ERP-U8 主界面基础设置中，执行"基础档案"｜"财务"｜"凭证类别"命令，打开"凭证类别设置"对话框。

（2）单击"收款凭证 付款凭证 转账凭证"按钮，如图 4-13 所示。

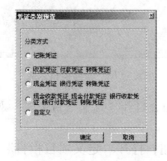

图 4-13　凭证类别预置

（3）单击【确定】按钮，进入"凭证类别"窗口。

（4）双击限制类型，出现下拉箭头，选择"借方必有"，选择或输入限制科目"1001，100201，00202，100203"。

[操作提示]

限制科目之间的标点符号一定为半角符号。操作时，如果不小心增加行了，单击"Esc"键可以退出增加状态。

（5）设置其他限制类型和限制科目，如图4-14所示。

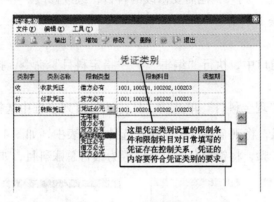

图4-14 凭证类别设置

4.3.4 项目目录

（1）在用友ERP-U8主界面基础设置中，执行"基础档案" | "财务" | "项目目录"命令，进入"项目档案"窗口。

（2）单击【增加】按钮，打开"项目大类定义——增加"对话框。

（3）输入新项目大类名称"生产成本"，选择新增项目大类的属性"普通项目"，如图4-15所示。

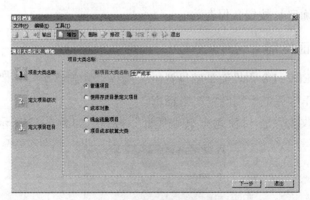

图4-15 新增项目大类

（4）单击【下一步】按钮，打开"定义项目级次"对话框，设定项目级次：一级1位，如图4-16所示。

（5）单击【下一步】按钮，打开"定义项目栏目"对话框，取系统默认，不做修改。

（6）单击【完成】按钮，返回"项目档案"界面。

（7）从项目大类下拉列表中选择"生产成本"，单击"核算科目"，单击" 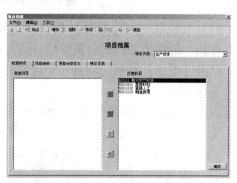 "按钮将全部待选科目选择为按产品项目大类核算的科目，单击【确定】按钮保存，如图4-17所示。

（8）单击"项目分类定义"，单击【增加】按钮，输入分类编码"1"，分类名称"普通产品"，必须单击【确定】按钮，再输入分类编码"2"，分类名称"节能产品"，如图4-18所示，单击【确定】按钮。

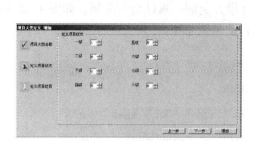

图4-16　定义项目级次

图4-17　选择项目核算科目

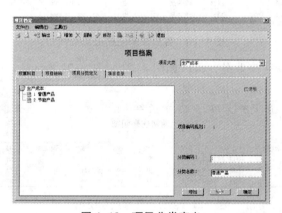

图4-18　项目分类定义

（9）单击"项目目录"，单击【维护】按钮，进入"项目目录维护"窗口。

（10）单击【增加】按钮，输入项目"A产品""B产品""C产品"和"D产品"项目。

4.3.5　输入期初余额

（1）执行"业务工作"页中的"财务会计"｜"总账"｜"设置"｜"期初余额"命令，进入"期初余额录入"窗口。

（2）直接输入末级科目（底色为白色）期初余额，上级科目的余额自动汇总计算。

（3）灰色的单元为非末级科目，不允许录入期初余额，待下级科目余额录入完成后自动汇总生成。

（4）设置了辅助核算的科目底色显示为蓝色，其累计发生额可直接输入，但期初余额的录入要到相应的辅助账中进行。其方法是：双击设置有辅助核算属性科目的期初余额栏，如应收账款，进入辅助期初余额窗口，单击【往来明细】按钮，按明细输入每笔业务的金额，如图4-19所示。

日期	凭证号	客户	业务员	摘要	方向	金额	票号	票据日期	年度
2021-10-12	转-6	小城	许芳	销售产品	借	790 000.00	X205		2021
2021-07-01	转-23	古都	王晓林	销售产品	借	668 847.00	X202		2021
2021-07-23	转-76	古都	许芳	销售产品	借	595 510.00	X203		2021
2021-08-28	转-28	大河	许芳	销售产品	借	397 600.00	X204		2021
2021-10-18	转-13	同城	许芳	销售产品	借	437 600.00	X206		2021

图4-19　客户往来期初明细数据

（5）完成后单击【汇总】按钮，完成往来明细到辅助期初表的汇总。单击【退出】按钮，返回辅助期初余额窗口，输入累计借方金额、累计贷方金额，如图4-20所示。单击【退出】按钮，辅助账余额汇总数自动带到总账。

期初往来明细

科目名称　1122 应收账款

日期	凭证号	客户	业务员	摘要	方向	金额	票号	票据日期	年度
2021-07-01	转-23	古都	王晓林	销售产品	借	668 226.00	X202		2021
2021-07-23	转-76	古都	许芳	销售产品	借	596 214.00	X203		2021
2021-08-28	转-28	大河	许芳	销售产品	借	397 600.00	X204		2021
2021-10-12	转-6	同城	王晓林	销售产品	借	790 000.00	X205		2021
2021-10-18	转-13	同城	许芳	销售产品	借	437 600.00	X206		2021

图4-20　客户往来期初汇总数据

（6）输入供应商往来业务，具体如图4-21、图4-22所示。

期初往来明细

科目名称　2202 应付账款

日期	凭证号	供应商	业务员	摘要	方向	金额	票号	票据日期	年度
2021-10-18	转-10	民生	张丽	采购材料	贷	203 651.00	C103		2021
2021-10-20	转-20	柯达	张丽	采购材料	贷	330 665.00	C104		2021
2021-10-23	转-28	柯达	张丽	采购材料	贷	955 392.00	C105		2021

图4-21　供应商往来期初明细余额

期初往来明细

科目名称　2202 应付账款

日期	凭证号	供应商	业务员	摘要	方向	金额	票号	票据日期	年度
2021-10-18	转-10	民生	张丽	采购材料	贷	203 651.00	C103		2021
2021-10-23	转-28	柯达	董瑞	采购材料	贷	955 392.00	C105		2021
2021-10-20	转-20	柯达	张丽	采购材料	贷	330 665.00	C104		2021

图4-22　供应商往来期初汇总余额

（7）依次输入部门、个人、项目往来期初余额，具体分别如图4-23到图4-26所示。

图 4-23　部门往来期初余额

图 4-24　个人往来期初余额

图 4-25　项目往来期初余额

图 4-26

（8）输完所有科目余额后，单击【试算】按钮，打开"期初试算平衡表"对话框，如图 4-27 所示。

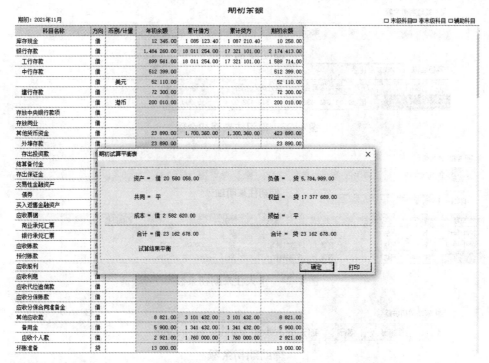

图 4-27　期初试算平衡

（9）若期初余额不平衡，系统会出现红字警告信息，需要修改期初余额直到平衡；若期初余额试算平衡，单击【确定】按钮，即可开始进入日常业务。

[操作提示]

只需输入末级科目的余额，非末级科目的余额由系统自动计算生成。

如果要修改余额的方向，可以在未录入余额的情况下，单击【方向】按钮改变余额的方向。

总账科目与其下级科目的方向必须一致。如果录入的明细余额的方向与总账余额方向相反，则用 "-" 号表示。

如果录入余额的科目有辅助核算的内容，则在录入余额时必须录入辅助核算的明细内容，而修改时也应修改明细内容。

如果某一科目有数量（外币）核算的要求，录入余额时还应输入该余额的数量（外币）。

如果年中某月开始建账，需要输入启用月的月初余额及年初到该月的借、贷方累计发生额（年初余额由系统根据月初余额及借、贷方累计发生额自动计算生成）。

系统只能对月初余额的平衡关系进行试算，而不能对年初余额进行试算。

如果期初余额不平衡，可以填制凭证但是不允许记账。

凭证记账后，期初余额变为只读状态，不能再输入、修改期初余额，也不能执行"结转上年余额"功能。

4.3.6　账套备份

在 "D：\ 账套备份" 文件夹中新建 "总账初始化 4-1" 文件夹，将账套输出至 "总账初始化 4-1" 文件夹中。

本部分主要对总账系统的初始化功能进行介绍。总账模块是会计核算的重要部分,各个子系统皆是以总账系统为核心,相互间进行数据信息的传递。在进行日常业务处理之前,还须根据本企业自身的需要,对总账管理系统进行初始化设定,设定其应用环境,使用友 ERP-U8 管理系统变成更适合企业实际需要的专用系统。主要功能包括账务参数的设定,明细账权限的设定,凭证类别、项目目录和期初余额的录入等。

(1) 科目编码必须按照其级次的次序编写,会计科目的科目编码必须唯一;编码可以使用英文字母、数字、减号(-)和斜杠(/),不能使用其他特殊符号以及空格;科目编码必须输入。

(2) 只有末级明细科目才能输入期初余额,非末级明细科目的余额需要由系统自动累计末级科目余额得到。期初余额输入完成以后,注意试算平衡。如果期初余额不平衡,可以填制凭证但是不允许记账。凭证记账后,期初余额变为只读状态,不能再输入、修改期初余额,也不能执行"结转上年余额"功能。

章节练习

一、单项选择题

1. 下列选项中,不属于凭证字号的是( )。

    A. 收   B. 转

    C. 原始   D. 付

2. 在设置会计科目时,下列选项中,不属于辅助核算的是( )。

    A. 日期   B. 供应商

    C. 个人   D. 部门

3. 使用总账系统输入凭证时,对科目和金额的要求是( )。

    A. 科目必须是一级科目,金额不能为零

    B. 科目必须是末级科目,金额不能为零

    C. 金额可以是任意数

    D. 金额不能为负数

4. 在用友 ERP-U8 管理系统中,( )模块与总账系统之间不存在凭证传递关系。

    A. 工资管理   B. 应收管理

    C. UFO 报表   D. 固定资产管理

5. 总账系统初始设置不包括( )。

    A. 单据设置   B. 会计科目

    C. 结算方式   D. 数据权限分配

二、多项选择题

1. 总账系统用户可以根据本单位需要对记账凭证进行分类，系统提供的常用凭证分类方式有（　　　）。

A. 记账凭证

B. 收款、付款、转账凭证

C. 现金、银行、转账凭证

D. 现金收款、现金付款、银行收款、银行付款、转账凭证

2. 企业在"项目目录"功能中，可以进行（　　　）等多项操作。

A. 定义项目大类　　　　　　　　B. 指定项目核算科目

C. 定义项目分类　　　　　　　　D. 定义项目目录

3. 涉及（　　　）科目的凭证，需要出纳签字。

A. 应收账款　　　　　　　　　　B. 应付账款

C. 现金　　　　　　　　　　　　D. 银行存款

4. 在总账系统中，可以对会计科目进行（　　　）。

A. 分部门核算　　　　　　　　　B. 项目核算

C. 内部往来核算　　　　　　　　D. 客户往来核算

三、判断题

1. 在总账系统"项目目录"功能中，标识已结算的项目不能再继续使用。

（　　　）

2. 在总账系统中建立会计科目时，应根据经营管理需要自行设置一级科目及明细科目编码。

（　　　）

3. 在总账系统"期初余额"功能中，在输入科目期初余额和方向的同时，可根据需要对会计科目进行增、删、改的操作。

（　　　）

四、思考题

1. 会计科目界面中的"封存"的含义是什么？应如何选择？

2. 是否只能对"现金"科目和"银行存款"科目选择"日记账"选项？

3. 辅助账类是应该设置在上级科目上还是应该设置在末级科目上？还是上级科目和末级科目都要设置？有什么区别吗？

4. 举例说明辅助核算各适用于哪些科目。

5. 选择不同的凭证类别对会计业务处理的结果是否有影响？

6. 对建筑施工单位、旅游、工业企业、学校来说，如何活用"项目"来管理业务？

7. 建立会计科目需要遵循的原则有哪些？

8. 为什么要指定会计科目？

项目 5

总账日常管理

5.1 总账功能概述

总账系统按照处理流程划分，主要分为初始设置、凭证管理、账簿管理、辅助核算管理等。

（1）初始设置。

由使用者根据本企业的具体需要建立会计核算的基础应用环境，将通用的总账系统变成适合本单位核算需要的专用系统。初始设置的主要工作包括设置各项业务参数、设置基础档案、明细账权限的设定和期初余额的录入等。

（2）凭证管理。

企业需要通过严密的制单控制，保证填制凭证的正确性。软件提供有资金赤字控制、支票控制、预算控制、外币折算误差控制及查看最新余额等功能，加强对发生业务的及时管理和控制。凭证管理的主要工作内容包括凭证的录入、审核、记账、查询、打印以及出纳签字、常用凭证定义等。

（3）账簿管理。

总账系统强大的查询功能能够实现总账、明细账、日记账、凭证的立体式联查，并可查询包含未记账凭证的最新数据。账簿管理可随时提供总账、余额表、明细账、日记账等标准账表的查询。

（4）辅助核算管理。

总账管理系统除了提供总账、明细账、日记账等传统会计账簿以外，还提供有丰富的辅助账核算管理，包括个人往来核算、部门核算、往来管理、现金管理和项目管理。辅助核算信息是对主体账簿的补充和完善，能极大地丰富会计核算的信息，拓宽会计管理的视野，从而强化企业的会计管理。

［重点、难点提示］

（1）凭证管理。

凭证管理包括填制凭证、审核凭证、记账、修改凭证、作废/整理凭证、删除凭证、冲销凭证、出纳签字等功能。不同功能针对的操作对象是不同的，如修改凭证只能针对未记账凭证，记账只能针对已审核凭证。

如果凭证上所用到的明细科目设置有辅助核算，那么在录入凭证时必须同时记录辅助核算内容。

（2）账簿管理。

账簿分为基本会计核算账簿和辅助核算账簿。

基本会计核算账簿包括总账、余额表、明细账、序时账、多栏账、日记账等。其中，多栏账必须先定义，再查询。

辅助核算账簿包括客户往来辅助账、供应商往来辅助账、个人往来辅助账、部门辅助账和项目辅助账等，辅助账管理必须要事先在科目中定义辅助核算标志。

（3）往来管理。

往来账款主要发生在企业的购销业务中，包括赊销引起的客户应收往来和赊购引起的供应商应付往来。往来管理主要包括设置往来账的管理模式、往来账记录与核销、往来账查询等内容。

（4）项目管理。

项目管理包括设置项目、按项目归集成本和费用、项目辅助账查询等。项目辅助账包括项目总账、项目明细账和项目统计分析。

［**总账日常业务处理流程**］

总账日常业务处理流程如图 5-1 所示。

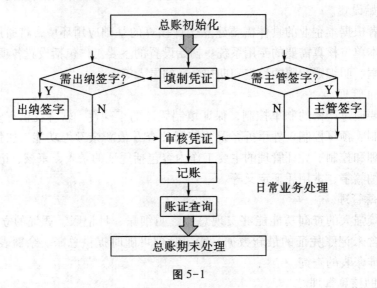

图 5-1

5.2　凭证处理实验

5.2.1　凭证处理实验资料

（1）11 月 1 日，收到转账支票（票号：ZZR001），深圳大河公司汇来 8 月 28 日的欠款 397 600 元，业务员王晓林（附单据 1 张）。

借：银行存款（1002）——工行存款（01）　　　　　　　　　397 600

贷：应收账款（1122，票号：X204）　　　　　　　　　　　　397 600

（2）11 月 2 日，销售给重庆巴渝公司 A 产品一批，货款 91 000 元(100 台×910 元/台)，增值税税率为 13%，收到的支票（票号：ZZR002）已存入银行，业务员许芳，同时结转 A 产品成本 11 830 元。（附单据 2 张）

借：银行存款（1002）——工行存款（01）　　　　　　　　　102 830

贷：主营业务收入（600101）——A 产品　　　　　　　　　　91 000

应交税费——应交增值税（销项税额）（22210105）　　　11 830

借：主营业务成本（640101）——A 产品　　　　　　　　　　59 000

贷：库存商品（140501）——A 产品　　　　　　　　　　　　59 000

（3）11 月 3 日，收到深圳大河公司汇来 10 月 1 日的欠款（应收票据的票号：X201）600 654 元，业务员王晓林。（附单据 2 张，转账支票的票号为 ZZR003）

借：银行存款（1002）——工行存款（01）　　　　　　　　　600 654

贷：应收票据（1121）——商业承兑汇票（01）　　　　　　　600 654

（4）11 月 4 日，采购部董瑞从重庆柯达公司购入甲材料 100 千克，单价 80 元，货款未付，商品已经验收入库。（适用税率为 13%）

借：原材料（1403）——原料及主要材料——甲材料（14030101）　8 000

应交税费——应交增值税（进项税额）（22210101）　　　1 040

贷：应付账款（2202）——柯达（C106）　　　　　　　　　　9 040

（5）11 月 5 日，办公室谢鑫支付空调维修保养费 7 000 元，开出转账支票（转账支票号：ZZR004）1 张。（附单据 2 张）

借：管理费用（6602）——修理费（05）（部门 101）　　　　7 000

贷：银行存款（1002）——工行存款（01）　　　　　　　　　7 000

（6）11 月 6 日，办公室谢鑫支付水电费 5 500 元，开出转账支票（转账支票号：ZZR005）1 张。（附单据 2 张）

借：管理费用（6602）——水电费（04）　　　　　　　　　　5 500

贷：银行存款（1002）——工行存款（01）　　　　　　　　　5 500

（7）11 月 8 日，采购部董瑞出差，借差旅费 5 000 元

借：其他应收款（1221）——应收个人款（122102）董瑞（D101）

5 000

贷：库存现金（1001）　　　　　　　　　　　　　　　　　　5 000

（8）11 月 10 日，一车间领用乙材料 450 吨，每吨 20 元，用于车间一般耗用。

借：制造费用（5101）——其他（510120）——一车间　　　9 000

贷：原材料（1403）——原料及主要材料——乙材料（14030102）　9 000

（9）11 月 11 日，采购部董瑞出差回来报销差旅费 7 000 元，不足部分用现金支付。

借：管理费用（6602）——其他（660220）　　　　　　　　　7 000

贷：其他应收款（1221）——应收个人款（122102）董瑞（D101）　5 000

库存现金（1001）　　　　　　　　　　　　　　　　　　　2 000

（10）11 月 12 日，财务部吴浩从工行提取现金 10 000 元，作为备用金。（现金支票号：XJ001）

借：库存现金（1001） 10 000

　贷：银行存款——工行存款（100201） 10 000

（11）11 月 13 日，收到上海温达公司投资资金 10 000 美元，汇率 1：6.402 7。（转账支票号：ZZR006）

借：银行存款——中行存款（100202） 64 027

　贷：实收资本（4001） 64 027

（12）11 月 14 日，二车间领用乙材料 15 吨，单价 5 000 元，用于生产 B 产品。

借：生产成本——基本生产成本——直接材料（50010101） 75 000

　贷：原材料——原料及主要材料——乙材料（14030102） 75 000

★ 104 操作员（吴浩）出纳签字，102 操作员（张宁）审核、101 操作员刘斌记账。

注：凭证制单人与审核人不能为同一人。

5.2.2 凭证审核、记账

5.2.2.1 出纳签字
由出纳 104（吴浩）对所有涉及现金和银行科目的凭证签字。

5.2.2.2 审核凭证
由会计主管 102（张宁）对所有凭证进行审核。

5.2.2.3 记账
由财务总监刘斌对凭证进行记账。输出科目汇总表，测试系统提供的取消记账功能，然后重新记账。

5.2.2.4 查询凭证
查询银行存款支出在 10 000 元以上的凭证。

5.3 凭证处理实验操作

以账套主管的身份注册进入用友 ERP-U8 主界面。

5.3.1 凭证管理

（1）辅助核算：银行科目、客户往来（以 1 日业务为例）。

①执行财务会计｜"总账"｜"凭证"｜"填制凭证"命令，进入"填制凭证"窗口，见图 5-2 和图 5-3。

②单击【增加】按钮，系统自动增加一张空白收款凭证。

③凭证类型：在凭证左上角单击【参照】按钮，选择凭证类型"收款凭证"，回车，凭证号由计算机自动连续产生。

④制单日期：每类凭证要求序时，本业务选择输入制单日期为"2021.11.01"。

⑤输入摘要：摘要的内容力求简单，一般不超过 20 字，本业务摘要为"收到欠货款"。

⑥附单据数：附原始凭证张数，此处输入"1"。

图 5-2　填制凭证 1

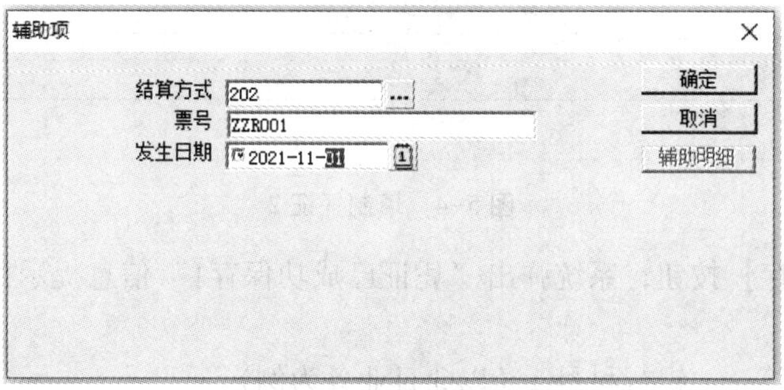

图 5-3　填制凭证 1-1

⑦单击【保存】按钮，系统弹出"凭证已成功保存！"信息提示框，单击【确定】按钮。

[操作提示]

制单日期不能滞后于当前系统日期，即制单日期不能在当前系统日期之后。

采用序时控制时，凭证日期应大于或等于总账启用日期，即凭证日期不能在总账启用日期之前。

发生日期不能大于制单日期。

凭证一旦保存，凭证类别、凭证编号不能修改。

正文中不同行的摘要既可以相同也可以不同，但不能为空。每行摘要将随相应的会计科目在明细账、日记账中出现。

科目编码必须是末级的科目编码。

金额不能为"零"；红字以 [-] 号表示。

用空格键切换借、贷方金额方向。

在英文输入模式下，可按"="键取凭证借、贷方金额的差额到当前金额栏位置。

可以输入一借多贷、一贷多借、多借多贷的凭证，最多可以输入 200 行。

计算机自动进行平衡校验，借贷不平的凭证不能保存到计算机。

凭证保存后，不能修改凭证字、凭证号。

凭证保存后，才能作废和删除。

签字、审核、记账后的凭证不能修改、作废和删除，只能冲销。

只能在填制凭证状态修改，查询凭证状态不能修改。

外部凭证不能在总账中修改。

单击【增加】按钮在保存凭证的同时增加一张新凭证。

（2）无辅助核算的一般业务，增加会计科目（以 2 日业务为例）。

①执行"总账"｜"凭证"｜"填制凭证"命令，进入"填制凭证"窗口，见图 5-4。

②单击【增加】按钮，系统自动增加一张空白收款凭证。

③在凭证左上角单击【参照】按钮，选择凭证类型"转账凭证"；输入制单日期"2021.11.02"；输入附单据数"2"。

收 款 凭 证

收 字 0002	制单日期：2021.11.02	审核日期：		附单据数：2
摘 要		科目名称	借方金额	贷方金额
销售给重庆巴渝公司A产品；款已收		银行存款/工行存款	10030000	
销售给重庆巴渝公司A产品；款已收		主营业务收入/A产品		9100000
销售给重庆巴渝公司A产品；款已收		应交税费/应交增值税/销项税额		1130000
票号 202 - ZZ8002			合计	10030000	10030000
日期 2021.11.02		数量 单价		
备注	项 目	部 门		
	个 人	客 户		
	业务员			

图 5-4　填制凭证 2

④单击【保存】按钮，系统弹出"凭证已成功保存！"信息提示框，单击【确定】按钮。

（3）辅助核算——银行科目 1（以 3 日业务为例）。

填制凭证→增加→凭证类别选择收款凭证，见图 5-5 和图 5-6。

收 款 凭 证

收 字 0003	制单日期：2021.11.03	审核日期：		附单据数：
摘 要		科目名称	借方金额	贷方金额
收到荥阳大河赊欠款		银行存款/工行存款	6006540	
收到荥阳大河赊欠款		应收票据/商业承兑汇票		6006540
票号 - X201			合计	6006540	6006540
日期 2021.11.03		数量 单价		
备注	项 目	部 门		
	个 人	客 户 大河		
	业务员 王晓林			

图 5-5　填制凭证 3

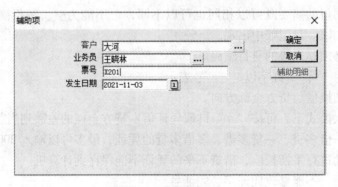

图 5-6　填制凭证 3-1

［操作提示］

总账参数中选择"支票控制"，同时该结算方式。

设为"支票管理"，银行账辅助信息不能为空，而且该方式的票号应在支票登记簿中有记录。

（4）以 4 日业务为例。

进行有外币的交易时，先在凭证中输入该外币的汇率，本例为 6.402 7，然后输入外币金额，本例为 10 000，总金额会自动计算出来，见图 5-7。

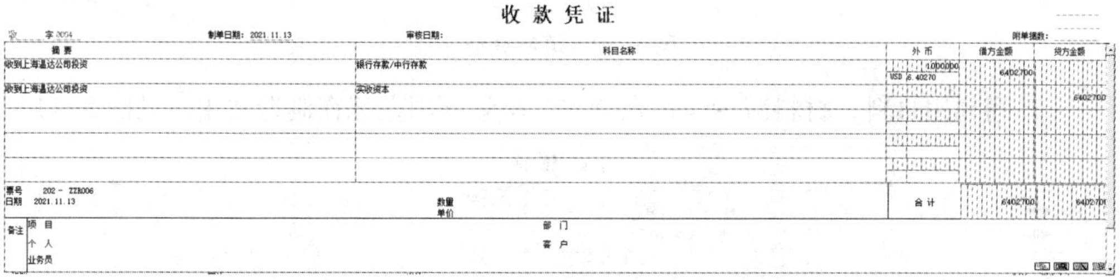

收 款 凭 证

图 5-7　填制凭证 4

（5）以 5 日业务为例。

办公室支付维修费，银行存款减少，记作贷方，凭证中贷方有银行存款类科目为付款凭证，故增加凭证，付款凭证，进行输入，见图 5-8。

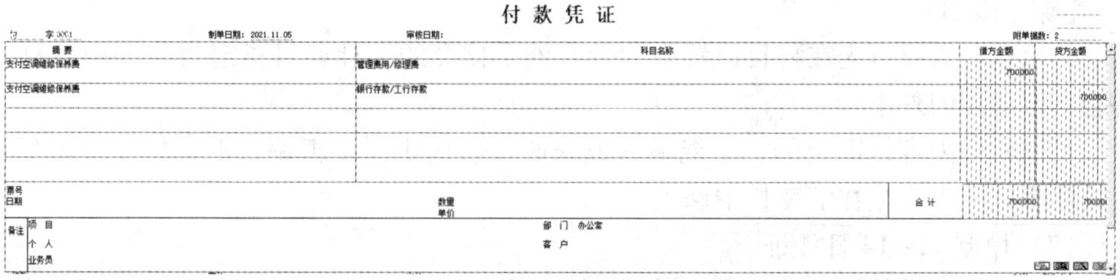

付 款 凭 证

图 5-8　填制凭证 5

（6）填制 6~10 日凭证。

办公室支付水电费，办公室发生的费用，计入管理费用，故管理费用增加，用银行存款支付，故银行存款减少。见图 5-9。

付 款 凭 证

图 5-9　填制凭证 6

采购部出差借款，库存现金减少，记贷方，其他应收款——应收个人款增加，无借方。见图 5-10。

付款凭证

字 0005	制单日期: 2021.11.08	审核日期: 2021.11.30		附单据数:	
摘要		科目名称		借方金额	贷方金额
采购部置璐比赛，报差旅费		其他应收款/应收个人款		5000000	
采购部置璐比赛，报差旅费		库存现金			5000000
票号 9101					
日期 2021.11.08			数量 单价		
备注 项 目			部 门 采购部		
个 人 重填			客 户		
业务员				合计 5000000	5000000

图 5-10 填制凭证 7

一车间领用材料，材料减少，记在贷方，车间领用，记在制造费用。见图 5-11。

转账凭证

转 字 0003	制单日期: 2021.11.10	审核日期: 2021.11.30		附单据数:	
摘要		科目名称		借方金额	贷方金额
一车间领用乙材料		制造费用/其他		3920000	
一车间领用乙材料		原材料/原料及主要材料/乙材料			3920000
票号					
日期			数量 单价		
备注 项 目			部 门 一车间		
个 人			客 户		
业务员				合计 3920000	3920000

图 5-11 填制凭证 8

[**操作提示**]

外币业务需要事先在科目设置中为带有外币核算的会计科目指定为"外币核算"，并且指定适用的外币。

汇率栏中内容是固定的，不能输入或修改。如使用浮动汇率，汇率栏中显示最近一次汇率，可以直接在汇率栏中修改。

（7）填制 11~14 日凭证。

采购部出差借款报销，在 2021 年 11 月 6 日，借款 5 000 元用于出差，实际上出差共用 7 000 元，故冲销之前的其他应收款——应收个人款。见图 5-12。

付款凭证

字 0004	制单日期: 2021.11.11	审核日期: 2021.11.30		附单据数:	
摘要		科目名称		借方金额	贷方金额
出差回来报销差旅费		管理费用/其他		7000000	
出差回来报销差旅费		其他应收款/应收个人款			5000000
出差回来报销差旅费		库存现金			2000000
票号					
日期			数量 单价		
备注			部 门 采购部		
个 人			客 户		
业务员				合计 7000000	7000000

图 5-12 填制凭证 9

从银行提取现金，现金增加，银行存款减少，为付款凭证。见图 5-13。

付款凭证

付 字 0005	制单日期: 2021.11.12	审核日期: 2021.11.30		附单据数:	
摘要		科目名称		借方金额	贷方金额
从工行提取现金		库存现金		1000000	
从工行提取现金		银行存款/工行存款			1000000
票号					
日期			数量 单价		
备注 项 目			部 门		
个 人			客 户		
业务员				合计 1000000	1000000

图 5-13 填制凭证 10

收到投资款，银行存款增加，实收资本增加。见图5-14。

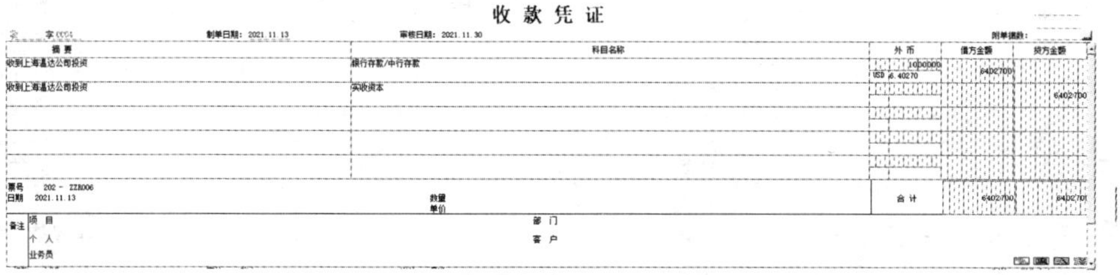

图 5-14　填制凭证 11

领用材料进行生产，原材料减少，记在贷方，进行生产，生产成本增加。见图5-15。

图 5-15　填制凭证 12

5.3.2　出纳签字

（1）更换操作员，在用友 ERP-U8 主界面，执行"重注册"命令，打开"登录"对话框。

操作员选择"104"，账套选"501"。签字过程如图5-16、图5-17、图5-18所示。

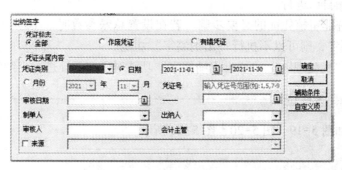

图 5-16　出纳签字 1

凭证共 9张　　□已签字 0张　　□未签字 9张　　　　　　　　　　　　　⊙凭证号排序　　○制单日期排序

制单日期	凭证编号	摘要	借方金额合计	贷方金额合计	制单人	签字人	系统名	备注	审核日期	年度
2021-11-1	收 - 0001	收到深圳大河公司前欠款	397 600.00	397 600.00	学生本人					2021
2021-11-2	收 - 0002	销售给重庆巴渝公司A产品	102 830.00	102 830.00	学生本人					2021
2021-11-3	收 - 0003	收到深圳大河前欠款	600 654.00	600 654.00	学生本人					2021
2021-11-13	收 - 0004	收到上海温达公司投资	64 027.00	64 027.00	学生本人					2021
2021-11-5	付 - 0001	支付空调维修保养费	7 000.00	7 000.00	学生本人					2021
2021-11-6	付 - 0002	支付水电费	5 500.00	5 500.00	学生本人					2021
2021-11-8	付 - 0003	采购部董瑞出差，借差旅费	5 000.00	5 000.00	学生本人					2021
2021-11-11	付 - 0004	出差回来报销差旅费	7 000.00	7 000.00	学生本人					2021
2021-11-12	付 - 0005	从工行提取现金	10 000.00	10 000.00	学生本人					2021

图 5-17　出纳签字 2

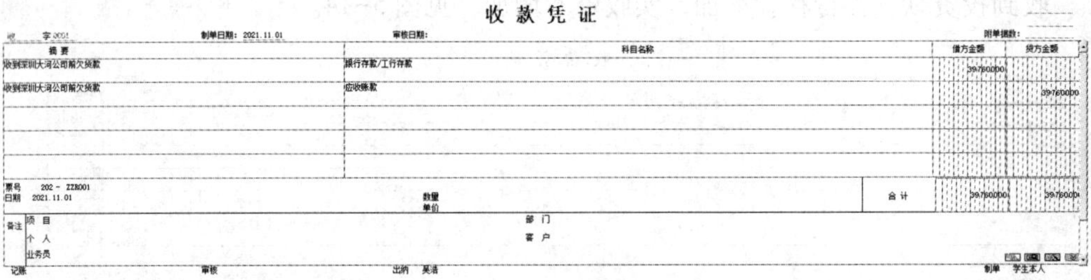

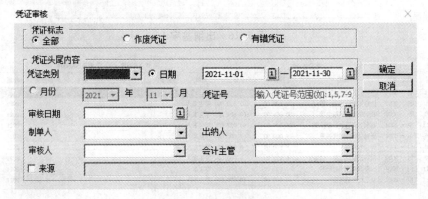

收款凭证

图 5-18　出纳签字 3

[操作提示]

凭证填制人和出纳签字人既可以为不同的人，也可以为同一个人。

按照会计制度规定，凭证的填制与审核不能是同一个人。

在进行出纳签字和审核之前，通常需先更换操作员。

（2）执行"总账"｜"凭证"｜"出纳签字"命令，打开"出纳签字"查询条件对话框。

（3）输入查询条件：单击【全部】单选按钮。

（4）单击【确定】按钮，进入"出纳签字"的凭证列表窗口。

（5）双击某一要签字的凭证或单击【确定】按钮，进入"出纳签字"的签字窗口。

（6）单击【签字】按钮，凭证底部的"出纳"处自动签上出纳人姓名。

（7）单击【下张】按钮，对其他凭证签字，最后单击【退出】按钮。

[操作提示]

涉及指定为现金科目和银行科目的凭证才需出纳签字。

凭证一经签字，就不能被修改、删除，只有取消签字后才可以修改或删除，取消签字只能由出纳自己进行。

凭证签字并非审核凭证的必要步骤。若在设置总账参数时，不选择"出纳凭证必须经由出纳签字"，则可以不执行"出纳签字"功能。

可以执行"批处理"｜"成批出纳签字"功能对所有凭证进行出纳签字。

5.3.3　审核凭证

审核过程如图 5-19、图 5-20、图 5-21 所示。

图 5-19　审核凭证 1

制单日期	凭证编号	摘要	借方金额合计	贷方金额合计	制单人	审核人	系统名	备注	审核日期	年度
2021-11-1	收－0001	收到深圳大河公司前欠纲	397 600.00	397 600.00	学生本人					2021
2021-11-2	收－0002	销售给重庆巴渝公司A产	102 830.00	102 830.00	学生本人					2021
2021-11-3	收－0003	收到深圳大河前欠款	600 654.00	600 654.00	学生本人					2021
2021-11-13	收－0004	收到上海温达公司投资	64 027.00	64 027.00	学生本人					2021
2021-11-5	付－0001	支付空调维修保养费	7 000.00	7 000.00	学生本人					2021
2021-11-6	付－0002	支付水电费	5 500.00	5 500.00	学生本人					2021
2021-11-8	付－0003	采购部董瑞出差，借差旅	5 000.00	5 000.00	学生本人					2021
2021-11-11	付－0004	出差回来报销差旅费	7 000.00	7 000.00	学生本人					2021
2021-11-12	付－0005	从工行提取现金	10 000.00	10 000.00	学生本人					2021
2021-11-2	转－0001	销售给重庆巴渝公司A产	59 000.00	59 000.00	学生本人					2021
2021-11-4	转－0002	从重庆柯达公司购入甲材	9 040.00	9 040.00	学生本人					2021
2021-11-10	转－0003	一车间领用乙材料	9 000.00	9 000.00	学生本人					2021
2021-11-14	转－0004	二车间领用乙材料	75 000.00	75 000.00	学生本人					2021

图 5-20　审核凭证 2

图 5-21　审核凭证 3

（1）以"102 张宁"的身份重新注册。

（2）执行"总账"｜"凭证"｜"审核凭证"命令，打开"凭证审核"查询条件对话框。

（3）输入查询条件，单击【确定】按钮，进入"凭证审核"的凭证列表窗口。

（4）双击要审核的凭证或单击【确定】按钮，进入"凭证审核"的审核凭证窗口。

（5）检查要审核的凭证，无误后，单击【审核】按钮，审核日期必须为 10 日，凭证底部的"审核"处自动签上审核人姓名，并自动进入下一张待审核凭证。

（6）对其他凭证审核，最后单击【退出】按钮。

［操作提示］

审核人必须具有审核权。当通过"凭证审核权限"设置了明细审核权限时，还需要有对制单人所制凭证的审核权。

作废凭证不能被审核，也不能被标错。

审核人和制单人不能是同一个人，凭证一经审核，不能被修改、删除，只有取消审核签字后才可以修改或删除，已标记作废的凭证不能被审核，需先取消作废标记后才能审核。

5.3.4　记账

记账过程如图 5-22、图 5-23 所示。

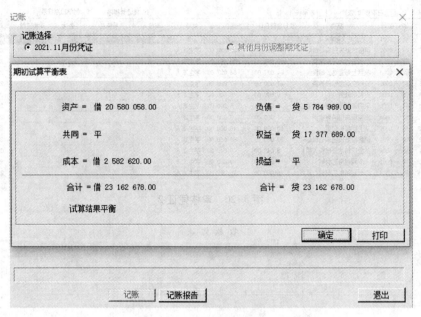

图 5-22 凭证记账 1

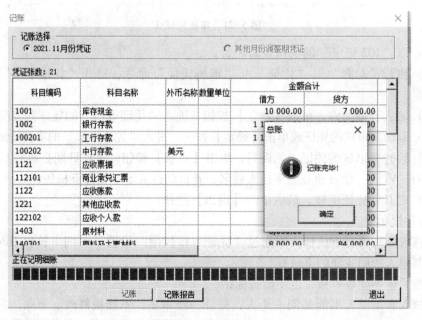

图 5-23 凭证记账 2

（1）执行"总账" | "凭证" | "记账"命令，进入"记账"窗口。

（2）第一步选择要进行记账的凭证范围。例如，在付款凭证的"记账范围"栏中输入"1-4"，本例单击【全选】按钮，选择所有凭证，

（3）系统显示期初试算平衡表，单击【确定】按钮。

（4）系统进行自动记账处理。登记完后，弹出"记账完毕！"信息提示对话框。

（5）单击【确定】按钮，记账完毕。

[操作提示]

第一次记账时，若期初余额试算不平衡，不能记账。

上月未记账，本月不能记账。

未审核凭证不能记账，记账范围应小于或等于已审核范围。

作废凭证不需审核，可直接记账。

记账过程一旦断电或由其他原因造成中断后，系统将自动调用"恢复记账前状态"恢复数据，然后再重新记账。

5.3.5 科目汇总

科目汇总过程如图 5-24、图 5-25 所示。

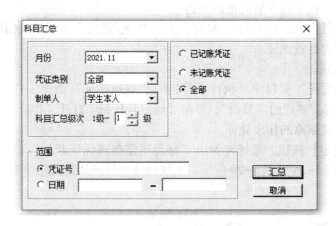

图 5-24 科目汇总 1

科目编码	科目名称	外币名称	计量单位	金额合计		外币合计		数量合计	
				借方	贷方	借方	贷方	借方	贷方
1001	库存现金			10 000.00	7 000.00				
1002	银行存款			1,165 111.00	22 500.00				
1121	应收票据				600 654.00				
1122	应收账款				397 600.00				
1221	其他应收款			5 000.00	5 000.00				
1403	原材料			8 000.00	84 000.00				
1405	库存商品				59 000.00				
资产 小计				1 188 111.00	1,175 754.00				
美元						10 000.00			
2202	应付账款				9 040.00				
2221	应交税费			1 040.00	11 830.00				
负债 小计				1 040.00	20 870.00				
4001	实收资本				64 027.00				
权益 小计					64 027.00				
5001	生产成本			75 000.00					
5101	制造费用			9 000.00					
成本 小计				84 000.00					
6001	主营业务收入				91 000.00				
6401	主营业务成本			59 000.00					
6602	管理费用			19 500.00					
损益 小计				78 500.00	91 000.00				
合计				1 351 651.00	1 351 651.00				
美元						10 000.00			

图 5-25 科目汇总 2

（1）执行"总账"｜"凭证"｜"科目汇总"命令，进入"科目汇总"窗口。

（2）选择"已记账凭证"，单击【汇总】按钮。

[操作提示]

系统根据数量×单价自动计算出金额，并将金额先放在借方，如果方向不符，可按空格键即可调整金额方向。

5.3.5.1　删除凭证

（1）作废凭证。

①在"填制凭证"窗口中，先查询到要作废的凭证。

②执行工具栏的"作废/恢复"命令。

③凭证的左上角显示"作废"，表示该凭证已作废。

[操作提示]

作废凭证仍保留凭证内容及编号，只显示"作废"字样。

作废凭证不能修改，不能审核。

在记账时，已作废的凭证应参与记账，否则月末无法结账，但不对作废凭证作数据处理，相当于一张空凭证。

账簿查询时，查不到作废凭证的数据。

若当前凭证已作废，可执行"编辑"｜"作废/恢复"命令，取消作废标志，并将当前凭证恢复为有效凭证。

（2）整理凭证。

①在"填制凭证"窗口中，执行工具栏的"整理凭证"命令，打开"选择凭证期间"对话框。选择要整理的"月份"，单击【确定】按钮，打开"作废凭证表"对话框。

②选择真正要删除的作废凭证。

③单击【确定】按钮，系统将弹出"是否还需整理凭证断号"信息提示框，单击【是】按钮，如图 5-26 到图 5-29 所示，系统将这些凭证从数据库中删除并对剩下凭证重新排号。

图 5-26　删除凭证 1

图 5-27　删除凭证 2

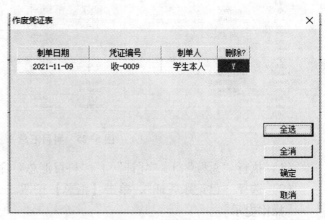

图 5-28　删除凭证 3

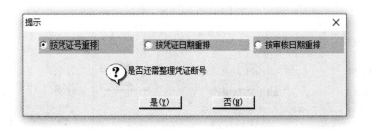

图 5-29　删除凭证 4

[操作提示]

如果作废凭证不想保留时，则可以通过"整理凭证"功能，将其彻底删除，并对未记账凭证重新编号。

只能对未记账凭证作凭证整理。

已记账凭证作凭证整理，应先恢复本月月初的记账前状态，再作凭证整理。

5.3.5.2　取消记账

（1）激活"恢复记账前状态"菜单。

①用户 101 执行"总账"｜"期末"｜"对账"命令，进入"对账"窗口。

②按【Ctrl+H】组合键，弹出"恢复记账前状态功能已被激活。"信息提示框，单击【确定】按钮返回，在"凭证"菜单下显示"恢复记账前状态功能"菜单项，如图5-30 所示。

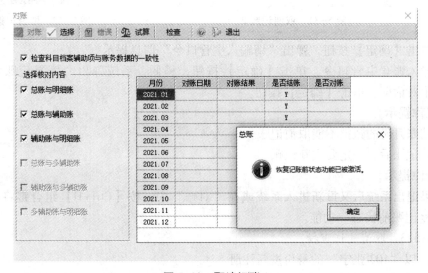

图 5-30　取消记账 1

③单击【确定】按钮，单击【退出】按钮。

（2）取消记账（只有账套主管 101 有权取消记账）。

①用户 101 执行"总账"｜"凭证"｜"恢复记账前状态"命令，打开"恢复记账前状态"对话框。

②单击"最近一次记账前状态"单选按钮，如图 5-31、图 5-32 所示。

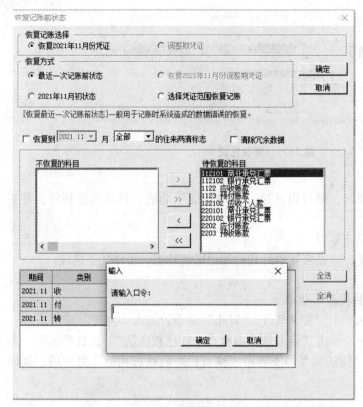

图 5-31 取消记账 2

图 5-32 取消记账 3

③单击【确定】按钮，弹出"请输入主管口令"信息提示框。

④输入账套主管口令，单击【确定】按钮，稍候，系统弹出"恢复记账完毕!"信息提示对话框，单击【确定】按钮。

[操作提示]

已结账月份的数据不能取消记账。

取消记账后，一定要重新记账。

[操作提示]

如果退出系统后又重新进入系统或在"对账"中，按【Ctrl+H】组合键将重新隐藏"恢复记账前状态"功能。

5.3.5.3　取消凭证审核

（1）以"102 张宁"的身份重新注册。

（2）执行"总账"｜"凭证"｜"审核凭证"命令，打开"凭证审核"查询条件对话框。

（3）输入查询条件，单击【确定】按钮，进入"凭证审核"的凭证列表窗口。

（4）双击要审核的凭证或单击【确定】按钮，进入"凭证审核"的审核凭证窗口。

（5）检查要审核的凭证，无误后，单击【取消】按钮或"批处理"菜单的【成批审核凭证】按钮，单击【确定】按钮。

（6）最后单击【退出】按钮。

5.3.5.4　取消出纳签字

（1）更换操作员，在用友 ERP-U8 主界面，执行"重注册"命令，打开"登录"对话框。操作员选择"104"，账套选择"501"，日期选择"2021.11.30"。

（2）执行"总账"｜"凭证"｜"出纳签字"命令，打开"出纳签字"查询条件对话框。

（3）输入查询条件：单击【全部】单选按钮。

（4）单击【确定】按钮，进入"出纳签字"的凭证列表窗口。

（5）双击某一要签字的凭证或单击【确定】按钮，进入"出纳签字"的签字窗口。

（6）单击【签字】按钮，凭证底部的"出纳"处自动取消出纳人姓名。

（7）单击【下张】按钮，对其他凭证签字，最后单击【退出】按钮。

5.3.5.5　查询凭证

（1）执行"总账"｜"凭证"｜"查询凭证"命令，打开"凭证查询"对话框。

（2）单击【辅助条件】按钮，设置科目为"100201"、方向为"贷"、金额为"10 000~50 000"。

（3）单击【确认】按钮，进入"查询凭证"窗口。

（4）双击某一凭证行，则屏幕可显示出此张凭证，如图 5-33 所示。

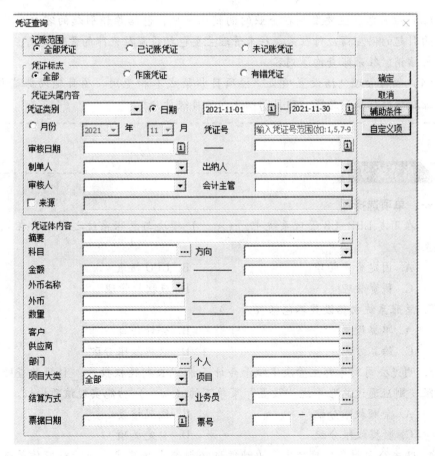

图 5-33　查询凭证

小　结

完成对总账的初始化基本设置之后，本部分讲解的是使用用友软件进行总账系统的日常账务处理。总账系统按照处理流程划分，主要分为初始设置、凭证管理、账簿管理、辅助核算管理等功能。

（1）凭证管理包括填制凭证、审核凭证、记账、修改凭证、作废/整理凭证、删除凭证、冲销凭证、出纳签字等功能。不同功能针对的操作对象是不同的，如修改凭证只能针对未记账凭证，记账只能针对已审核凭证。

如果凭证上所用到的明细科目设置有辅助核算，那么在录入凭证时必须同时记录辅助核算内容。

（2）账簿分为基本会计核算账簿和辅助核算账簿。

基本会计核算账簿包括总账、余额表、明细账、序时账、多栏账、日记账等。其中，多栏账必须先定义，再查询。

辅助核算账簿包括客户往来辅助账、供应商往来辅助账、个人往来辅助账、部门辅助账和项目辅助账等。其中，辅助账管理必须要事先在科目中定义辅助核算标志。

（3）往来账款主要发生在企业的购销业务中，包括赊销引起的客户应收往来和赊购引起的供应商应付往来。往来管理主要包括设置往来账的管理模式、往来账记录与核销、往来账查询等内容。

（4）项目管理包括设置项目、按项目归集成本和费用、项目辅助账查询等。项目辅助账包括项目总账、项目明细账和项目统计分析。

章节练习

一、单项选择题

1. 在用友 ERP-U8 管理系统中，（　　）模块与总账系统之间不存在凭证传递关系。

    A. 固定资产管理   B. UFO 报表

    C. 薪资管理   D. 应收款管理

2. 总账系统初始设置不包括（　　）。

    A. 单据设置   B. 会计科目

    C. 结算方式   D. 数据权限分配

3. 明光公司财务部主管决定赋予会计王景"长期股权投资"科目的查账与制单权限，则应通过总账系统"设置"菜单下的（　　）功能实现该项授权。

    A. 金额权限分配   B. 编码档案

    C. 数据权限分配   D. 自定义项

4. 明光公司财务制度规定，出纳凭证必须经出纳签字，同时对操作员进行金额权限控制，则可在总账系统中，通过（　　）功能进行相应参数设置。

A. 账表/我的账表　　　　　　　B. 凭证/我的凭证

C. 设置/选项　　　　　　　　　D. 设置/分类定义

5. 在总账系统中设置记账凭证类别时，往往对制单所用科目有一定限制，如转账凭证，通常可以限定为（　　）类型。

A. 凭证必无现金科目或银行科目　　B. 贷方必有现金科目或银行科目

C. 凭证必有现金科目或银行科目　　D. 借方必有现金科目或银行科目

6. 在总账系统中设置记账凭证类别时，下列会计科目中，可作为收款凭证"借方必有"科目的是（　　）。

A. 短期投资　　　　　　　　　B. 短期借款

C. 银行存款　　　　　　　　　D. 资本公积

7. 在总账系统中，输入凭证时可以不输入或选择的项目的是（　　）。

A. 凭证类别　　　　　　　　　B. 制单日期

C. 附单数据　　　　　　　　　D. 凭证摘要

8. 在总账系统中，用户可通过（　　）功能彻底删除已作废记账凭证。

A. 整理凭证　　　　　　　　　B. 删除凭证

C. 作废平整　　　　　　　　　D. 冲销凭证

9. 在总账系统"凭证审核"功能中，可以对记账凭证进行对照式审核。所谓对照式审核，是指（　　）。

A. 通过对记账凭证的二次输入，达到系统自动审核的目的

B. 通过将记账凭证与原始单据对比，达到系统自动审核的目的

C. 通过将记账凭证与其他系统的记录对比，达到系统自动审核的目的

D. 通过将记账凭证与账簿记录对比，达到系统自动审核的目的

10. 对于总账系统"审核凭证"功能，下列说法错误的是（　　）

A. 对已审核凭证可以由审核人自己或是会计主管取消审核签字

B. 审核人和制单人不能是同一人

C. 作废凭证不能被审核，也不能被标错

D. 对于错误的记账凭证，可以通过计算机在凭证上标明"有错"字样

二、多项选择题

1. 在总账系统"设置/选项"功能中，可以进行（　　）参数的设置。

A. 赤字控制　　　　　　　　　B. 凭证编号方式

C. 科目级数及每级科目代码长度　　D. 凭证类别

2. 总账系统用户可以通过"设置/会计科目"功能实现对会计科目的（　　）操作。

A. 查询　　　　　　　　　　　B. 打印

C. 插入　　　　　　　　　　　D. 修改

3. 在总账系统中，只有经过审核的记账凭证才能作为正式凭证进行记账处理。审核凭证包括（　　）等几个方面的工作。

A. 出纳签字　　　　　　　　　B. 主管签字

C. 审核员审核凭证　　　　　　　D. 修改标错凭证

4. 关于总账系统中出错记账凭证的修改，下列说法中，正确的是（　　）。

    A. 外部系统传过来的凭证发生错误，既可以在总账系统中进行修改，也可以在生成该凭证的系统中进行修改

    B. 已经记账的凭证发生错误，不允许直接修改，只能采取"红字冲销法"或"补充更正法"进行修改

    C. 已通过审核的凭证发生错误，只要该凭证尚未记账，可通过凭证编码功能直接修改

    D. 已经输入但尚未审核的记账凭证发生错误，可以通过凭证编辑功能直接修改

三、判断题

1. 凭证复核人和制单人不能为同一人。　　　　　　　　　　　　　　　　（　　）

2. 凭证必须是复核之后才能记账，未复核的凭证不能记账。　　　　　　　（　　）

3. 在总账系统中，录入外币业务记账凭证时，如果使用的是变动汇率，汇率栏中将显示最近一次汇率，该汇率不能修改。　　　　　　　　　　　　　　（　　）

4. 记账凭证是登记账簿的依据，在实行计算机处理账务后，电子账簿的准确与完整完全依赖于记账凭证，因此一定要确保记账凭证的准确、完整。　　（　　）

四、思考题

1. 如果企业的财务处理程序首先是输入凭证，其次是出纳对涉及现金收支的凭证进行出纳签字，最后是审核记账。如何进行设置才能满足这一需求？

2. 如果期初余额试算不平衡能否开始填制凭证？

3. 如果录入科目余额后发现该科目下需要再增加明细科目，应该如何处理？

4. 如果明细科目的余额方向与上级科目不一致，应该如何录入？

5. 如果在填制凭证时发现未事先设置相应的会计科目，应该如何处理？

6. 如果凭证上的辅助核算项目输入错误，应该如何修改？

7. 在审核凭证界面上能够看到 8 张凭证，在出纳签字界面上只能看到 7 张凭证，这是为什么？

项目 6

账簿处理

企业发生的经济业务，经过制单、审核、记账等操作之后，就形成了正式的会计账簿。查询账簿是会计日常工作中一个非常重要的内容。

6.1 账簿处理功能概述

账簿查询包括总账、余额表、明细账及多栏账等的查询。

（1）总账。

总账是借、贷、余三栏账。通过总账查询功能，不但可以查询各税账科目的年初余额、各月发生额和月末余额，而且可以查询所有 2~5 级明细科目的年初余额、各月发生额合计和月末余额。

（2）余额表。

余额表用于查询及统计各级会计科目的本月发生额、累计发生额和余额等信息，可以输出某月或某几个月的所有总账科目或明细科目的期初余额、本期发生额、累计发生额、期末余额等。本功能提供了强大的统计功能，可灵活运用。该功能不仅可以查询统计人民币金额账，还可以查询统计外币和数量发生额及余额。

余额表用于平时查询各账户的明细发生情况及按任意条件组合查询明细账。余额表提供了三种明细账的查询格式：普通明细账、按科目排序明细账、月份明细账。其中，普通账是按科目查询，按发生日期排序的明细账；按科目排序明细账是按非末级科目查询，按其有发生的末级科目排序的明细账；月份明细账是按非末级科目查询，包含非末级科目总账数据及末级科目明细数据的综合明细账。

（3）明细账。

明细账用于平时查询各账户的明细发生情况及按任意条件组合查询明细账。用友 ERP-U8 管理系统提供了三种明细账的查询格式：普通明细账、按科目排序明细账和月份明细账。其中，普通明细账是按科目查询，按发生日期排序的明细账；按科目排序明细账是按非末级科目查询，按其有发生的末级科目排序的明细账；月份明细账是按非末级科目查询，包含非末级科目总账数据及末级科目明细数据的综合明细账。

（4）多栏账。

在总账系统中，普通多栏账由系统将要分析科目的下级科目自动生成"多栏账"。一般地，负债、收入类科目分析其下级科目的贷方发生额，资产、费用类科目分析其下级科目借方发生额，并允许随时调整。多栏账的栏目内容可以自定义，可以对科目的分析方向、分析内容、输出内容进行定义，同时可以定义多栏账格式，便于满足核算管理需要。

（5）项目核算管理。

项目核算管理功能主要用于核算项目的收支情况，归集项目发生的各项费用、成本，系统还提供项目统计表，进一步帮助企业管理人员及时地掌握项目完成进度、项目超预算情况。

项目总账查询用于查询各项目所发生业务的汇总情况，系统提供了以下几种查询方式：科目总账、项目总账、三栏式总账、部门项目总账和分类总账。项目明细账查询用于查询项目业务发生的明细情况，系统提供了以下几种查询方式：科目明细账、项目明细账、三栏式明细账、多栏式明细账、部门项目明细账和分类明细账。

6.2 账簿处理实验

6.2.1 实验概述

6.2.1.1 实验目的

（1）理解账簿查询的原理及流程。

（2）掌握如何查询总账、明细账、日记账、多栏账、辅助账。

（3）掌握如何查询余额表、资金平衡表。

6.2.1.2 实验内容

（1）查询总账、明细账、日记账、多栏账、辅助账。

（2）查询余额表、资金平衡表。

6.2.1.3 实验准备（引入账套数据）

6.2.1.4 实验要求

以会计主管"102 张宁"的身份进行账簿查询操作。

6.2.2 账簿处理实验资料

（1）查询余额表。

（2）查询余额表：查询所有余额范围在 10 000~50 000 元所有"资产类"科目的期末余额。

（3）查询现金日记账：2021 年 11 月的当前累计借方数。

（4）查询数量金额式明细账，以 14030101 为例。

（5）查询下列科目的明细账，并且联查凭证查看结果。

查询"主营业务收入"（6001）的凭证。

（6）查询多栏账（以管理费用、应交增值税为例）。

操作：单击"账表"→"科目账"→"多栏账"→在"多栏账窗口"，单击"增加"→选择核算科目"应交增值税"→点击"自动编制"→点击"确定"。

注：若要同时查看借方发生和贷方发生，要选择"分析栏前置"，并对栏目定义中的科目方向，进行定义。

（7）查询部门总账。

查询"销售部"的本期借方发生合计数。

（8）查询个人明细账。

查本月贷方合计数。

（9）查询采购部个人往来清理情况。

（10）查询客户往来余额表。

查看客户往来余额表。

（11）客户往来账龄分析。

查询"1122 应收账款"的客户账龄分析（自定义账龄分析区间）。

（12）查询项目明细账。

（13）进行项目统计分析。

6.3　账簿处理实验操作

6.3.1　查询余额表

（1）执行"总账""账表" | "科目账" | "余额表"命令，打开"发生额及余额查询条件"对话框，如图 6-1 所示。

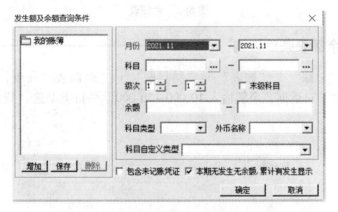

图 6-1　"发生额及余额查询条件"对话框

（2）选择查询条件，单击【确定】按钮，进入"发生额及余额表"窗口，如图 6-2 所示。

（3）单击【累计】按钮，系统自动增加借、贷方累计发生额两个栏目。

发生额及余额表

金额式

月份：2021.11-2021.11

科目编码	科目名称	期初余额		本期发生		期末余额	
		借方	贷方	借方	贷方	借方	贷方
1001	库存现金	10 258.00		10 000.00	7 000.00	13 258.00	
1002	银行存款	2 174 413.00		1 640 111.00	29 500.00	3 785 024.00	
1012	其他货币资金	423 890.00				423 890.00	
1101	交易性金融资产	30 000.00				30 000.00	
1121	应收票据	600 654.00			600 654.00		
1122	应收账款	2 889 557.00		126 500.00	875 200.00	2 140 857.00	
1123	预付账款	298 000.00				298 000.00	
1221	其他应收款	8 821.00		80 960.00	5 000.00	84 781.00	
1231	坏账准备		13 000.00	5 000.00	16 880.28		24 880.28
1403	原材料	2 334 095.00		8 000.00	84 000.00	2 258 095.00	
1405	库存商品	1 007 200.00			59 000.00	948 200.00	
1411	周转材料	266 217.00				266 217.00	
1503	可供出售金融资产	380 673.00				380 673.00	
1601	固定资产	14 700 000.00		2 000.00	6 490.00	14 695 510.00	
1602	累计折旧		4 854 770.00	1 349.92	60 639.05		4 914 059.13
1606	固定资产清理			5 140.08		5 140.08	
1701	无形资产	279 980.00				279 980.00	
1702	累计摊销		31 890.00				31 890.00
1901	待处理财产损益	75 960.00			75 960.00		
6702	信用减值损失			16 880.28		16 880.28	
资产小计		25 479 718.00	4 899 660.00	1 895 941.28	1 820 323.33	25 626 505.36	4 970 829.41
2001	短期借款		2 000 000.00				2 000 000.00
2201	应付票据		340 000.00				340 000.00
2202	应付账款		1 489 708.00		9 040.00		1 498 748.00
2203	预收账款		19 000.00		2 400.00		21 400.00
2211	应付职工薪酬		87 258.00	13 040.50	134 209.09		208 426.59
2221	应交税费		520 046.92	25 807.88	476 440.03		970 679.07
2231	应付利息				6 000.00		6 000.00
2241	其他应付款		150 410.00		13 040.50		163 450.50
2501	长期借款		876 000.00				876 000.00
2502	应付债券		302 566.08				302 566.08
负债小计			5 784 989.00	38 848.38	641 129.62		6 387 270.24
4001	实收资本		13 985 902.00		64 027.00		14 049 929.00
4002	资本公积		600 432.00				600 432.00
4101	盈余公积		590 000.00				590 000.00
4103	本年利润		1 701 355.00	629 714.68	198 522.12		1 270 162.44
4104	利润分配		500 000.00				500 000.00
权益小计			17 377 689.00	629 714.68	262 549.12		17 010 523.44
5001	生产成本	2 582 620.00		176 378.01		2 758 998.01	
5101	制造费用			68 046.19	68 046.19		
成本小计		2 582 620.00		244 424.20	68 046.19	2 758 998.01	
6001	主营业务收入			198 522.12	198 522.12		
6401	主营业务成本			59 000.00	59 000.00		
6403	营业税金及附加			2 476.79	2 476.79		
6601	销售费用			32 198.59	32 198.59		
6602	管理费用			89 771.54	89 771.54		
6603	财务费用			6 000.00	6 000.00		
6701	资产处置损失				16 880.28		16 880.28
6801	所得税费用			423 387.48	423 387.48		
损益小计				811 356.52	826 236.80		16 880.28
合计		28 062 338.00	28 062 338.00	3 620 285.06	3 620 285.06	28 385 503.37	28 385 503.37

图6-2　余额表

6.3.2 余额表条件查询

（1）执行"总账"｜"账表"｜"科目账"｜"余额表"命令，打开"发生额及余额查询条件"对话框，余额输入 10 000～50 000，科目类型选"资产"，如图6-3所示。

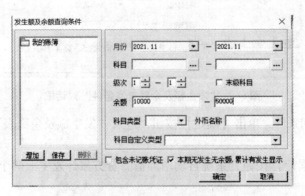

图6-3　余额表查询条件

（2）选择查询条件，单击【确定】按钮，进入"发生额及余额表"窗口，如图6-4所示。

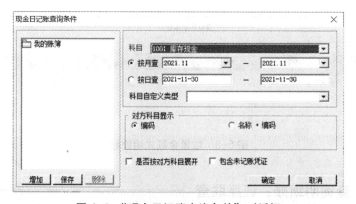

图6-4 余额表查询

（3）单击【累计】按钮，系统自动增加借、贷方累计发生额两个栏目。

6.3.3 查询现金日记账

（1）执行"财务会计"｜"总账"｜"出纳"｜"现金日记账"命令，打开"现金日记账查询条件"对话框，如图6-5所示。

图6-5 "现金日记账查询条件"对话框

（2）选择查询科目"1001"，单击【确定】按钮，进入"现金日记账"窗口，如图6-6所示。

图6-6 现金日记账查询

6.3.4 查询明细账

（1）执行"总账"｜"账表"｜"科目账"｜"明细账"命令，打开"明细账查询条件”对话框。

（2）选择查询科目“14030101”，单击【确定】按钮，进入“明细账”窗口，如图 6-7 所示。

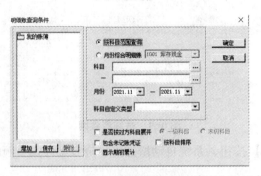

图 6-7　明细账查询条件

（3）选择“数量金额式”账页形式，如图 6-8 所示。

原材料明细账

科目 1403 原材料　　月份：2021.11-2021.11

2021年 月	2021年 日	凭证号数	摘要	单价	借方 数量	借方 金额	贷方 数量	贷方 金额	方向	余额 数量	余额 单价	余额 金额
			期初余额						借	33 463.00		2 3
1	04	转-0002	从重庆柯达公司购入甲材料，货款未付	80.00	100.00	8 000.00			借	33 563.00		2 3
1	10	转-0003	一车间领用乙材料	20.00			450.00	9 000.00	借	33 113.00		2 3
1	14	转-0004	二车间领用乙材料	5 000.00			15.00	75 000.00	借	33 098.00		2 2
1			本月合计			8 000.00		84 000.00	借			2 2
1			本年累计			53 979 071.00		54 377 836.00	借			2 2

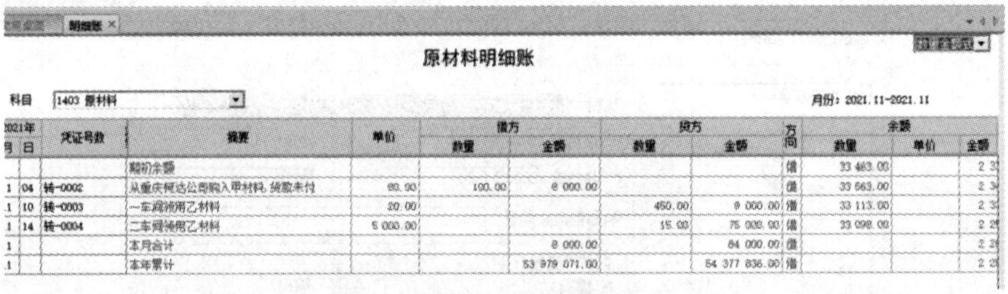

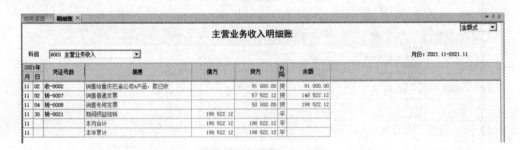

图 6-8　数量金额式明细账

6.3.5　查询明细账：证账联查

（1）执行“总账”｜“账表”｜“科目账”｜“明细账”命令，打开“明细账查询条件”对话框。

（2）选择查询科目“6001”，单击【确定】按钮，进入“明细账”窗口，如图 6-9 所示。

主营业务收入明细账

科目 6001 主营业务收入　　月份：2021.11-2021.11

2021年 月	2021年 日	凭证号数	摘要	借方	贷方	方向	余额
11	02	收-0002	销售给重庆巴渝公司A产品，款已收		91 000.00	贷	91 000.00
11	02	转-0007	销售普通发票		57 522.12	贷	148 522.12
11	04	转-0008	销售专用发票		50 000.00	贷	198 522.12
11	30	转-0021	期间损益结转	198 522.12		平	
11			本月合计	198 522.12	198 522.12	平	
11			本年累计	198 522.12	198 522.12	平	

图 6-9　明细账

（3）双击所在行，打开凭证，如图 6-10 所示。

图 6-10　证账联查

6.3.6　查询多栏账

6.3.6.1　定义并查询管理费用多栏账

（1）执行"总账"｜"账表"｜"科目账"｜"多栏账"命令，打开"多栏账"对话框。

（2）单击【增加】按钮，打开"多栏账定义"对话框。选择核算科目"6602 管理费用"，单击【自动编制】按钮，系统自动将管理费用下的明细科目作为多栏账的栏目，如图 6-11 所示。

图 6-11　多栏账定义

（3）单击【确定】按钮，完成管理费用多栏账的定义。

（4）单击【查询】按钮，打开"多栏账查询"对话框，单击【确定】按钮，显示管理费用多栏账，如图 6-12、图 6-13 所示。

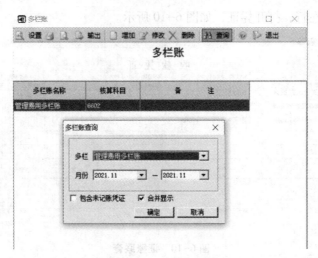

图 6-12 多栏账查询条件

多栏账

多栏 管理费用多栏账　　　　月份：2021.11-2021.11

2021年 月	日	凭证号数	摘要	借方	贷方	方向	余额	借方 工资及福利费	折旧	办公费	水电
11	05	付-0001	支付空调维修保养费	7 000.00		借	7 000.00				
11	06	付-0002	支付水电费	5 500.00		借	12 500.00				5 5
11	11	付-0004	出差回来报销差旅费	7 000.00		借	19 500.00				
11	28	转-0005	计提第[11]期间折旧	2 644.00		借	22 144.00		2 644.00		
11	28	转-0005	计提第[11]期间折旧	2 125.44		借	24 269.44		2 125.44		
11	28	转-0005	计提第[11]期间折旧	1 416.96		借	25 686.40		1 416.96		
11	28	转-0005	计提第[11]期间折旧	1 416.96		借	27 103.36		1 416.96		
11	30	转-0013	应付工资	19 600.00		借	46 703.36	19 600.00			
11	30	转-0013	应付工资	43 068.18		借	89 771.54	43 068.18			
11	30	转-0022	期间损益结转		19 600.00	借	70 171.54				
11	30	转-0022	期间损益结转		43 068.18	借	27 103.36				
11	30	转-0022	期间损益结转		2 644.00	借	24 459.36				
11	30	转-0022	期间损益结转		2 125.44	借	22 333.92				
11	30	转-0022	期间损益结转		1 416.96	借	20 916.96				
11	30	转-0022	期间损益结转		1 416.96	借	19 500.00				
11	30	转-0022	期间损益结转		12 500.00	借	7 000.00				
11	30	转-0022	期间损益结转		7 000.00	平					
11			本月合计	89 771.54	89 771.54	平		62 668.18	7 603.36		5 5
11			本年累计	3 011 051.54	3 011 051.54	平		384 229.38	1 208 054.96		5 5

图 6-13 管理费用多栏账

6.3.6.2 定义并查询应交增值税多栏账

（1）执行“总账”|“账表”|“科目账”|“多栏账”命令，打开“多栏账”对话框。

（2）单击【增加】按钮，打开“多栏账定义”对话框。选择核算科目“222101 应交增值税”，单击【自动编制】按钮，系统自动将应交增值税下的明细科目作为多栏账的栏目，如图 6-14 所示。

图 6-14　多栏账定义

（3）单击【确定】按钮，完成应交增值税多栏账的定义。

（4）单击【查询】按钮，打开"多栏账查询"对话框，单击【确定】按钮，显示应交增值税多栏账，如图 6-15 所示。

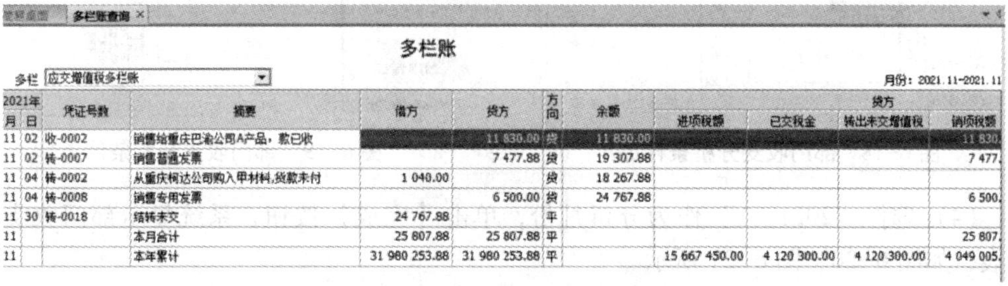

2021年		凭证号数	摘要	借方	贷方	方向	余额	贷方			
月	日							进项税额	已交税金	转出未交增值税	销项税额
11	02	收-0002	销售给重庆巴渝公司A产品,款已收		11 830.00	贷	11 830.00				11 830.
11	02	转-0007	销售普通发票		7 477.88	贷	19 307.88				7 477.
11	04	转-0002	从重庆桐达公司购入甲材料,货款未付	1 040.00		贷	18 267.88				
11	04	转-0008	销售专用发票		6 500.00	贷	24 767.88				6 500.
11	30	转-0018	结转未交	24 767.88		平					
11			本月合计	25 807.88	25 807.88	平					25 807.
11			本年累计	31 980 253.88	31 980 253.88	平		15 667 450.00	4 120 300.00	4 120 300.00	4 049 005.

图 6-15　应交增值税多栏账

6.3.7　查询部门辅助账

6.3.7.1　查询部门总账

（1）执行"总账"｜"账表"｜"部门辅助账"｜"部门总账"命令，打开"部门总账条件"对话框。

（2）选择部门"销售部"，如图 6-16 所示。

（3）单击【确定】按钮，系统显示部门总账，如图 6-17 所示。

图 6-16　部门总账查询条件

図6-17　部門総账

6.3.7.2　查询部门收支分析表

（1）执行"总账" | "账表" | "部门辅助账" | "部门收支分析"命令，打开"部门收支分析条件"对话框。

（2）选择管理费用下的所有明细科目作为分析科目，单击【下一步】按钮，如图6-18所示。

（3）选择所有部门作为分析部门，单击【下一步】按钮，如图6-19所示。

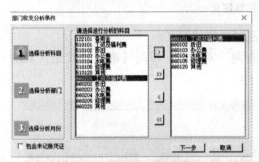

图6-18　部门收支分析条件1

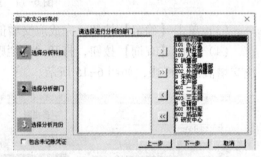

图6-19　部门收支分析条件2

（4）选择"2021.11"作为分析月份，单击【完成】按钮，系统显示部门收支分析表，如图6-20、图6-21所示。

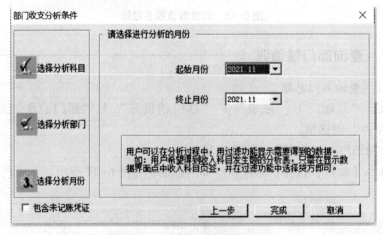

图6-20　部门收支分析条件3

部门收支分析表

2021.11-2021.11

金额式 ▼

科目编码	科目名称	统计方式	方向	合计金额	1 管理部门金额	101 办公室金额	102 财务部金额	103 人事部金额	2 销售部金额
660101	工资及福利费	期初	借						
		借方		31 990.91					16 700.0
		贷方		31 990.91					16 700.0
		期末	借						
660102	折旧	期初	借						
		借方		207.68					103.8
		贷方		207.68					103.8
		期末	借						
660103	办公费	期初	借						
		借方							
		贷方							
		期末	借						
660104	水电费	期初	借						
		借方							
		贷方							
		期末	借						
660105	修理费	期初	借						
		借方							

图 6-21　部门收支分析表

6.3.8　查询个人明细账

（1）执行"总账"｜"账表"｜"个人往来账"｜"个人往来明细"命令，打开"个人往来明细账查询"对话框。

（2）选择部门"采购部"，个人"董瑞"；单击【确定】按钮，进入"个人往来明细账查询"窗口，如图6-22、图6-23所示。

图 6-22　个人往来查询

图 6-23　个人往来明细账

6.3.9　查询采购部陈凯个人往来清理情况

（1）执行"总账"｜"账表"｜"个人往来账"｜"个人往来清理"命令，打开"个人往来两清条件"对话框。

（2）选择部门"采购部"，个人"董瑞"；选中"显示已两清"复选框，单击【确定】按钮，进入"个人往来两清条件"窗口，如图6-24所示。

图 6-24 "个人往来两清条件" 对话框

（3）单击【勾对】按钮，系统自动将已达账项打上已结清的标志，如图 6-25 所示。

图 6-25 个人往来两清后

6.3.10 查询客户往来余额表

（1）执行"总账"｜"账表"｜"客户往来辅助账"｜"客户往来余额表"｜"客户余额表"命令，打开"客户余额表"对话框，如图 6-26 所示。

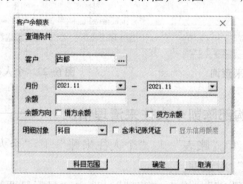

图 6-26 客户余额表查询条件

（2）选择客户"古都"，月份为"11 月"，单击【确定】按钮，显示客户余额表，如图 6-27 所示。

客户余额表

金额式

客户 002 古都

月份：2021.11-2021.11

客户		科目		方向	期初余额	借方	贷方	方向	期末余额
编码	名称	编号	名称		本币	本币	本币		本币
002	古都	1122	应收账款	借	1 264 357.00			借	1 264 357.00
合计：				借	1 264 357.00			借	1 264 357.00

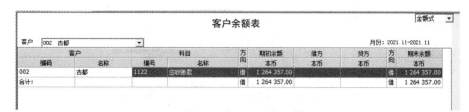

图 6-27　客户余额表查询

6.3.11　客户往来账龄分析

（1）执行“总账”｜“账表”｜“客户往来辅助账”｜“客户往来账龄分析”命令，打开“客户往来账龄查询条件”对话框，如图 6-28 所示。

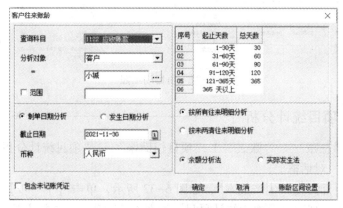

图 6-28　客户往来账龄查询条件

（2）选择查询科目“1122 应收账款”，分析对象选择“客户”“重庆小城公司”，截至日期选择“2021. 11. 30”，单击【确定】按钮，显示客户往来账龄分析，如图 6-29 所示。

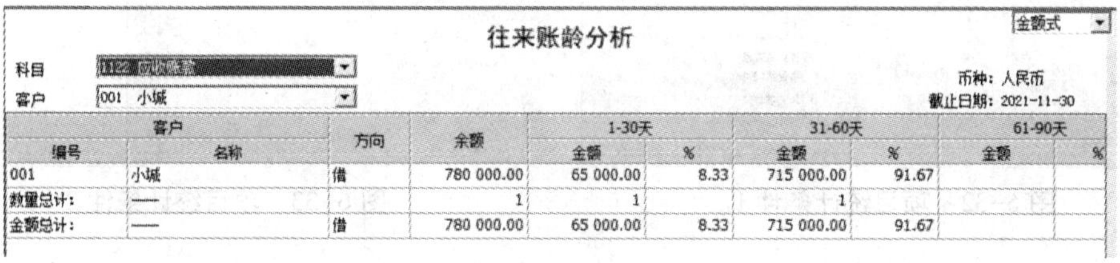

往来账龄分析

金额式

科目 1122 应收账款

客户 001 小城

币种：人民币

截止日期：2021-11-30

客户		方向	余额	1-30天		31-60天		61-90天	
编号	名称			金额	%	金额	%	金额	%
001	小城	借	780 000.00	65 000.00	8.33	715 000.00	91.67		
数量总计：	——		1	1		1			
金额总计：	——	借	780 000.00	65 000.00	8.33	715 000.00	91.67		

图 6-29　客户往来账龄分析表

6.3.12　查询项目明细账

（1）执行“总账”｜“账表”｜“项目辅助账”｜“项目明细账”｜“项目明细账”命令，打开“项目明细账条件”对话框。

（2）选择项目大类“生产成本”，项目“A 产品”，单击【确定】按钮，显示项目明细账，如图 6-30、图 6-31 所示。

图 6-30 项目明细账条件

项目明细账

项目	A产品							
部门							月份:2021.11-2021.11	
2021年		凭证号数	科目编码	科目名称	摘要	借方	贷方	方向	余额
月	日								
			50010101	直接材料	期初余额			借	123 540.00
			50010102	直接人工	期初余额			借	145 450.00
11	30	转-0013	50010102	直接人工	应付工资	21 759.09		借	167 209.09
11	30	转-0015	50010102	直接人工	应付工资	11 572.73		借	178 781.82
11					本月合计	33 331.82		借	178 781.82
11					本月累计	2 044 111.82	2 140 000.00	借	178 781.82
			50010103	制造费用	期初余额			借	1 283 250.00
11	30	转-0020	50010103	制造费用	结转制造费用	68 046.19		借	1 351 296.19
11					本月合计	68 046.19		借	1 351 296.19
11					本年累计	2 149 900.19	2 140 100.00	借	1 351 296.19
					合计	101 378.01		借	1 653 618.01

图 6-31 项目明细账

6.3.13 项目统计分析

（1）执行"总账"｜"账表"｜"项目辅助账"｜"项目统计分析"命令，打开"项目统计条件"对话框。

（2）选择项目大类"生产成本"，如图 6-32 所示，单击【下一步】按钮。

（3）选择所有列示科目作为统计科目，如图 6-33 所示，单击【下一步】按钮。

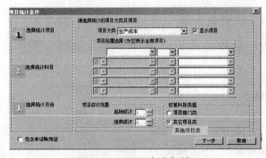

图 6-32 项目统计条件 1

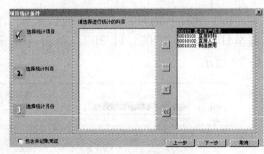

图 6-33 项目统计条件 2

（4）选择统计月份"2021.11"，单击【完成】按钮，显示项目统计情况，如图 6-34、图 6-35 所示。

图 6-34 项目统计条件 3

项目分类及项目名称	项目编号	统计方式	方向	合计 金额	本生产成本(50010) 金额	直接材料(50010101) 金额	直接人工(50010102) 金额	制造费用(50010103) 金额
普通产品(1)		期初 借		2 582 620.00	2 582 620.00	161 715.00	230 621.00	2 190 284.00
		借方		176 378.01	176 378.01	75 000.00	33 331.82	68 046.19
		贷方						
		期末 借		2 758 998.01	2 758 998.01	236 715.00	263 952.82	2 258 330.19
A产品(101)	101	期初 借		1 552 240.00	1 552 240.00	123 540.00	145 450.00	1 283 250.00
		借方		101 378.01	101 378.01		33 331.82	68 046.19
		贷方						
		期末 借		1 653 618.01	1 653 618.01	123 540.00	178 781.82	1 351 296.19
B产品(102)	102	期初 借		1 030 380.00	1 030 380.00	38 175.00	85 171.00	907 034.00
		借方		75 000.00	75 000.00	75 000.00		
		贷方						
		期末 借		1 105 380.00	1 105 380.00	113 175.00	85 171.00	907 034.00
合计		期初 借		2 582 620.00	2 582 620.00	161 715.00	230 621.00	2 190 284.00
		借方		176 378.01	176 378.01	75 000.00	33 331.82	68 046.19
		贷方						
		期末 借		2 758 998.01	2 758 998.01	236 715.00	263 952.82	2 258 330.19

图 6-35 项目统计表

章节练习

一、单项选择题

1. 在总账系统中，已记账凭证的查询应通过（　　）界面进行。

　　A. 凭证/填制凭证　　　　　　　　　B. 账表/科目账

　　C. 凭证/查询凭证　　　　　　　　　D. 凭证/常用凭证

2. 查询未记账凭证科目汇总表时，屏幕背景为蓝色的数据具有辅助核算，这时单击工具栏（　　）按钮可查其明细。

　　A. 详细　　　　　　　　　　　　　B. 专项

　　C. 查询　　　　　　　　　　　　　D. 转换

3. 在总账系统中，查询账簿的必要条件是（　　）。

　　A. 凭证已记账　　　　　　　　　　B. 凭证未记账

　　C. 凭证已审核　　　　　　　　　　D. 凭证已填制

二、多项选择题

1. "查询"凭证可查到（　　）。

    A. 未记账凭证   B. 有错记账凭证

    C. 已记账凭证   D. 作废记账凭证

2. 在总账系统中查询现金日记账时，可以根据需要限定（　　）等查询条件选项。

    A. 是否按对方科目展开   B. 是否包含未记账凭证

    C. 按日查   D. 按月查

3. 查询现金和银行存款日记账时，可以通过工具栏功能按钮，联查（　　）相关资料。

    A. 现金、银行科目明细账   B. 某项特定记录相应的记账凭证

    C. 现金、银行科目的三栏式总账   D. 某项特定记录相应的原始凭证

3. 通过总账系统明细账查询功能，用户可以查询到（　　）格式的账户明细发生情况。

    A. 月份综合明细账   B. 普通明细账

    C. 按科目排序明细账   D. 按日期排序明细账

4. 在总账系统中查账时，除按科目和月份查询外，还可以按（　　）等进行明细账组合条件查询。

    A. 数据来源   B. 金额

    C. 凭证类别   D. 摘要关键字

三、判断题

1. 在总账系统中，已作废的凭证不能审核，也不参与记账，在账簿查询时，查不到作废凭证的数据。（　　）

2. 通过总账系统账簿查询功能，既可以实现对已记账经济业务的账簿信息查询，也可以实现对未记账凭证的模拟记账信息查询。（　　）

四、思考题

同学们两个人一组，自己设定条件查询，互相提问查询。

项目 7

出纳管理

7.1 出纳管理概述

（1）出纳管理。

现金、银行存款是企业的货币资金，由于它们的特性，管好、用好企业货币资金是现代企业管理的一项重要内容。

现金管理系统是总账系统为出纳人员提供的一套管理工具，主要包括现金日记账和银行存款日记账的管理、支票登记簿的管理及银行对账功能，并可对银行长期未达账提供审计报告。利用现金管理系统可以及时了解现金收支记录和银行存款收支情况，并做到日清月结，随时查询、打印有关出纳报表。

现金管理系统的目标是及时、准确、完整地记录现金日记账和银行存款日记账，反映企业的现金收支和银行存款收支情况；实现出纳管理系统现金日记账与账务处理系统现金分类账及库存现金实盘数相互核对，体现账账相符、账实相符的要求；实现企业银行存款日记账与银行对账单的核对，生成银行存款余额调节表；对支票的购置、使用和核销进行有效管理；及时、准确地输出资金日报表和长期未达账等有关出纳报表。现金管理系统使用的基本流程，如图7-1所示。

（2）银行对账。

由于企业与银行的处理和入账时间不一致，往往会发生双方账面不一致的情况，即所谓"未达账项"。为了能够准确掌握银行存款的实际情况，了解实际可以运用的货币资金数额，防止记账发生差错，企业必须定期将银行存款日记账与银行出具的对账单进行核对，并编制银行存款余额调节表。在计算机总账系统中，银行对账的科目是指在"会计科目设置"界面"编辑"菜单下"指定科目"中指定为银行存款的科目。银行对账包括输入银行对账期初数据、输入银行对账单、对账、输出银行存款余额调节表、查询对账勾对情况及核销银行账等内容。

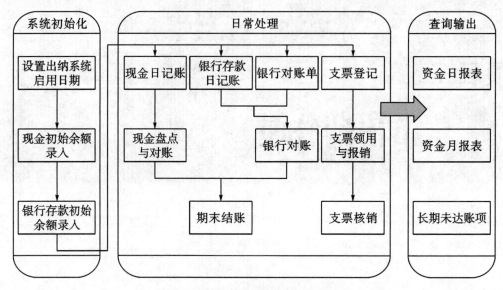

图 7-1 现金管理系统使用的基本流程

为了保证银行对账的正确性，在使用"银行对账"功能进行对账之前，必须在开始对账的月初先将日记账、银行对账单未达账项输入系统中。使用总账系统处理日常业务后，系统将自动形成银行日记账的未达账项。

7.2 出纳管理实验

7.2.1 实验概述

7.2.1.1 实验目的

掌握用友 ERP-U8 管理软件中总账系统现金处理的相关内容，熟悉总账系统现金处理业务的各种操作，掌握银行对账、自动转账设置与生成、对账和月末结账的操作方法。

7.2.1.2 实验内容

出纳管理实验内容包括：①现金日记账；②银行存款日记账；③银行对账单；④银行对账；⑤银行对账单余额调节表。

7.2.2 现金管理实验资料

7.2.2.1 日记账查询

（1）查询现金日记账。

（2）查询银行存款日记账。

（3）查询资金日报表。

7.2.2.2 支票登记簿

2021年11月5日，办公室谢鑫领用支票1张（票号：ZZR004），限额7 000元，用于支付空调维修保养费。

7.2.2.3 银行对账

（1）银行对账期初（工行）。

银行存款日记账（工行）月初余额为2 216 692元，银行对账单（工行）月初余额为2 544 292元。未达账项一笔，系2021年10月30日信汇（票号：H5001）收款327 600元，银行已收企业未收。

（2）银行对账单（见表7-1）。

表7-1　11月银行对账单

日期	结算方式	票号	借方金额	贷方金额	余额
2021-11-01	转账支票	ZZR001	397 600		2 941 892
2021-11-02	转账支票	ZZR002	102 830		3 044 722
2021-11-03	转账支票	ZZR003	600 654		3 645 376
2021-11-05	转账支票	ZZR004		7 000	3 638 376
2021-11-06	转账支票	ZZR005		5 500	3 632 876
2021-11-12	现金支票	XJ001		10 000	3 622 876

（3）进行银行对账（工行）。

首先利用自动对账功能进行自动对账，然后进行手工对账。

（4）查询银行存款余额调节表（工行），查询对账勾对情况。

（5）核销银行账（工行），并练习反核销。

7.3　出纳管理实验操作

7.3.1　出纳管理

7.3.1.1 银行存款日记账

（1）操作员104执行"总账"|"出纳"|"银行存款日记账"命令，打开"银行存款日记账查询条件"对话框，如图7-2所示。

（2）选择科目"100201工行存款"，默认月份"2021.11"，单击【确定】按钮，进入"现金日记账"窗口，如图7-3所示。

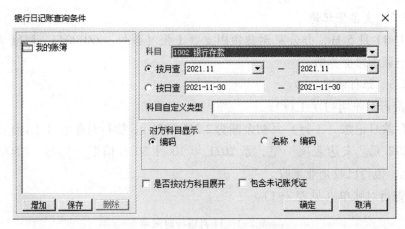

图 7-2　银行存款日记账查询条件

2021年		凭证号数	摘要	结算号	对方科目	借方	贷方	方向	余额
月	日								
			月初余额					借	2 174 413.00
11	01	收-0001	收到深圳大河欠货款_202_ZZR001_202	转账支票-ZZR001	1122	397 600.00		借	2 572 013.00
11	01		本日合计			397 600.00		借	2 572 013.00
11	02	收-0002	销售给重庆巴渝公司A产品，款已收_202_ZZR	转账支票-ZZR002	600101,22210105	102 830.00		借	2 674 843.00
11	02		本日合计			102 830.00		借	2 674 843.00
11	03	收-0003	收到深圳大河前欠款_202_ZZR003_2021.11.0	转账支票-ZZR003	112101	600 654.00		借	3 275 497.00
11	03		本日合计			600 654.00		借	3 275 497.00
11	03	付-0001	支付空调维修保养费_202_ZZR004_2021.11.0	转账支票-ZZR004	660205		7 000.00	借	3 268 497.00
11	05		本日合计				7 000.00	借	3 268 497.00
11	06	收-0005	收款单_202_ZZ001_2021.11.06	转账支票-ZZ001	1122	65 000.00		借	3 333 497.00
11	06	付-0002	支付水电费_202_ZZR005_2021.11.06	转账支票-ZZR005	660204		5 500.00	借	3 327 997.00
11	06		本日合计			65 000.00	5 500.00	借	3 327 997.00
11	09	收-0007	预收FIII芯片定金_202_ZZ004_2021.11.09	转账支票-ZZ004	2203	10 000.00		借	3 337 997.00
11	09		本日合计			10 000.00		借	3 337 997.00
11	12	付-0005	从工行提取现金_201_XJ001_2021.11.12	现金支票-XJ001	1001		10 000.00	借	3 327 997.00
11	12		本日合计				10 000.00	借	3 327 997.00
11	13	收-0004	收到上海温达公司投资_202_ZZR006_2021.11	转账支票-ZZR006	4001	64 027.00		借	3 392 024.00
11	13		本日合计			64 027.00		借	3 392 024.00
11	21	付-0006	直接购入资产_202_ZZR010_2021.11.21	转账支票-ZZR010	160104		2 000.00	借	3 390 024.00
11	21		本日合计				2 000.00	借	3 390 024.00

图 7-3　银行存款日记账

（3）双击某行或将光标定在某行再单击"凭证"按钮，可查看相应的凭证。

（4）单击【总账】按钮，可查看此科目的三栏式总账。

7.3.1.2　资金日报表

（1）执行"出纳"｜"资金日报"命令，打开"资金日报表查询条件"对话框。

（2）输入查询日期"2021.11.15"，选择"有余额无发生也显示"复选框。

（3）单击【确定】按钮，进入"资金日报表"窗口，如图 7-4 所示。

资金日报表

科目编码	科目名称	币种	今日共借	今日共贷	方向	今日余额	借方笔数	贷方笔数
1002	银行存款			7 000.00	借	3 271 227.00		1
合计				7 000.00	借	3 271 227.00		1

图 7-4　资金日报表

7.3.1.3　支票登记簿

案例：2021 年 11 月 5 日，办公室谢鑫领用支票 1 张（票号：ZZR004），限额 7 000 元，用于支付空调维修保养费。

（1）执行"总账"｜"出纳"｜"支票登记簿"命令，打开"银行科目选择"对话框。

（2）选择科目：人民币户"100201"，单击【确定】按钮，进入支票登记窗口。

（3）单击【增加】按钮。

（4）输入领用日期"2021.11.05"，领用部门"办公室"，领用人"谢鑫"，支票号：ZZR004，金额"7 000"，用途"支付空调维修保养费"，单击【保存】按钮，如图 7-5 所示。

支票登记簿

科目：工行存款(100201)　　　　　　　　　　　　　　　　　　　　　　　支票张数：2(其中：已报2　未报)

领用日期	领用部门	领用人	支票号	预计金额	用途	收款人	对方科目	付款银行名称
2021.11.05	办公室	谢鑫	ZZR004	7 000.00	支付空调维修保养费			
2021.11.06	办公室	谢鑫	ZZR005	5 500.00	支付水电费			

图 7-5　支票登记

[操作提示]

只有在结算方式设置中选择"票据管理标志"功能才能在此选择登记。

领用日期和支票号必须输入，其他内容既可输入也可不输入。

报销日期不能在领用日期之前。

已报销的支票可成批删除。

7.3.2　银行对账

以"104 吴浩"的身份注册进入用友 ERP-U8 主界面。

7.3.2.1　输入银行对账期初数据

（1）执行"总账"｜"出纳"｜"银行对账"｜"银行对账期初录入"命令，打开"银行科目选择"对话框。

（2）选择科目"100201 人民币户"，单击【确定】按钮，进入"银行对账期初"窗口。

（3）确定启用日期"2021.11.01"。

（4）输入单位日记账的调整前余额"2 216 692"；输入银行对账单的调整前余额"2 544 292"，如图 7-6 所示。

（5）单击【对账单期初未达项】按钮，进入"银行方期初"窗口。

（6）单击【增加】按钮，输入日期"2021.10.30"，结算方式"402"，借方金额"327 600"，如图 7-7 所示。

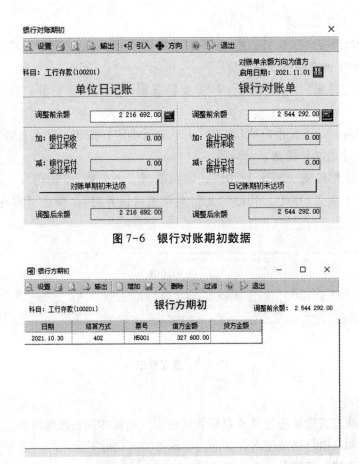

图 7-6　银行对账期初数据

图 7-7　银行对账期初未达数据

（7）单击【保存】按钮，单击【退出】按钮，如图 7-8 所示。

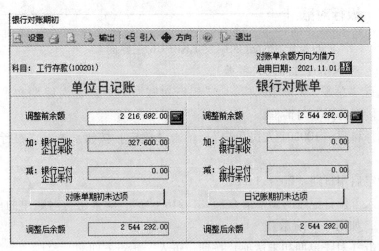

图 7-8　银行对账期初

[操作提示]

银行期初录入功能用于第一次使用银行对账功能前，录入日记账及对账单未达账项，在开始使用银行对账之后一般不再使用。

在录入完单位日记账、银行对账单期初未达账项后，请不要随意调整启用日期，尤其是向前调，这样可能会造成启用日期后的期初数不能再参与对账。

7.3.2.2　录入银行对账单

（1）执行"总账"｜"出纳"｜"银行对账"｜"银行对账单"命令，打开"银行科目选择"对话框。

（2）选择科目"100201 人民币户"，月份"2021.11-2021.11"，单击【确定】按钮，进入"银行对账单"窗口，如图 7-9 所示。

图 7-9　进入银行对账单

（3）单击【增加】按钮，输入银行对账单数据，如图 7-10 所示，单击【保存】按钮。

科目：工行存款(100201)

日期	结算方式	票号	借方金额	贷方金额	余额
2021.11.01	202	ZZR001	397 600.00		2 941 892.00
2021.11.02	202	ZZR002	102 830.00		3 044 722.00
2021.11.03	202	ZZR003	600 654.00		3 645 376.00
2021.11.05	202	ZZR004		7 000.00	3 638 376.00
2021.11.06	202	ZZR005		5 500.00	3 632 876.00
2021.11.12	201	XJ001		10 000.00	3 622 876.00

图 7-10　录入银行对账单

7.3.2.3　银行对账

（1）自动对账。

①执行"总账"｜"出纳"｜"银行对账"｜"银行对账"命令，打开"银行科目选择"对话框。

②选择科目"100201 人民币户"，月份开始日期为"2021.01"，截止日期为"2021.11"，单击【确定】按钮，进入"银行科目选择"窗口，如图 7-11 所示。

③单击【对账】按钮，打开"银行自动对账"对话框，如图 7-12 所示。

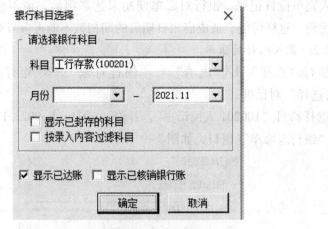

图 7-11　自动对账科目选择

④输入截止日期"2021.11.30"，默认系统提供的其他对账条件。

⑤单击【确定】按钮，显示自动对账结果，如图 7-12 所示。

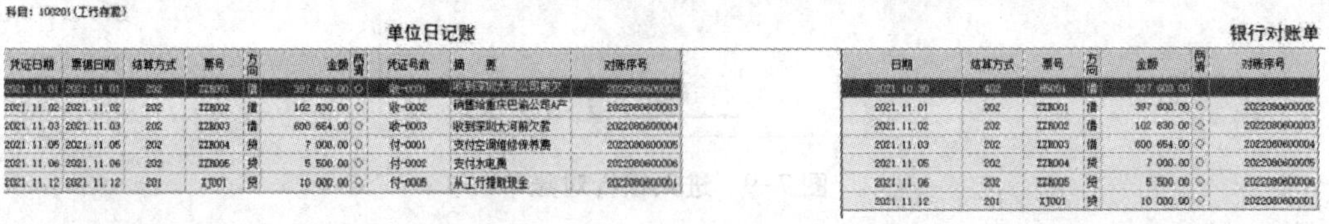

图 7-12　银行自动对账

[操作提示]

对账条件中的方向、金额相同是必选条件，对账截止日期既可输入也可不输入。

对于已达账项，系统自动在银行存款日记账和银行对账单双方的"两清"栏打上圆圈标志。

（2）手工对账。

①在银行对账窗口，对于一些应勾对而未勾对上的账项，可分别双击"两清"栏，直接进行手工调整。手工对账的标记为"Y"，以区别于自动对账标记。

②对账完毕，单击【检查】按钮，检查结果平衡，单击【确定】按钮。

[操作提示]

在自动对账不能完全对上的情况下，可以采用手工对账。

7.3.2.4　输出余额调节表

（1）执行"总账"｜"出纳"｜"银行对账"｜"余额调节表查询"命令，进入"银行存款余额调节表"窗口。

（2）选中科目"100201 人民币户"。

（3）单击【查看】或双击该行，即显示该银行账户的银行存款余额调节表，如图 7-13 所示。

银行科目（账户）	对账截止日期	单位账面余额	对账单账面余额	调整后存款余额
工行存款(100201)	2021.11.30	3 295 276.00	3 622 876.00	3 622 876.00
中行存款(100202)		10 000.00	0.00	10 000.00
建行存款(100203)		0.00	0.00	0.00

图 7-13　银行存款余额调节表

7.3.2.5　核销银行账（工行）

（1）执行"总账"｜"出纳"｜"银行对账"｜"核销银行账"命令，选中核销银行科目"100201 人民币户"，单击【确定】按钮。出现提示"你是否确实要进行银行账核销?"，如图 7-14 所示。

（2）选择【是】按钮，出现如图 7-15 所示提示。

图 7-14　核销银行账提示　　　　　**图 7-15　核销银行账**

7.3.2.6　反核销

执行"总账"｜"出纳"｜"银行对账"｜"核销银行账"命令，按键盘上【Alt+U】组合键，出现如图 7-16 所示提示，选择【是】按钮。

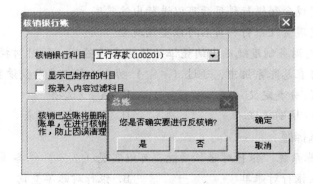

图 7-16　反核销银行账

小 结

本部分主要对出纳管理功能进行介绍。现金管理是总账系统为出纳人员提供的一套管理工具，主要包括现金日记账和银行存款日记账的管理、支票登记簿的管理及银行对账功能，并可对银行长期未达账项提供审计报告。

（1）在查询现金日记账时，打印出来的资料只能作为脱机查询时使用，不能作为正式的账簿档案保存。要打印正式的现金日记账档案，必须使用现金日记账的"账簿打印"功能。在使用"现金日记账"功能之前，账套主管要先制定"库存现金"科目。

（2）在使用"银行对账"功能进行对账前，必须在开始对账的月初先将日记账、银行对账单未达账项输入系统中。使用总账系统处理日常业务后，系统将自动形成银行日记账的未达账项。

章节练习

一、单项选择题

1. 计算机根据银行日记账与银行对账单进行核对、勾销，并生产银行存款余额调节表称为（   ）。

    A. 自动核销   B. 手工核销

    C. 自动银行对账   D. 手工银行对账

2. 银行对账工作过程的顺序是（   ）

    A. 输入银行对账单—输出余额调节表—自动对账—手工对账

    B. 输入银行对账单—自动对账—手工对账—输出余额调节表

    C. 输入银行对账单—手工对账—自动对账—输出余额调节表

    D. 手工对账—自动对账—输出余额调节表—输入银行对账单

3. 指定会计科目是确定出纳的专管科目，其作用不包括（   ）。

    A. 指定现金和银行科目后可以填制包含现金及银行科目的记账凭证及银行日记账

    B. 指定现金和银行科目可以进行银行对账

    C. 指定现金和银行科目后可以进行出纳签字

    D. 指定现金及银行科目后可以查询现金

4. 融智公司财务制度规定出纳凭证必须经出纳签字，同时对操作员进行金额权限控制，则可在总账系统中，通过（   ）功能进行相应参数设置。

    A. 设置/分类定义   B. 设置/选项

    C. 凭证/填制凭证   D. 账表/我的账表

二、多项选择题

1. 通过总账系统"银行对账"功能，可以实现（   ）等各项操作。

    A. 输入银行对账单   B. 银行对账单查询

C. 引入银行对账单　　　　　　　D. 自动银行对账

2. 已输入期初余额并制单的现金和银行总账科目，不能直接删除，若要删除，必须先执行（　　）操作。

　　A. 删除使用该科目的凭证　　　　B. 将该科目及其下级科目余额清零

　　C. 取消现金银行科目指定　　　　D. 删除其下级科目

3. 出纳凭证涉及企业现金的收入与支出，所以应对其加强管理。一般而言，企业出纳人员可以通过总账系统"出纳签字"功能完成（　　）等工作。

　　A. 对审核无误的出纳凭证进行出纳签字

　　B. 填补结算方式和票号

　　C. 对认为有错或有异议的凭证，交与填制人员修改后再核对

　　D. 检查核对出纳凭证

三、判断题

1. 总账系统中，取消出纳凭证的签字既可由出纳员自己进行，也可由会计主管进行。　　　　　　　　　　　　　　　　　　　　　　　　　　　　（　　）

2. 总账系统中，"银行对账"功能应该与其他账户处理功能同时启用，在启用时输入企业银行存款日记账和银行对账单期初未达账项。　　　　　　（　　）

四、简答题

1. 谁可以进行日记账的查询？

2. 如何进行手工对账？

3. 如何核销银行账？

4. 如果想查询本月现金支出在2 000元以上的凭证，应如何查询？

5. 如果企业的财务核算要求出纳必须对涉及现金收支的业务进行确认，那么需要在系统中做哪些设置？

6. 银行对账功能是否必须和总账同一期间启用？

项目 8

薪资管理

众所周知，薪资是企业使用职工的智力、体力等而给予职工的货币及非货币性补偿，是企业成本的重要组成部分。

如果企业职工人数较多、考核体系复杂、薪资计算量大，数据又经常变动，那么如何才能保证及时、准确地进行薪资管理呢？这就需要薪资管理系统来发挥作用！

薪资管理系统可以说是最早应用的会计电算化系统。薪资管理系统最初是由美国通用公司于 1954 年开发出来的，因为薪资计算的特点是计算量大且重复计算多，所以很适合用计算机来进行处理。

8.1 薪资管理功能概述

薪资管理系统的任务是：以职工个人工资的原始数据为基础，计算应发工资、扣款合计和实发工资等，编制工资结算单；按部门和人员类别进行汇总，进行个人所得税的计算；提供对工资相关数据的多种方式的查询和分析，进行工资费用分配与计提，并实现自动转账处理。

8.1.1 薪资管理系统初始化

薪资管理系统初始化包括建立工资账套和基础信息设置两部分。

（1）建立工资账套。

建立工资账套时根据建账向导分四步进行，即参数设置、扣税设置、扣零设置和人员编码。

（2）基础信息设置。

建立工资账套以后，要对整个系统运行所需的一些基础信息进行设置。账套基础信息的设置应该在关闭工资类别的情况下进行。基础信息设置包括部门设置、人员类别设置、人员附加信息设置、工资项目设置、银行名称设置。

工资账套是企业核算账套的一部分，企业核算账套针对整个用友 ERP-U8 系统，而工资账套则只针对薪资子系统。

（3）工资类别管理。

薪资管理系统是按工资类别来进行管理的。每个工资类别下有职工档案、工资变动、工资数据、报税处理、银行代发等。对工资类别的维护包括建立工资类别、打开工资类别、删除工资类别、关闭工资类别和汇总工资类别。

8.1.2 薪资管理系统日常业务处理

薪资管理系统的日常业务主要包括对职工档案的维护、职工工资变动数据的录入及计算、个人所得税的计算与申报、银行代发工资处理等。

（1）工资变动。

由于职工工资与考勤、工作业绩等项因素相关，所以，每个月都需要进行职工工资数据的调整。薪资管理系统提供了筛选、页编辑、替换、设置过滤器等功能，目的都是为了方便对职工工资数据的查询和修改。

（2）个人所得税的计算与申报。

用户可以自定义所得税税率，选择扣税基数。薪资管理系统自动计算个人所得税，并生成个人所得税扣缴申报表。

（3）工资分摊。

工资费用是企业期间费用中人工费用最主要的部分，还需要对工资费用进行工资总额的计提计算、分配及各种经费的计提，并编制转账会计凭证，供登账处理使用。

（4）银行代发。

目前社会上许多单位发放工资时都是采用职工凭工资信用卡去银行取款的方式。银行代发业务处理，是指每月末单位应向银行提供银行给定文件格式的软盘。这样做的目的是既使财务部门无须再承担发放工资的繁重的工作，又有效地避免了财务人员去银行提取大笔款项所承担的风险，同时还提高了对员工个人工资的保密程度。

工资费用是企业主要的费用之一。企业当月应发的工资，在月份终了应根据用途进行计算、分配，计入有关的成本费用中。采用银行代发工资方式，需要进行银行代发文件格式设置和银行代发输出格式设置。银行代发文件格式设置是根据银行的要求，设置向银行提供的数据表中所包含的项目的相关属性信息；银行代发输出格式设置是设置向银行提供的数据表以何种文件形式存放在磁盘上，以及文件中的各数据项目是如何存放和区分的。

（5）工资数据查询统计。

工资数据处理结果最终通过工资报表的形式反映，包括工资表和工资分析表两类。

8.1.3 期末处理

期末处理包括月末结转和年末结转两项内容。

每月工资数据处理完毕后均可进行月末结转。月末结转，只有在会计年度的 1~11 月进行，并且只有在当月工资数据处理完毕后才可以进行。若处理多个工资类别，则应打开工资类别，分别进行月末结转。若本月工资数据未汇总，系统将不允许进行月末结转。进行期末处理后，当月数据将不允许变动。

年末结转是将工资数据经过处理后结转至下年。进行年末结转后，新年度账将自动建立。处理完所有工资类别的工资数据后，对于多工资类别，应关闭所有工资类别，然后在系统管理中选择"年度账"菜单，进行上年数据结转。其他操作与月末处理类似。

8.1.4 薪资系统初始使用流程

8.1.4.1 单类别初次使用流程

单类别初次使用流程如图 8-1 所示。

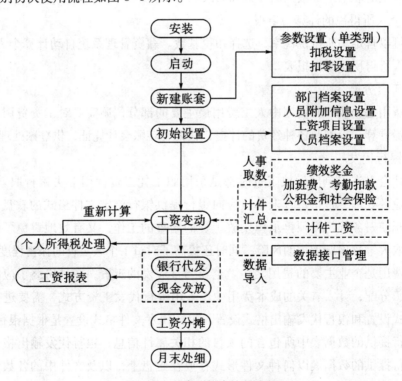

图 8-1 单类别初次使用流程

8.1.4.2 多类别初次使用流程

多类别初次使用流程如图 8-2 所示。

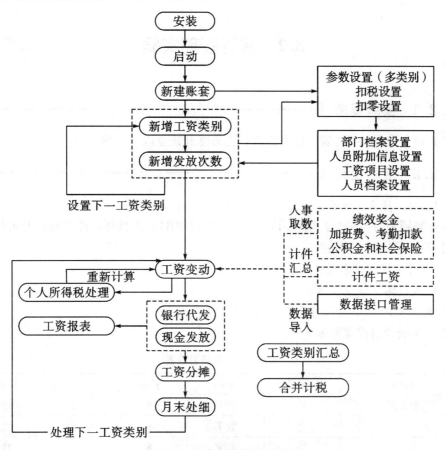

图 8-2　多类别初次使用流程

[重点、难点提示]

（1）工资类别。

工资系统提供处理多个工资类别的功能。如果单位按周或月多次发放工资，或者是单位中有多种不同类别（部门）的人员，工资发放项目不尽相同，计算公式也不相同，但需进行统一工资核算管理，应选择"多个"。例如：分别对在职人员、退休人员、离休人员进行核算的企业；分别对正式工、临时工进行核算的企业；每月进行多次工资发放，月末统一核算的企业；在不同地区有分支机构，而由总管机构统一进行工资核算的企业。

（2）设置工资项目和计算公式。

工资项目反映职工工资数据的基本构成。

设置多个工资类别的情况下，工资项目需要在关闭所有工资类别的情况下增加，进入某个工资类别后只能选择既有的工资项目。

计算公式用于设置工资项目之间的数据关系。设置计算公式时，应注意公式设置的先后顺序，进行公式设置的合法性检查。

（3）工资分摊。

工资涉及每个职工的切身利益，与工资相关的数据包括福利费、工会经费、教育附加费等各种费用以及"五险一金"等的处理。正确设置并生成相应的业务凭证是工资管理系统的重要任务。

8.2 薪资管理实验

8.2.1 实验要求

以账套主管"101 刘斌"的身份进行工资账套建立以及初始设置。

8.2.2 实验资料

8.2.2.1 建立工资账套

工资类别个数：多个；核算币种：人民币（RMB）；不核算计件工资；要求代扣个人所得税；不进行扣零处理。

8.2.2.2 基础信息设置

（1）人员附加信息设置。

增加"性别""学历"作为人员附加信息。

（2）工资项目设置见表8-1。

表8-1 工资项目设置

项目名称	是否增项	类型	长度	小数位数	增减项
基本工资	是	数字	8	2	增项
奖励工资	是	数字	8	2	增项
交补	是	数字	8	2	增项
应发合计		数字	10	2	增项
事假天数	是	数字	3	0	其他
事假扣款	是	数字	8	2	减项
养老保险	是	数字	8	2	其他
医疗保险	是	数字	8	2	其他
失业保险	是	数字	8	2	其他
个人负担的社保费	是	数字	8	2	减项
代扣税		数字	8	2	减项
扣款合计		数字	10	2	减项
实发合计		数字	10	2	增项
本月应付工资	是	数字	8	2	其他
上月累计已扣税额	是	数字	8	2	增项
上月累计应纳税收入	是	数字	8	2	其他
本月应纳税收入	是	数字	8	2	其他
本月累计应纳税收入	是	数字	8	2	其他
住房贷款利息专项扣除	是	数字	8	2	其他

（3）工资类别及相关信息。

①工资类别一：正式人员。

部门选择：所有部门。

增加工资项目：基本工资、奖励工资、交通补贴、请假扣款、养老保险、医疗保险、失业保险、住房公积金和请假天数。

正式人员工资的计算公式见表8-2。

表8-2　正式人员工资的计算公式

工资项目	定义公式
交补	iff(人员类别="管理人员" or 人员类别="经营人员",400,iff(人员类别="车间管理人员",300,200))
事假扣款	（基本工资/22）×事假天数
养老保险	基本工资×8%
医疗保险	基本工资×2%
失业保险	基本工资×1%
个人负担的社保费	养老保险+医疗保险+失业保险
扣款合计	个人负担的社保费+代扣税+事假扣款
实发合计	应发合计-扣款合计
本月应纳税收入	基本工资+奖励工资+交补-养老保险-医疗保险-失业保险-住房贷款利息专项扣除
本月累计应纳税收入	本月应纳税收入+上月累计应纳税收入
本月应付工资	应发合计-事假扣款-上月累计已扣税额

正式人员人员档案见表8-3。

表8-3　正式人员档案

人员编号	人员姓名	性别	学历	部门名称	人员类别	账号	中方人员	是否计税
001	谢鑫	男	本科	办公室	管理人员	62022033001	是	是
002	郑文	男	本科	办公室	管理人员	62022033002	是	是
003	刘斌	男	本科	财务部	管理人员	62022033003	是	是
004	张宁	女	本科	财务部	管理人员	62022033004	是	是
005	学生本人	女	本科	财务部	管理人员	62022033005	是	是
006	吴浩	男	本科	财务部	管理人员	62022033006	是	是
007	刘希晨	女	大专	财务部	管理人员	62022033007	是	是
008	张丽	女	本科	采购部	经营人员	62022033008	是	是
009	董瑞	男	本科	采购部	经营人员	62022033009	是	是
010	蒋宁宁	男	大专	一车间	生产人员	62022033010	是	是
011	林雯	男	高中	二车间	生产人员	62022033011	是	是
012	张力	男	高中	三车间	生产人员	62022033012	是	是
013	许芳	女	大专	本地销售部	经营人员	62022033013	是	是
014	王晓林	男	本科	外地销售部	经营人员	62022033014	是	是
015	杨东	男	中专	一车间	车间管理人员	62022033015	是	是

注：以上所有人员的代发银行均为中国工商银行重庆支行龙洲湾分理处。

②工资类别二：临时人员。

部门选择：生产部。

增加工资项目：基本工资、奖励工资、请假扣款、请假天数。

临时人员档案见表8-4。

表8-4　临时人员档案

人员编号	人员姓名	性别	部门名称	人员类别	账号	中方人员	是否计税
016	白涛	男	一车间	生产人员	62022033014	是	是
017	宁扬	男	一车间	生产人员	62022033015	是	是

（4）银行名称。

中国工商银行重庆支行龙洲湾分理处；账号定长为11位，录入时自动带出的账号长度为8位。

8.2.2.3　工资数据

（1）11月初人员工资情况。

①正式人员工资情况见表10-5。

表8-5　正式人员工资情况　　　　　　　　　　　　　　单位：元

姓名	基本工资	奖励工资	上月累计已扣税额	事假天数	上月累计应纳税收入	住房贷款利息专项扣除
谢鑫	8 900	1 000	1 326		35 490	1 000
郑文	7 900	1 000	421.94		32 330	
刘斌	8 900	1 000	1 326		35 490	
张宁	7 900	1 000	421.94		32 330	
学生本人	6 950	1 000	296		30 000	1 000
吴浩	6 900	800	250		28 900	
刘希晨	6 400	800	222	2	25 360	
张丽	7 400	600	389.33	3	30 960	
董瑞	6 900	600	250		28 900	
蒋宁宁	6 400	750	200		25 360	
林雯	6 400	750	200	1	25 360	
张力	6 400	750	200		25 360	
许芳	6 900	1 000	250		28 900	1000
王晓林	6 900	1 100	250		28 900	
杨东	6 900	900	250	6	2 8900	
合计	108 050	13 050	6 253.21	12	442 540	3 000

②临时人员工资情况见表 8-6。

表 8-6　临时人员工资情况　　　　　　　　　　　　单位：元

姓名	基本工资	奖励工资	上月累计已扣税额	事假天数	上月累计应纳税收入	住房贷款利息专项扣除
白涛	5 500	500		1	1 050	
宁扬	5 000	650	20	1		

（2）11 月工资变动情况。

考勤情况：刘希晨请假 2 天，张丽请假 3 天，林雯请假 1 天，白涛请假 1 天，宁扬请假 2 天。

8.2.2.4　代扣个人所得税

2018 年 10 月起个人所得税起征点调整，计税基数为 5 000 元。

个人所得税目前适用的税率见表 8-7。

表 8-7　个人所得税税率表

级数	累计预扣预缴应纳税所得额	税率/%	速算扣除数/元
1	不超过 36 000 元的	3	0
2	超过 36 000 元至 144 000 元的部分	10	2 520
3	超过 144 000 元至 300 000 元的部分	20	16 920
4	超过 300 000 元至 420 000 元的部分	25	31 920
5	超过 420 000 元至 660 000 元的部分	30	52 920
6	超过 660 000 元至 960 000 元的部分	35	85 920
7	超过 960 000 元的部分	45	181 920

8.2.2.5　工资分摊

应付工资总额等于工资项目"本月应付工资"，薪资费用分配的转账记录如表 8-8 所示。

表 8-8　"应付工资"分配的转账分录

部门	人员	应付工资/元	
		借方	贷方
管理部门、仓储部、研发中心	管理人员	660 201	221 101
采购部、销售部	经营人员	660 101	221 101
生产部	车间管理人员	510 101	221 101
	生产人员	50 010 102	221 101

表 8-9　"个人负担的社会保险费"分配的转账分录

部门	人员	个人负担的社保费/元	
		借方	贷方
管理部门、仓储部、研发中心	管理人员	221 101	2 241
采购部、销售部	经营人员	221 101	2 241
生产部	车间管理人员	221 101	2 241
	生产人员	221 101	2 241

8.3 薪资管理实验操作

8.3.1 工资系统初始化

8.3.1.1 在企业应用平台中启用工资管理系统

（1）执行"开始"｜"程序"｜"用友 ERP-U8V10.1"｜"企业应用平台"命令，以账套主管"101 刘斌"的身份登录用友 ERP-U8 管理系统。

（2）在基础设置中，执行"基本信息"｜"系统启用"命令，打开"系统启用"对话框，单击选中"WA 工资管理"复选框，弹出"日历"对话框，设置工资系统启用日期为"2021 年 11 月 1 日"，如图 8-3 所示。单击【确定】按钮，系统弹出"确实要启用当前系统吗？"信息提示框，单击【是】返回。

系统编码	系统名称	启用会计期间	启用自然日期	启用人
☑GL	总账	2021-11	2021-11-01	admin
☑AR	应收款管理	2021-11	2021-11-01	刘斌
☐AP	应付款管理			
☑FA	固定资产	2021-11	2021-11-01	刘斌
☐NE	网上报销			
☐NB	网上银行			
☐WH	报账中心			
☐SC	出纳管理			
☐CA	成本管理			
☐PM	项目成本			
☐FM	资金管理			
☐BM	预算管理			
☐CM	合同管理			
☐PA	售前分析			
☐SA	销售管理			
☐PU	采购管理			
☐ST	库存管理			
☐IA	存货核算			

[501]融智科技股份有限公司账套启用会计期间2021年11月

图 8-3 启用工资管理系统

［操作提示］

在用友 ERP-U8 管理系统中，工资管理属于人力资源管理系统中的一个模块。

8.3.1.2 建立工资账套

（1）以账套主管身份注册进入用友 ERP-U8 管理系统主界面。执行"人力资源"｜"工资管理"｜命令，系统弹出提示："请先设置工资类别"，如图 8-4 所示。单击【确定】按钮，打开"建立工资套"对话框。

（2）在建账第一步"参数设置"中，选择本账套所需处理的工资类别个数为"多个"，默认币别名称为"人民币"，不核算计件工资，如图 8-5 所示，单击【下一步】按钮。

图 8-4　工资管理请先设置工资类别　　　图 8-5　建立工资套——参数设置

[操作提示]

本例中对正式人员和临时人员分别进行核算，所以工资类别应选择"多个"。

（3）在建账第二步"扣税设置"中，选中"是否从工资中代扣个人所得税"复选框，如图 8-6 所示，单击【下一步】按钮。

[操作提示]

选择代扣个人所得税后，系统将自动生成工资项目"代扣税"，并自动进行代扣税金的计算。

（4）在建账第三步"扣零设置"中，如图 8-7 所示，不做选择，直接单击【下一步】按钮。

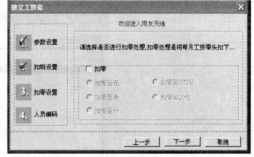

图 8-6　建立工资套——扣税设置　　　图 8-7　建立工资套——扣零设置

[操作提示]

扣零处理是指每次发放工资时零头扣下，积累取整，于下次工资发放时补上，系统在计算工资时将根据扣零类型（扣零至元、扣零至角、扣零至分）进行扣零计算。

用户一旦选择了"扣零处理"，系统自动在固定工资项目中增加"本月扣零"和"上月扣零"两个项目，扣零的计算公式将由系统自动定义，无须设置。

（5）在建账第四步"人员编码"中，系统提示："本系统要求对员工进行统一编号，人员编码同公共平台的人员编码保持一致。"如图 8-8 所示，单击【完成】按钮，完成工资套的创建。

项目
8

薪资管理

·139·

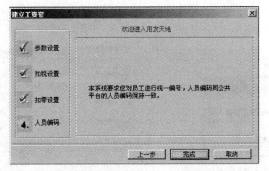

图 8-8　建立工资套——人员编码

［操作提示］

建账完毕后，部分建账参数可以通过"设置"｜"选项"命令进行修改。

8.3.2　基础信息设置

8.3.2.1　人员附加信息设置

（1）执行"设置"｜"人员附加信息设置"命令，打开"人员附加信息设置"对话框。

（2）先单击【增加】按钮，从参照列表中选择"性别"，再单击【增加】按钮。

（3）从参照列表中选择"学历"，单击【增加】按钮，如图8-9所示。

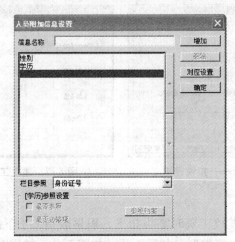

图 8-9　"人员附加信息设置"对话框

8.3.2.2　工资项目设置

（1）执行"设置"｜"工资项目设置"命令，打开"工资项目设置"对话框。

（2）单击【增加】按钮，工资项目列表中增加一空行。

（3）单击"名称参照"下拉列表框，从下拉列表中选择"基本工资"选项。

（4）双击"类型"栏，单击下拉列表框，从下拉列表中选择"数字"选项。

（5）"长度"采用系统默认值"8"。双击"小数"栏，单击增减器的上三角按钮，将小数设为"2"。

（6）双击"增减项"栏，单击下拉列表框，从下拉列表中选择"增项"选项。

（7）单击【增加】按钮，增加其他工资项目，如图8 10所示。

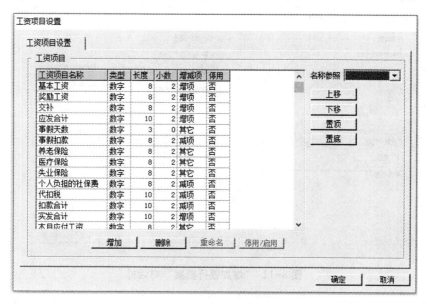

图8-10 "工资项目设置"对话框

（8）单击【确认】按钮，出现系统提示："工资项目已经改变，请确认各工资类别的公式是否正确"，单击【确定】按钮。

[**操作提示**]

系统提供若干常用工资项目供参考，可选择输入。对于参照中未提供的工资项目，可以双击"工资项目名称"一栏直接输入，或先从"名称参照"中选择一个项目，然后单击"重命名"按钮修改为需要的项目。

8.3.2.3 银行名称设置

（1）在基础设置中，执行"基础档案"｜"收付结算"｜"银行档案"命令，打开"银行档案"对话框，如图8-11所示。

图8-11 "银行档案"对话框

（2）单击【增加】按钮，输入银行编码和银行名称，选择个人账户规则为"定长"，账号长度为"11"，自动带出账号长度为8位，如图8-12所示。

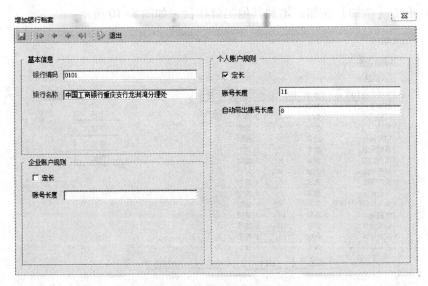

图 8-12　"增加银行档案"对话框

8.3.3　建立工资类别

8.3.3.1　建立"正式人员"工资类别

（1）执行"工资类别"｜"新建工资类别"命令，打开"新建工资类别"对话框。

（2）在文本框中输入第一个工资类别"正式人员"，如图 8-13 所示，单击【下一步】按钮。

（3）单击【选定全部部门】按钮，如图 8-14 所示。

（4）单击【完成】按钮，弹出系统提示："是否以 2021-11-01 为当前工资类别的启用日期？"，如图 8-15 所示，单击【是】按钮返回。

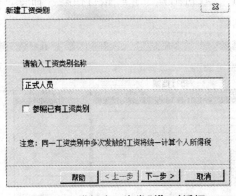

图 8-13　"新建工资类别"对话框

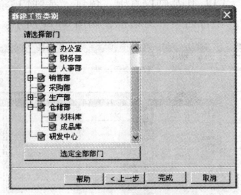

图 8-14　新建正式人员工资类别 1

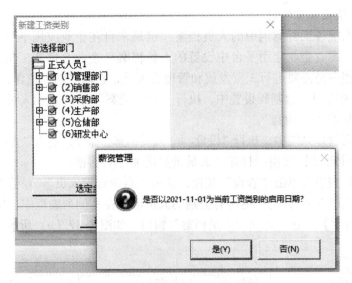

图 8-15　新建正式人员工资类别 2

（5）执行"工资类别"｜"关闭工资类别"命令，关闭"正式人员"工资类别。

8.3.3.2　建立"临时人员"工资类别

（1）执行"工资类别"｜"新建工资类别"命令，打开"新建工资类别"对话框。

（2）在文本框中输入第二个工资类别"临时人员"，单击【下一步】按钮。

（3）单击鼠标，选取生产部、一车间、二车间、三车间。

（4）单击【完成】按钮，弹出系统提示："是否以 2021-11-01 为当前工资类别的启用日期?"，如图 8-16 所示，单击【是】按钮返回。

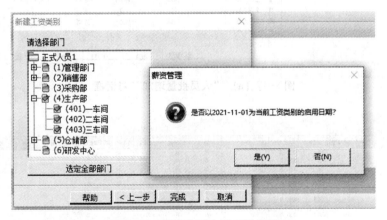

图 8-16　新建临时人员工资类别

（5）执行"工资类别"｜"关闭工资类别"命令，关闭"临时人员"工资类别。

8.3.4　"正式人员"工资类别初始设置

8.3.4.1　打开工资类别

（1）执行"工资类别"｜"打开工资类别"命令，打开"打开工资类别"对话框。

（2）选择"001 正式人员"工资类别，单击【确认】按钮。

8.3.4.2 设置人员档案

工资管理系统各工资类别中的人员档案一定是来自在企业应用平台基础档案设置中设置的人员档案。企业应用平台中设置的人员档案是企业全部职工信息；工资管理系统中的人员档案是需要进行工资发放和管理的人员，它们之间是包含关系。

（1）在企业应用平台基础设置中，执行"基础档案"｜"机构人员"｜"人员档案"命令，增加职工"谢鑫"。

（2）在薪资管理系统中，执行"设置"｜"人员档案"命令，进入"人员档案"窗口。

（3）单击【批增】按钮，打开"人员批量增加"对话框。

（4）在右侧列表框单击"查询"按钮，选中"企业管理人员""经营人员""车间管理人员"和"生产人员"，选中的所有类别的人员出现在右侧列表框中，如图8-17（a）所示。单击【确定】按钮，返回"人员档案"窗口，如图8-17（b）所示。

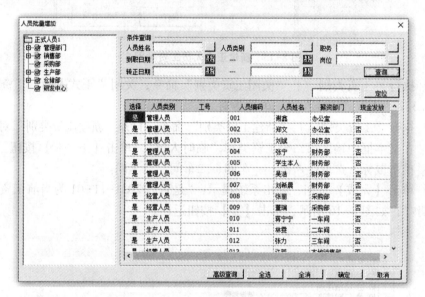

图 8-17（a） "人员批量增加"对话框

选择	薪资部门名称	工号	人员编码	人员姓名	人员类别	账号	中方人员	是否计税	工资停发	核算计件工资	现金发放	进入日期	离开日期	性别	学历
	办公室		001	谢鑫	管理人员		是	是	否	否	否				
	办公室		002	郑文	管理人员		是	是	否	否	否				
	财务部		003	刘斌	管理人员		是	是	否	否	否				
	财务部		004	张宁	管理人员		是	是	否	否	否				
	财务部		005	学生本人	管理人员		是	是	否	否	否				
	财务部		006	吴洁	管理人员		是	是	否	否	否				
	财务部		007	刘希晨	管理人员		是	是	否	否	否				
	本地销售部		013	许芳	经营人员		是	是	否	否	否				
	外地销售部		014	王晓林	经营人员		是	是	否	否	否				
	采购部		008	张丽	经营人员		是	是	否	否	否				
	采购部		009	董瑞	经营人员		是	是	否	否	否				
	一车间		010	蒋宁宁	生产人员		是	是	否	否	否				
	一车间		015	林东	车间管理人员		是	是	否	否	否				
	一车间		016	白涛	生产人员		是	是	否	否	否				
	一车间		017	宁扬	生产人员		是	是	否	否	否				
	二车间		011	林雯	生产人员		是	是	否	否	否				
	三车间		012	张力	生产人员		是	是	否	否	否				

图 8-17（b） "人员档案"窗口

（5）修改人员档案信息，补充输入银行及账号信息，如图8-18所示。

（6）修改人员档案信息，补充输入人员附加信息，如图8-19所示。

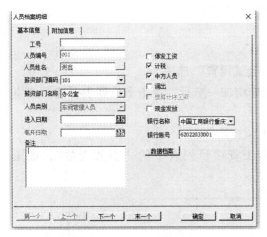

图 8-18　修改人员档案　　　　　　　　图 8-19　"人员档案明细"对话框

8.3.4.3　选择工资项目

（1）执行"设置"｜"工资项目设置"命令，打开"工资项目设置"对话框。

（2）单击"工资项目设置"选项卡，单击【增加】按钮，在工资项目列表中增加一空行。

（3）单击"名称参照"下拉列表框，从下拉列表中选择"基本工资"选项，工资项目名称、类型、长度、小数、增减项都自动带出，不能修改。

（4）单击【增加】按钮，增加其他工资项目。

（5）所有项目增加完成后，利用"工资项目设置"界面上的【上移】和【下移】箭头按照实验资料所给顺序调整工资项目的排列位置，如图 8-20 所示。

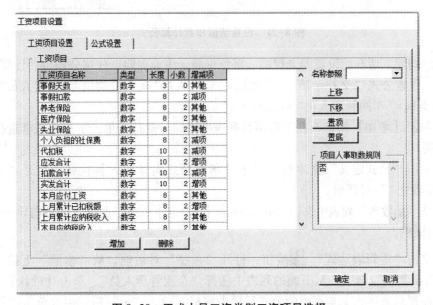

图 8-20　正式人员工资类别工资项目选择

[操作提示]

工资项目不能重复选择。没有选择的工资项目不允许在计算公式中出现。不能删除已输入数据的工资项目和已设置计算公式的工资项目。

8.3.4.4 设置计算公式

（1）设置公式"请假扣款=请假天数×120"。

① 在"工资项目设置"对话框中单击"公式设置"选项卡。

② 单击【增加】按钮，在工资项目列表中增加一空行，单击下拉列表框选择"事假扣款"选项。

③ 单击"公式定义"文本框，输入（基本工资/22）。

④ 单击运算符"＊"，在"＊"后单击工资项目列表中的"事假天数"，如图8-21所示，单击【公式确认】按钮。

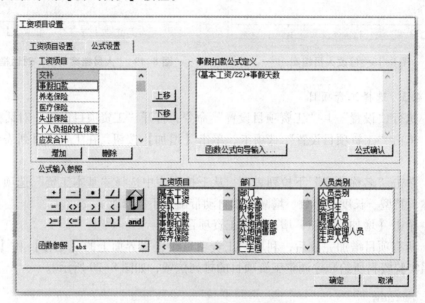

图 8-21　设置请假扣款计算公式

（2）同理，请自行设置养老保险、医疗保险、失业保险、住房公积金的计算公式。

（3）设置公式"交补= Iff(人员类别="管理人员"or 人员类别="经营人员",400, Iff(人员类别="车间管理人员"300,200))"。

① 单击【增加】按钮，在工资项目列表中增加一空行，单击下拉列表框选择"交补"选项。

② 单击"公式定义"文本框，单击【函数公式向导输入】按钮，打开"函数向导——步骤之1"对话框。

③ 从"函数名"列表中选择"iff"，单击【下一步】按钮，打开"函数向导——步骤之2"对话框。

④ 单击"逻辑表达式" 按钮，打开"参照"对话框，从"参照"下拉列表中选择"人员类别"选项，从下面的列表中选择"企业管理人员"，单击【确认】按钮。

⑤ 在逻辑表达式文本框中的公式后单击鼠标，输入"or"后，再次单击"逻辑表达式"参照按钮，出现"参照"对话框，从"参照"下拉列表中选择"人员类别"选项，从下面的列表中选择"经营人员"，单击【确认】按钮，返回"函数向导——步骤之2"。

[**操作提示**]

在"or"前后应有空格。

⑥ 在"数学表达式 1"后的文本框中输入"400",如图 8-22 所示。

⑦ 单击【完成】按钮,返回"公式设置"窗口,如图 8-23 所示,在公式定义文本框中前单击鼠标左键,单击【函数公式向导输入】按钮,打开"函数向导——步骤之 1"对话框。

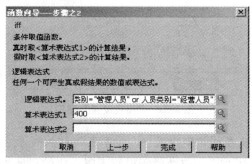

图 8-22 "函数向导——步骤之 2"对话框

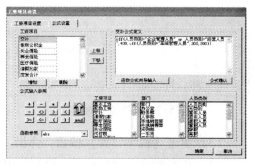

图 8-23 "公式设置"窗口 1

⑧ 从"函数名"列表中选择"iff",单击【下一步】按钮,打开"函数向导——步骤之 2"对话框。

⑨ 单击"逻辑表达式" 🔍 按钮,打开"参照"对话框,在"参照"下拉列表中选择"人员类别"选项,从下面的列表中选择"车间管理人员",单击【确认】按钮。

⑩ 在"数学表达式 1"后的文本框中输入"300",在"数学表达式 2"后的文本框中输入"200",如图 8-24 所示。单击【完成】按钮,返回"公式设置"窗口,单击【公式确认】按钮。单击【确定】按钮,退出公式设置。

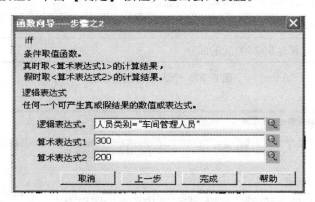

图 8-24 "公式设置"窗口 2

8.3.4.5 设置所得税纳税基数

(1)选择"设置"丨"选项"命令,弹出【选项】对话框,如图 8-25 所示。

(2)单击【编辑】按钮,单击"扣税设置"按钮,打开"扣税设置"窗口,如图 8-26 所示。

[**案例**]计算个人所得税的扣税项目设为"本月累计应纳税收入"(实际工作中要按照政策确定),每个职员需选择"征收个人所得税",扣税标准:扣税起点每月 5 000 元。个人所得税的征收,会随着国家个人所得税法的改变而改变,具体请参照当时的

法规确定。

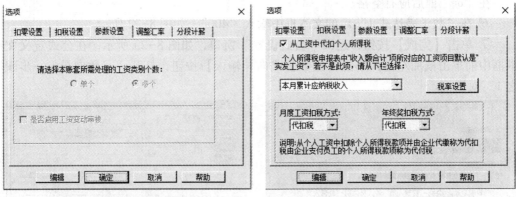

图 8-25 "选项"对话框   图 8-26 "扣税设置"窗口

（3）单击【税率设置】按钮，弹出"个人所得税申报表——税率表"对话框。

（4）将基数改为"5 000"，附加费用改为"0"，应纳税所得额下限、应纳税所得额上限、税率及速算扣除数均按最新所得税法规定调整，如图 8-27、图 8-28 所示。

级数	累计预扣预缴应纳税所得额	税率/%	速算扣除数/元
1	不超过 36 000 元的	3	0
2	超过 36 000 元至 144 000 元的部分	10	2 520
3	超过 144 000 元至 300 000 元的部分	20	16 920
4	超过 300 000 元至 420 000 元的部分	25	31 920
5	超过 420 000 元至 660 000 元的部分	30	52 920
6	超过 660 000 元至 960 000 元的部分	35	85 920
7	超过 960 000 元的部分	45	181 920

图 8-27 个人所得税税率表

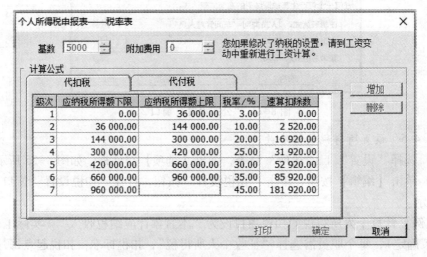

图 8-28 个人所得税申报表——税率表

8.3.4.6 录入正式人员基本工资数据

（1）执行“业务处理”|“工资变动”命令，进入“工资变动”窗口。

（2）单击“过滤器”下拉列表框，选择“过滤设置”，打开“项目过滤”对话框。

（3）选中“工资项目”列表中的“基本工资”和“奖励工资”，单击“>”按钮，加入“已选项目”列表中，如图 8-29 所示。

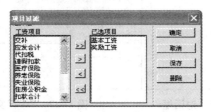

图 8-29 “项目过滤”对话框

（4）单击【确定】按钮，返回“工资变动”窗口，此时每个人的工资项目只显示两项。

（5）输入“正式人员”工资类别的工资数据，如图 8-30 所示。

工资变动

过滤器 所有项目　定位器

选择	工号	人员编号	姓名	部门	人员类别	基本工资	奖励工资	交补	事假天数	事假扣款	养老保险	医疗保险	失业保险	个人负担的社保费	代扣税	应发合计	扣款合计	实发合计	本月应付工资
		001	谢鑫	办公室	管理人员	8 900.00	1 000.00	400.00			712.00	178.00	89.00	979.00	1 361.10	11 626.00	2 340.10	9 285.90	10 300.00
		002	郑文	办公室	管理人员	7 900.00	1 000.00	400.00			632.00	158.00	79.00	869.00	1 072.83	9 721.94	1 941.83	7 780.11	9 300.00
		003	刘斌	财务部	管理人员	8 900.00	1 000.00	400.00			712.00	178.00	89.00	979.00	1 461.10	11 626.00	2 440.10	9 185.90	10 300.00
		004	张宁	财务部	管理人员	7 900.00	1 000.00	400.00			632.00	158.00	79.00	869.00	1 072.83	9 721.94	1 941.83	7 780.11	9 300.00
		005	学生本人	财务部	管理人员	6 950.00	1 000.00	400.00			556.00	139.00	69.50	764.50	947.57	8 646.00	1 712.07	6 933.93	8 350.00
		006	吴浩	财务部	管理人员	6 900.00	800.00	400.00			552.00	138.00	69.00	759.00	937.23	8 350.00	1 696.23	6 653.77	8 100.00
		007	刘希晨	财务部	管理人员	6 400.00	800.00	400.00	2	581.82	512.00	128.00	64.00	704.00	817.68	7 822.00	2 103.50	5 718.50	7 018.18
		013	许芳	本地销售部	经营人员	6 900.00	1 000.00	400.00			552.00	138.00	69.00	759.00	913.23	8 550.00	1 672.23	6 877.77	8 300.00
		014	王晓林	外地销售部	经营人员	6 900.00	1 100.00	400.00			552.00	138.00	69.00	759.00	946.23	8 650.00	1 705.23	6 944.77	8 400.00
		008	张丽	采购部	经营人员	7 400.00	600.00	400.00	3	1 009.09	592.00	148.00	74.00	814.00	1 006.38	8 789.33	2 829.47	5 959.86	7 390.91
		009	董瑞	采购部	经营人员	6 900.00	600.00	400.00			552.00	138.00	69.00	759.00	931.23	8 100.00	1 690.23	6 409.77	7 900.00
		010	蒋宁宁	一车间	生产人员	6 400.00	750.00	200.00			512.00	128.00	64.00	704.00	810.18	7 550.00	1 514.18	6 035.82	7 350.00
		015	杨东	一车间	车间管理人员	6 900.00	900.00	300.00	6	1 881.82	552.00	138.00	69.00	759.00	937.23	8 350.00	3 578.05	4 771.95	6 218.18
		011	林雯	二车间	生产人员	6 400.00	750.00	200.00	1	290.91	512.00	128.00	64.00	704.00	810.18	7 550.00	1 805.09	5 744.91	7 059.09
		012	张力	三车间	生产人员	6 400.00	750.00	200.00			512.00	128.00	64.00	704.00	810.18	7 600.00	1 514.18	6 085.82	7 350.00
合计						108 050.00	13 050.00	5 300.00	12	3 763.64	8 644.00	2 161.00	1 080.50	11 885.50	14 835.18	132 653.21	30 484.32	102 168.89	122 636.36

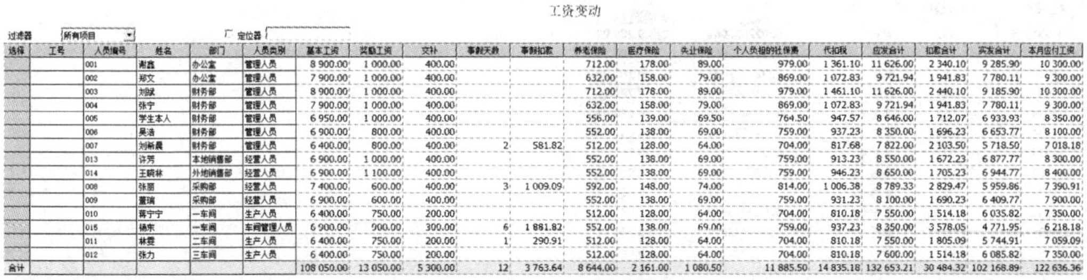

图 8-30 正式人员工资数据

[操作提示]

这里只需输入没有进行公式设定的项目，如“基本工资”“奖励工资”和“请假天数”，其余各项由系统根据计算公式自动计算生成。

（6）单击“过滤器”下列列表框，选择“所有项目”选项，屏幕上显示所有工资项目。

8.3.4.7 查看银行代发一览表

（1）执行“业务处理”|“银行代发”命令，打开“请选择部门范围”对话框，如图 8-31 所示。

（2）单击【确定】按钮，系统弹出“银行文件格式设置”对话框，在银行模板右侧的三角下拉菜单中选择“中国工商银行重庆支行龙洲湾分理处”，如图 8-32 所示。

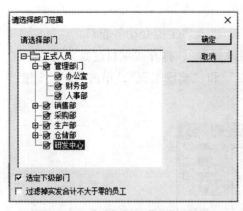

图 8-31 "请选择部门范围"对话框

图 8-32 "银行文件格式设置"对话框

（3）单击【确定】按钮，弹出"确认设置的银行文件格式?"信息提示框。

（4）单击【是】按钮，进入"银行代发"窗口，如图 8-33 所示。

银行代发一览表

名称：中国工商银行重庆支行龙湘弩...

单位编号	人员编号	姓名	账号	金额
1234934325	001	谢鑫	62022033001	9 285.90
1234934325	002	郑文	62022033002	7 780.11
1234934325	003	刘赋	62022033003	9 185.90
1234934325	004	张宁	62022033004	7 780.11
1234934325	005	学生本人	62022033005	6 933.93
1234934325	006	吴洁	62022033006	6 653.77
1234934325	007	刘新晨	62022033007	5 718.50
1234934325	008	张丽	62022033010	5 959.86
1234934325	009	董瑞	62022033011	6 409.77
1234934325	010	蓉宁宁	62022033012	6 035.82
1234934325	011	林雯	62022033014	5 744.91
1234934325	012	张力	62022033015	6 085.82
1234934325	013	许芳	62022033008	6 877.77
1234934325	014	王晓林	62022033009	6 944.77
1234934325	015	杨东	62022033013	4 771.95
合计				102 168.89

图 8-33 "银行代发"窗口

［操作提示］

银行文件格式可以进行设置，分别以 TXT、DAT、DBT、XLS 等文件格式输出。

8.3.5 "正式人员"类别工资分摊

8.3.5.1 工资分摊类型设置

（1）执行"业务处理" | "工资分摊"命令，打开"工资分摊"对话框。

（2）单击【工资分摊设置】按钮，打开"分摊类型设置"对话框，如图 8-34 所示。

图 8-34 "分摊类型设置"对话框

（3）单击【增加】按钮，打开"分摊计提比例设置"对话框，如图 8-35 所示。

（4）输入"计提类型名称"为"应付工资"，单击【下一步】按钮，打开"分摊构成设置"对话框。

（5）根据案例资料内容进行设置，如图 8-36 所示，返回"分摊类型设置"对话框。

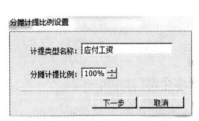

图 8-35 "分摊计提比例设置"对话框

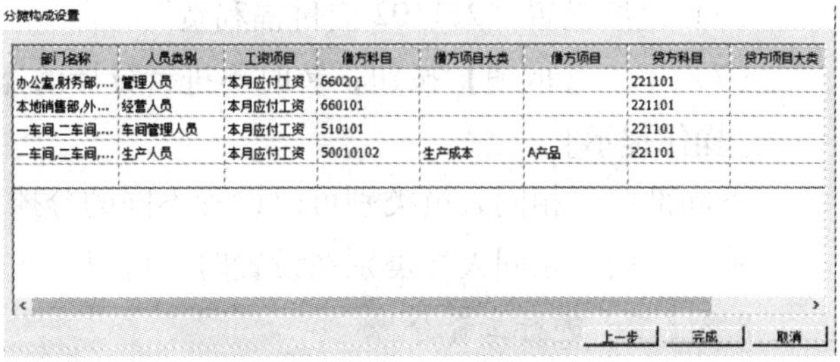

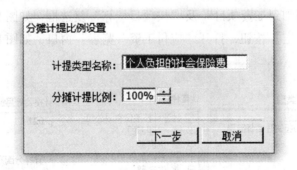

图 8-36 "分摊构成设置"对话框

（6）相同办法，继续设置"个人负担的社会保险费"。如图 8-37、图 8-38 所示。

图 8-37 "个人负担的社会保险费"分摊计提比例设置对话框

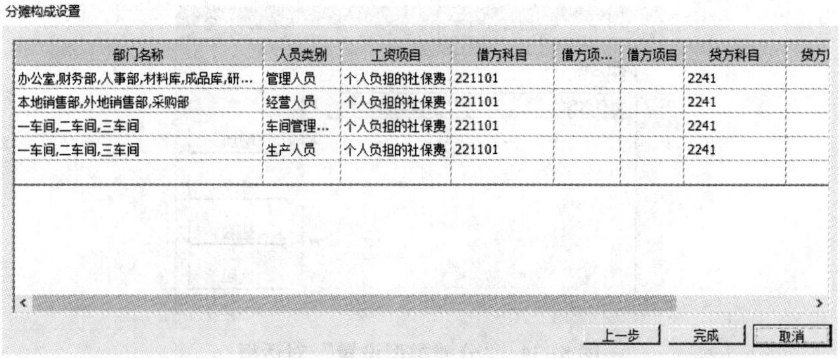

分摊构成设置							
部门名称	人员类别	工资项目	借方科目	借方项目...	借方项目	贷方科目	贷方
办公室,财务部,人事部,材料库,成品库,研...	管理人员	个人负担的社保费	221101			2241	
本地销售部,外地销售部,采购部	经营人员	个人负担的社保费	221101			2241	
一车间,二车间,三车间	车间管理...	个人负担的社保费	221101			2241	
一车间,二车间,三车间	生产人员	个人负担的社保费	221101			2241	

上一步　　完成　　取消

图 8-38 "个人负担的社会保险费"分摊构成设置对话框

[**操作提示**]

在"分摊构成设置"窗口设置会计科目时，如果科目设置了项目辅助核算，需要选择项目大类和项目。本例选择项目大类"生产成本"，项目分别是"A 产品""B 产品"和"C 产品"。

（6）继续设置"221102 应付福利费"。

（7）单击【取消】按钮，暂时不进行分摊的操作。

[**操作提示**]

不同部门、相同人员类别可以设置不同的分摊科目。

不同部门、相同人员类别在设置时，可以一次选择多个部门。

8.3.5.2 进行工资分摊

（1）执行"业务处理"｜"工资分摊"命令，打开"工资分摊"对话框。

（2）选择需要分摊的计提费用类型，确定分摊计提的月份：2021-11。

（3）选择核算部门：管理部门、销售部门、采购部、生产部、仓储部、研发中心。

（4）选择"明细到工资项目"及"按项目核算"复选框，如图 8-39 所示。

（5）单击【确定】按钮，打开"应付工资一览表"窗口，如图 8-40 所示。

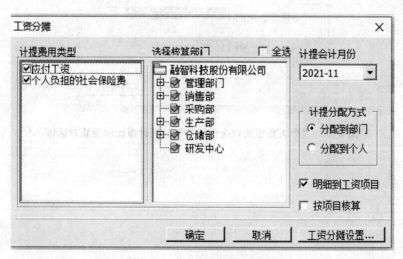

图 8-39 "工资分摊"对话框

类型 应付工资 ▼

部门名称	人员类别	本月应付工资		
		分配金额	借方科目	贷方科目
办公室	管理人员	19 600.00	660201	221101
财务部		43 068.18	660201	221101
本地销售部	经营人员	8 300.00	660101	221101
外地销售部		8 400.00	660101	221101
采购部		15 290.91	660101	221101
一车间	车间管理人员	6 218.18	510101	221101
	生产人员	7 350.00	50010102	221101
二车间		7 059.09	50010102	221101
三车间		7 350.00	50010102	221101

图 8-40 "应付工资一览表"窗口

（6）选择"合并科目相同、辅助项相同的分录"复选框，单击【制单】按钮。

（7）单击凭证左上角的"字"处，选择"转账凭证"，单击【保存】，凭证左上角出现"已生成"标志，代表该凭证已传递到总账，如图 8-41 所示。

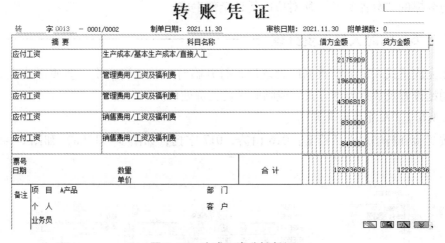

图 8-41 生成工资分摊凭证

（8）单击工具栏中的【退出】按钮，返回"应付工资一览表"窗口。

（9）单击"类型"栏的下三角按钮，选择"应付福利费"，生成应付福利费分摊转账凭证，如图 8-42 所示。

转 账 凭 证

转　　字 0014　　　　制单日期：2021.11.30　　审核日期：2021.11.30　　附单据数：0

摘　要	科目名称	借方金额	贷方金额
个人负担的社会保险费	应付职工薪酬/应付工资	1188550	
个人负担的社会保险费	其他应付款		1188550

票号日期	数量单价	合　计	1188550	1188550

备注	项　目	部　门	
	个　人	客　户	
	业务员		

图 8-42　个人负担的社会保险分摊凭证

［操作提示］

工资分摊应按分摊类型依次进行。

在进行工资分摊时，如果不选择"合并科目相同、辅助项相同的分录"，则在生成凭证时将每条分录都对应一个贷方科目；如果单击【批制】按钮，可以一次将所有本次参与分摊的"分摊类型"所对应的凭证全部生成。

8.3.6　临时人员工资处理

在完成正式人员工资数据的处理后，打开临时人员工资类别，参照正式人员工资类别初始设置及数据处理方式完成临时人员工资处理。

8.3.6.1　人员档案设置

按实验资料增加人员档案：016 白涛，017 宁扬，如图 8-43（a）和图 8-43（b）所示。

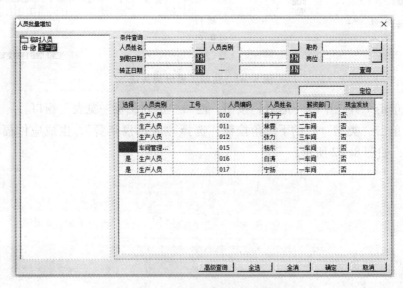

图 8-43（a）　临时人员批增窗口对话框

选择	薪资部门名称	工号	人员编号	人员姓名	人员类别	账号	中方人员	是否计税	工资停发	核算计件工资	现金发放	进入日期	离开日期	性别	学历
	一车间		016	白清	生产人员		是	是	否	否	否				
	一车间		017	宁扬	生产人员		是	是	否	否	否				

图 8-43（b）　临时人员人员档案对话框

8.3.6.2　工资项目选择

根据实验资料增加工资项目，如图 8-44 所示。

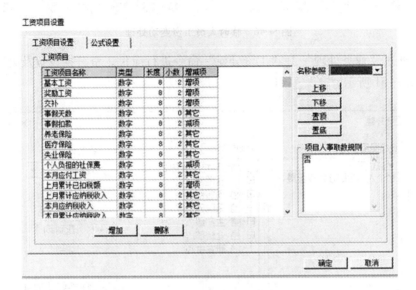

图 8-44　临时人员工资项目

8.3.6.3　公式设置

同样设置"请假扣款＝请假天数×120"，如图 8-45 所示。

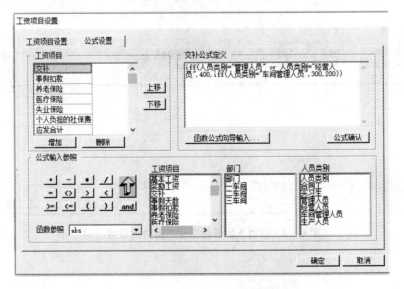

图 8-45　临时人员公式设置

8.3.6.4 工资变动处理

（1）通过"设置"｜"选项"命令按照资料设置扣税基数及税率，扣税基数为"5 000"。

（2）按实验资料在"业务处理"｜"工资变动"中进行工资变动处理，白涛请假1天，如图8-46所示。

工资变动

选择	工号	人员编号	姓名	部门	人员类别	基本工资	试岗工资	交补	事假天数	事假扣款	养老保险	医疗保险	失业保险	个人负担的社保险费	本月应付工资	上月累计已扣税费	上月累计应纳税收入
	016		白涛	一车间	生产人员	5 500.00	500.00	200.00	1	250.00	440.00	110.00	55.00	605.00	5 950.00		1 050.00
	017		宁扬	一车间	生产人员	5 000.00	650.00	200.00	1	227.27	400.00	100.00	50.00	550.00	5 622.73	20.00	
合计						10 500.00	1 150.00	400.00	2	477.27	840.00	210.00	105.00	1 155.00	11 572.73	20.00	1 050.00

图 8-46 临时人员工资变动处理

（3）通过"业务处理"｜"工资分摊"命令进行应付工资分摊设置及处理，如图8-47到图8-51所示。

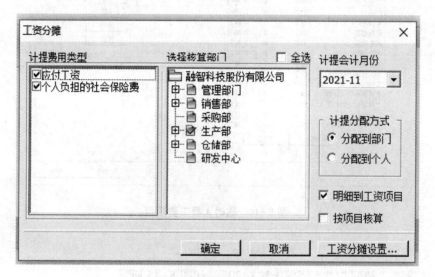

图 8-47 临时人员工资分摊

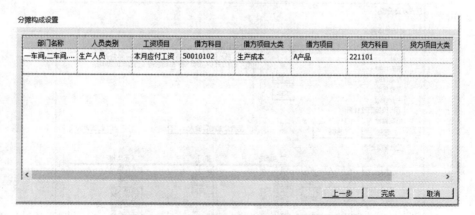

图 8-48 临时人员应付工资工资分摊设置（a）

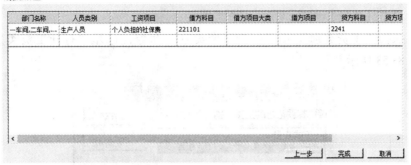

图 8-49 临时人员工资分摊设置（b）

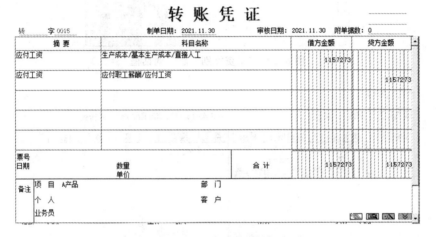

图 8-50 临时人员工资分摊凭证（a）

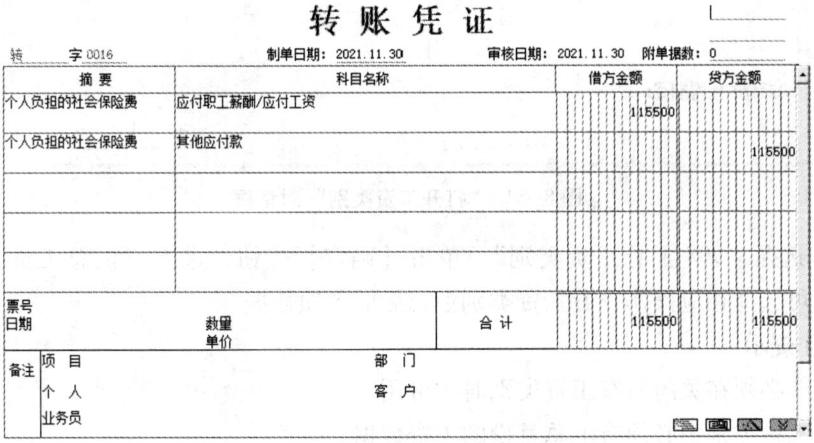

图 8-51 临时人员工资分摊凭证（b）

8.3.7 汇总工资类别

（1）执行"工资类别"｜"关闭工资类别"命令。

（2）执行"维护"｜"工资类别汇总"命令，打开"工资类别汇总"对话框，选择要汇总的工资类别，如图8-52所示。

（3）单击【确定】按钮，完成工资类别汇总。

（4）执行"工资类别"｜"打开工资类别"命令，打开"打开工资类别"对话框，如图8-53所示。

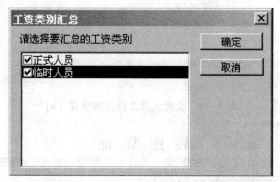

图8-52　"工资类别汇总"对话框

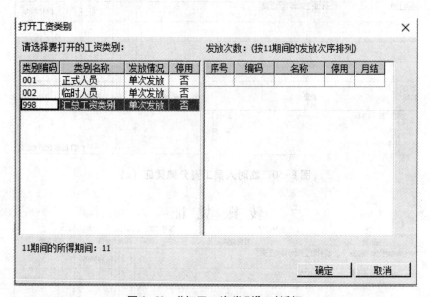

图8-53　"打开工资类别"对话框

（5）选择"998汇总工资类别"，单击【确定】按钮，进入"汇总工资类别"窗口，然后可选择相应操作查看工资类别汇总后的各项数据。

［操作提示］

该功能必须在关闭所有工资类别时才可用。

所选工资类别中必须有汇总月份的工资数据。

如果是第一次进行工资类别汇总，需在汇总工资类别中设置工资项目计算公式。如果每次汇总的工资类别一致，则无须重新设置公式。如果与上一次所选择的工资类别不一致，则需要重新设置计算公式。

汇总工资类别不能进行月末结转和年末结转。

8.3.8 账表查询：查看各种工资表

8.3.8.1 查看薪资发放条

（1）执行“统计分析”|“账表”|“工资表”命令，打开“工资表”对话框。

（2）单击选中“工资发放条”，如图 8-54 所示。

（3）单击【查看】按钮，打开“选择分析部门”对话框。

（4）单击选中各个部门，并单击“选定下级部门”复选框，如图 8-55 所示。

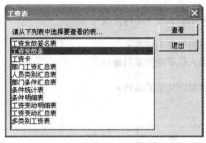

图 8-54 选中“工资发放条”

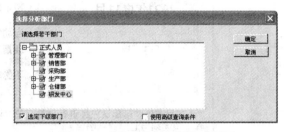

图 8-55 “选择分析部门”对话框

（5）单击【确定】按钮，进入“工资发放条”窗口，如图 8-56、图 8-57 所示。

工资发放条

2021 年 11 月

部门 全部　　会计月份 十一月

人员编号	姓名	基本工资	奖励工资	交补	事假天数	事假扣款	养老保险	医疗保险	失业保险	个人负担的社保费	代扣税	应发合计	扣款合计	实发合计	本月应付工资	上月累计已扣税额	上月累计应纳税收入	本月应纳税收入	本月累计应纳税收入	住房贷款利息专项扣除	工资代扣税	扣税合计
001	谢鑫	8 900.00	1 000.00	400.00			712.00	178.00	89.00	979.00	1 361.10	11 626.00	2 340.10	9 285.90	10 300.00	1 326.00	35 490.00	8 321.00	43 811.00	1 000.00	1 361.10	1 361.10
002	郑文	7 900.00	1 000.00	400.00			632.00	158.00	79.00	869.00	1 072.83	9 721.94	1 941.83	7 780.11	9 300.00	421.94	32 330.00	8 431.00	40 761.00		1 072.83	1 072.83
003	刘斌	8 900.00	1 000.00	400.00			712.00	178.00	89.00	979.00	1 461.10	11 626.00	2 440.10	9 185.90	10 300.00	1 326.00	35 490.00	9 321.00	44 811.00		1 461.10	1 461.10
004	张宁	7 900.00	1 000.00	400.00			632.00	158.00	79.00	869.00	1 072.83	9 721.94	1 941.83	7 780.11	9 300.00	421.94	32 330.00	8 431.00	40 761.00		1 072.83	1 072.83
005	学生本人	6 950.00	1 000.00	400.00			556.00	139.00	69.50	764.50	947.57	8 646.00	1 712.07	6 933.93	8 350.00	296.00	30 000.00	6 585.50	36 585.50	1 000.00	947.57	947.57
006	吴浩	6 900.00	800.00	400.00			552.00	138.00	69.00	759.00	937.23	8 350.00	1 696.23	6 653.77	8 100.00	250.00	28 900.00	7 341.00	36 241.00		937.23	937.23
007	刘晞晨	6 400.00	800.00	400.00	2	581.82	512.00	128.00	64.00	704.00	817.68	7 822.00	2 103.50	5 718.50	7 018.18	222.00	25 360.00	6 896.00	32 256.00		817.68	817.68
008	张丽	7 400.00	600.00	400.00	3	1 009.09	592.00	148.00	74.00	814.00	1 006.38	8 789.33	2 829.47	5 959.86	7 390.91	389.33	30 960.00	7 586.00	38 546.00		1 006.38	1 006.38
009	董瑞	6 900.00	600.00	400.00			552.00	138.00	69.00	759.00	931.23	8 100.00	1 690.23	6 409.77	7 900.00	200.00	28 900.00	7 141.00	36 041.00		931.23	931.23
010	蒋宁宁	6 400.00	750.00	200.00			512.00	128.00	64.00	704.00	810.18	7 550.00	1 514.18	6 035.82	7 350.00	200.00	25 360.00	6 646.00	32 006.00		810.18	810.18
011	林雯	6 400.00	750.00	200.00	1	290.91	512.00	128.00	64.00	704.00	810.18	7 550.00	1 805.09	5 744.91	7 059.09	200.00	25 360.00	6 646.00	32 006.00		810.18	810.18
012	张力	6 400.00	750.00	200.00			512.00	128.00	64.00	704.00	810.18	7 600.00	1 514.18	6 085.82	7 350.00	250.00	25 360.00	6 646.00	32 006.00		810.18	810.18
013	许芳	6 900.00	1 000.00	400.00			552.00	138.00	69.00	759.00	913.23	8 550.00	1 672.23	6 877.77	8 300.00	250.00	28 900.00	6 541.00	35 441.00	1 000.00	913.23	913.23
014	王晓林	6 900.00	1 100.00	400.00			552.00	138.00	69.00	759.00	946.23	8 650.00	1 705.23	6 944.77	8 400.00	250.00	28 900.00	7 641.00	36 541.00		946.23	946.23
015	杨东	6 900.00	900.00	300.00	6	1 881.82	552.00	138.00	69.00	759.00	937.23	8 350.00	3 578.05	4 771.95	6 218.18	250.00	28 900.00	7 341.00	36 241.00		937.23	937.23
合计		108 050.00	13 050.00	5 300.00	12	3 763.64	8 644.00	2 161.00	1 080.50	11 885.50	14 835.18	132 653.21	30 484.32	102 168.89	122 636.36	6 253.21	442 540.00	111 514.50	554 054.50	3 000.00	14 835.18	14 835.18

图 8-56 正式人员工资发放条

工资发放条

2021 年 11 月

部门 全部　　会计月份 十一月

人员编号	姓名	基本工资	奖励工资	交补	应发合计	事假天数	事假扣款	养老保险	医疗保险	失业保险	个人负担的社保费	扣款合计	实发合计	本月应付工资	上月累计已扣税额	上月累计应纳税收入	本月应纳税收入	本月累计应纳税收入	住房贷款利息专项扣除
001	谢鑫	8 900.00	1 000.00	400.00	11 626.00			712.00	178.00	89.00	979.00	979.00	10 647.00	10 300.00	1 326.00	35 490.00	8 321.00	43 811.00	1 000.00
002	郑文	7 900.00	1 000.00	400.00	9 721.94			632.00	158.00	79.00	869.00	869.00	8 852.94	9 300.00	421.94	32 330.00	8 431.00	40 761.00	
003	刘斌	8 900.00	1 000.00	400.00	11 626.00			712.00	178.00	89.00	979.00	979.00	10 647.00	10 300.00	1 326.00	35 490.00	9 321.00	44 811.00	
004	张宁	7 900.00	1 000.00	400.00	9 721.94			632.00	158.00	79.00	869.00	869.00	8 852.94	9 300.00	421.94	32 330.00	8 431.00	40 761.00	
005	学生本人	6 950.00	1 000.00	400.00	8 646.00			556.00	139.00	69.50	764.50	764.50	7 881.50	8 350.00	296.00	30 000.00	6 585.50	36 585.50	1 000.00
006	吴浩	6 900.00	800.00	400.00	8 350.00			552.00	138.00	69.00	759.00	759.00	7 591.00	8 100.00	250.00	28 900.00	7 341.00	36 241.00	
007	刘晞晨	6 400.00	800.00	400.00	7 822.00	2	581.82	512.00	128.00	64.00	704.00	1 285.82	6 536.18	7 018.18	222.00	25 360.00	6 896.00	32 256.00	
008	张丽	7 400.00	600.00	400.00	8 789.33	3	1 009.09	592.00	148.00	74.00	814.00	1 823.09	6 966.24	7 390.91	389.33	30 960.00	7 586.00	38 546.00	
009	董瑞	6 900.00	600.00	400.00	8 100.00			552.00	138.00	69.00	759.00	759.00	7 341.00	7 900.00	200.00	28 900.00	7 141.00	36 041.00	
010	蒋宁宁	6 400.00	750.00	200.00	7 550.00			512.00	128.00	64.00	704.00	704.00	6 846.00	7 350.00	200.00	25 360.00	6 646.00	32 006.00	
011	林雯	6 400.00	750.00	200.00	7 550.00	1	290.91	512.00	128.00	64.00	704.00	994.91	6 555.09	7 059.09	200.00	25 360.00	6 646.00	32 006.00	
012	张力	6 400.00	750.00	200.00	7 600.00			512.00	128.00	64.00	704.00	704.00	6 896.00	7 350.00	250.00	25 360.00	6 646.00	32 006.00	
013	许芳	6 900.00	1 000.00	400.00	8 550.00			552.00	138.00	69.00	759.00	759.00	7 791.00	8 300.00	250.00	28 900.00	6 541.00	35 441.00	1 000.00
014	王晓林	6 900.00	1 100.00	400.00	8 650.00			552.00	138.00	69.00	759.00	759.00	7 891.00	8 400.00	250.00	28 900.00	7 641.00	36 541.00	
015	杨东	6 900.00	900.00	300.00	8 350.00	6	1 881.82	552.00	138.00	69.00	759.00	2 640.82	5 709.18	6 218.18	250.00	28 900.00	7 341.00	36 241.00	
016	白涛	5 500.00	500.00	200.00	6 200.00	1	250.00	440.00	110.00	55.00	605.00	855.00	5 345.00	5 950.00		1 050.00	5 595.00	6 645.00	
017	宁扬	5 000.00	650.00	200.00	5 870.00	1	227.27	400.00	100.00	50.00	550.00	777.27	5 092.73	5 622.73	20.00		5 300.00	5 300.00	
合计		118 550.00	14 200.00	5 700.00	144 723.21	14	4 240.91	9 484.00	2 371.00	1 185.50	13 040.50	17 281.41	127 441.80	134 209.09	6 273.21	443 590.00	122 409.50	565 999.50	3 000.00

图 8-57 汇总人员“工资发放条”

8.3.8.2 查看其他账表

同理，请自行编制部门工资汇总表、工资项目分析表等账表。

8.3.9 月末处理

（1）打开“正式人员”工资账套，执行“业务处理”|“月末处理”命令，打开

"月末处理"对话框，如图 8-58 所示。单击【确定】按钮，弹出系统提示："月末处理之后，本月工资将不许变动，继续月末处理吗?"单击【是】按钮。系统继续提示："是否选择清零项?"单击【是】按钮，打开"选择清零项目"对话框。

（2）在"请选择清零项目"列表中，选择"请假天数""请假扣款"和"奖励工资"，单击">"，将所选项目移动到右侧的列表框中，如图 8-59 所示。

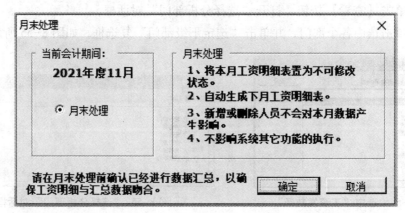

图 8-58 "月末处理"对话框

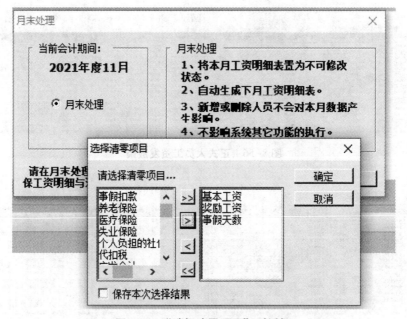

图 8-59 "选择清零项目"对话框

（3）单击【确定】按钮，弹出系统提示："月末处理完毕!"单击【确定】按钮返回。

（4）以此类推，完成"临时人员"工资类别月末处理。

[操作提示]

月末处理只有在会计年度的 1~12 月进行。

若是处理多个工资类别，则应打开工资类别，分别进行月末结转。

若本月工资数据未汇总，系统将不允许进行月末结转。

进行期末处理后，当月数据将不再允许变动。

月末处理功能只有账套主管才能执行。

在进行月末处理后，如果发现还有一些业务或其他事项要在已进行月末处理的月份进行账务处理，可以由账套主管以下月日期登录，使用反结账功能，取消已结账标志。

小 结

本部分主要对薪资管理系统进行介绍。薪资管理系统的任务是以职工个人工资的原始数据为基础，计算应发工资、扣款合计和实发工资等，编制工资结算单；按部门和人员类别进行汇总，进行个人所得税计算；提供对工资相关数据的多种方式的查询和分析，进行工资费用分配与计提，并实现自动转账处理。

（1）工资系统提供处理多个工资类别的功能。如果单位按周或一月多次发放工资，或者是单位中有多种不同类别（部门）的人员，工资发放项目不尽相同，计算公式也不相同，但需进行统一工资核算管理，应选择"多个"。例如，分别对在职人员、退休人员、离休人员进行核算的企业；分别对正式工、临时工进行核算的企业；每月进行多次工资发放，月末统一核算的企业；在不同地区有分支机构，而由总管机构统一进行工资核算的企业。

（2）设置工资项目和计算公式。

工资项目反映职工工资数据的基本构成。

设置多个工资类别的情况下，工资项目需要在关闭所有工资类别的情况下增加，进入某个工资类别后只能选择既有的工资项目。

计算公式用于设置工资项目之间的数据关系。设置计算公式时，应注意公式设置的先后顺序，进行公式设置的合法性检查。

（3）工资涉及每个职工的切身利益，与工资相关的数据包括福利费、工会经费、教育附加费等各种费用及"五险一金"等的处理。正确设置并生成相应的业务凭证是工资管理系统的重要任务。

章节练习

一、单项选择题

1. 工资系统的初始化设置不包括（ ）。

    A. 建立工资账套   B. 设置工资项目

    C. 设置人员类别   D. 录入工资数据

2. 下列选项中，不可以在工资系统生成的记账凭证是（ ）。

    A. 计提应付福利费   B. 计提工会经费

    C. 计提应付工资   D. 计提利息

3. 关于工资系统月末处理，以下哪些说法是错误的？（　　）

A. 月末处理只有主管人员才能执行

B. 12月不需要进行月末处理

C. 若存在多个工资类别，只需要对汇总工资类别进行月末处理

D. 本月工资数据未汇总不允许进行月末处理

二、多项选择题

1. 工资系统提供的快速操作功能主要有（　　）。

A. 职工工资数据的编辑　　　　　　　B. 按指定条件快速查找

C. 指定需要输入的某些工资项　　　　D. 成批替换工资项目内容

2. 工资管理系统分摊类型设置中，可以设置的分摊类型有（　　）。

A. 职工教育经费　　　　　　　　　　B. 管理费用

C. 制造费用　　　　　　　　　　　　D. 应付福利费

3. 工资系统正常使用之前必须做好以下哪些设置？（　　）

A. 收发类别设置　　　　　　　　　　B. 人员类别设置

C. 部门设置　　　　　　　　　　　　D. 项目大类设置

三、判断题

1. 工资系统的启用应在总账系统启用之前。（　　）

2. 在工资管理系统中进行初始化设置时，其个人所得税的税率是系统固定的，用户不能自行设置。（　　）

3. 工资账套和企业核算账套是一样的。（　　）

4. 在工资管理系统中，一旦设置了人员档案，则人员编码长度不能再修改。（　　）

5. 只有账套主管才有权限删除工资类别。（　　）

四、简答题

1. 工资系统主要有哪些功能？

2. 为什么要设置人员类别？

3. 人员附加信息对工资核算结果有影响吗？设置人员附加信息的作用是什么？

4. 为什么在我的工资类别中没有找到"代扣税"这个工资项目？

5. 如果打开工资项目设置界面，没有看到"公式设置"页签，可能的原因是什么？

6. 按照企业财务制度的规定，生产人员缺勤一天扣款50元，其他人员缺勤一天扣款100元，应如何设置？

7. 按照企业财务制度的规定，管理人员每月有200元通信费补贴，经营人员每月有300元通信费补贴，应如何设置？

8. 如果国家再次提高个人所得税起征点，工资系统是否能够处理？

9. 销售部江黎因工作调动，办理辞职手续，从下月开始不再发放工资，请问应如何处理？

10. 如果工资系统生成凭证后发现本月工资数据有误，请问应如何处理？

11. 由工资系统生成的凭证与在总账中直接填制的凭证有何不同？

项目 9

固定资产管理

固定资产是保证企业正常运作的物质条件。企业在固定资产管理过程中面临诸多问题：按照不同的标准可以分为不同的类型；投入使用后可以分配在不同的部门，体现不同部门的成本费用；使用过程中可能由于多种原因减少账面价值；使用过程中保持原来的实物形式，但是价值在逐渐转移；使用期限长，可能使可收回金额低于账面价值；卡片管理；等等。用友 ERP-U8 中的固定资产管理系统有哪些功能模块，这些功能模块又是如何解决这些问题的呢？

9.1 固定资产功能概述

固定资产管理系统的作用是完成企业固定资产日常业务的核算和管理，生成固定资产卡片，按月反映固定资产的增加、减少、账面价值等变动情况，并输出相应的增减变动明细账；同时，按月自动计提折旧，生成折旧分配凭证等。其主要功能如下：

（1）固定资产系统初始化；

（2）固定资产卡片管理；

（3）固定资产折旧管理；

（4）固定资产月末对账、结账；

（5）固定资产账表查询。

固定资产系统与用友 ERP-U8 中的其他系统的数据传递关系如图 9-1 所示。

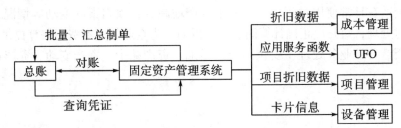

图 9-1 固定资产系统与用友 ERP-U8 中的其他系统的数据传递关系

固定资产系统操作流程如图 9-2 所示。

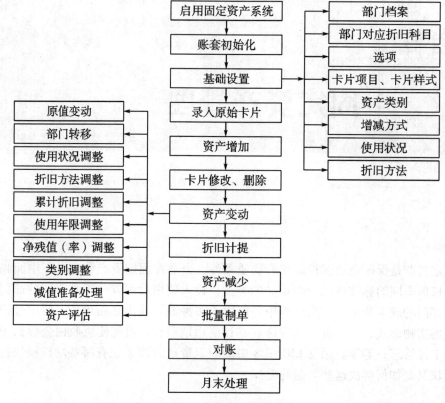

图 9-2　固定资产操作流程

（1）固定资产系统初始化。

初始化设置包括建立固定资产参数设置、基础设置和输入期初固定资产卡片。

固定资产参数设置包括约定与说明、启用月份、折旧信息、编码方式及财务接口等。这些参数在初次启动固定资产管理系统时设置，其他参数可以在"选项"中补充。

固定资产基础设置包括设置资产类别、部门对应折旧科目、固定资产增减方式、折旧方法、使用状况和固定资产卡片。

固定资产卡片是固定资产核算和管理的基础依据，为保持历史资料的连续性，必须将建账日期以前的数据录入系统中。原始卡片的录入不限制必须在第一个期间结账前，任何时候都可以录入原始卡片。原始卡片上所记录的资产的开始使用日期一定要小于固定资产系统的启用日期。

（2）固定资产日常业务处理。

固定资产在日常使用过程中，会发生资产增减、各项因素的变动等情况，变动发生时应及时处理，每月应正确计算固定资产折旧，为企业的成本费用核算提供依据。

固定资产日常业务处理主要包括资产增加、资产减少、资产变动、资产评估等工作事项。

（3）固定资产系统期末处理。

固定资产管理系统的期末处理工作主要包括计提减值准备、计提折旧、对账和结账等内容。

9.2　固定资产实验

9.2.1　实验要求

以主管的身份进行固定资产初始设置。

9.2.2　固定资产实验资料

9.2.2.1　初始设置

（1）控制参数见表9-1。

表9-1　固定资产控制参数

控 制 参 数	参 数 设 置
约定与说明	我同意
启用月份	2021.11
折旧信息	本账套计提折旧；折旧方法：平均年限法（一） 折旧汇总分配周期：1个月 当（月初已计提月份＝可使用月份−1）时，将剩余折旧全部提足
编码方式	资产类别编码方式：2 1 1 2 固定资产编码方式：按"类别编码+部门编码+序号"自动编码；卡片序号长度为3
财务接口	与账务系统进行对账 对账科目：固定资产对账科目：1601固定资产；累计折旧对账科目：1602累计折旧
补充参数	业务发生后立即制单 月末结账前一定要完成制单登账业务 固定资产默认入账科目：160101 累计折旧默认入账科目：1602 固定资产减值默认入账科目：1603 增值税进项税额默认入账科目：22210101 固定资产清理默认入账科目：1606

（2）部门及对应折旧科目见表9-2。

表9-2　部门及对应折旧科目

部　门	对应折旧科目
管理部门、仓储部、研发中心	管理费用/折旧费（660202）
采购部、销售部	销售费用/折旧费（660102）
生产部	制造费用/折旧费（510102）

（3）资产类别见表9-3。

表9-3 固定资产类别

编码	类别名称	使用年限	净残值率	单位	计提属性
01	房屋及建筑物	50年		栋	正常计提
011	办公楼	50年	2%	栋	正常计提
012	厂房	50年	2%	栋	正常计提
02	生产设备	10年			正常计提
021	生产线	10年	5%	条	正常计提
022	车床	10年	4%	台	正常计提
03	交通运输设备	6年	4%	辆	正常计提
04	办公设备	5年	4%	台	正常计提

（4）增减方式的对应入账科目见表9-4。

表9-4 增减方式的对应入账科目

增减方式目录	对应入账科目
增加方式	
直接购入	100201，工行存款
在建工程转入	1604，在建工程
盘盈	6901，以前年度损益调整
增减方式目录	对应入账科目
投资者投入	4001，实收资本
接受捐赠	6301，营业外收入
减少方式	
毁损	1606，固定资产清理
出售	1606，固定资产清理

（5）原始卡片见表9-5。

表9-5 原始卡片

固定资产名称	类别编号	所在部门	增加方式	可使用年限（月）	开始使用日期	原值	累计折旧	对应折旧科目名称
1号楼	011	管理部门及研发中心	在建工程转入	600	2011.11.30	4 428 000	1 153 531	管理费用/折旧费
2号楼	012	生产部	在建工程转入	600	2011.11.30	4 200 000	1 045 531	制造费用/折旧费
A生产线	021	一车间	在建工程转入	120	2017.09.30	1 831 140	718 087	制造费用/折旧费
B生产线	021	二车间	在建工程转入	120	2016.11.30	1 980 000	940 500	制造费用/折旧费

表9-5（续）

固定资产名称	类别编号	所在部门	增加方式	可使用年限（月）	开始使用日期	原值	累计折旧	对应折旧科目名称
A车床	022	三车间	在建工程转入	120	2016.11.30	2 000 000	950 000	制造费用/折旧费
轿车	03	办公室	直接购入	72	2019.11.1	215 470	37 254.84	管理费用/折旧费
笔记本电脑	04	办公室	直接购入	60	2019.10.1	28 900	6 473.60	管理费用/折旧费
传真机	04	办公室	直接购入	60	2020.5.1	3 510	900.40	管理费用/折旧费
1号台式电脑	04	本地销售部	直接购入	60	2019.11.1	6 490	1 246.08	销售费用/折旧费
2号台式电脑	04	采购部	直接购入	60	2019.11.1	6 490	1 246.08	销售费用/折旧费
合计						14 700 000	4 854 770	

注：①办公楼净残值率均为2%，生产线的净产值率为5%，其他固定资产的净残值率为4%，使用状况均为"在用"，折旧方法均采用平均年限法（一）。

②1号楼是管理部门下属部门办公室、财务部、人事部及研发中心共同使用的，其使用比例分别为30%、30%、20%、20%。

③2号楼厂房是生产部下属部门一车间、二车间、三车间共用的，其使用比例分别为40%、30%、30%。

9.2.2.2　11月日常业务及期末业务

（1）11月21日，财务部购买扫描仪一台，价值2 000元，净残值率为4%，预计使用年限5年（转账支票号：ZZR010）。

（2）11月25日，根据企业工作需要，将卡片编码为"00006"的固定资产的折旧方式由"平均年限法一"更改为"工作量法"，工作量为200 000千米，累计工作量为40 000千米。

（3）11月26日，将卡片编号为"00003"的固定资产（A生产线）的使用状态由"在用"修改为"大修理停用"。

（4）11月28日，计提本月折旧费用。

（5）11月28日，采购部毁损2号台式电脑一台。

9.3　固定资产管理实验指导操作

9.3.1　初始设置

9.3.1.1　在企业应用平台中启用固定资产管理系统

（1）以账套主管"101刘斌"的身份登录用友ERP-U8系统。

（2）在基础设置中，执行"基本信息"｜"系统启用"命令，打开"系统启用"对话框，单击选中"固定资产"复选框，弹出"日历"对话框，将固定资产系统启用日期设为"2021年11月1日"，如图9-3所示。单击【确定】按钮，系统弹出"确实要启用当前系统吗？"信息提示框，单击【是】按钮返回。

图9-3　启用固定资产系统

9.3.1.2　固定资产系统初始化

（1）以"101 刘斌"身份注册进入用友 ERP-U8 系统主界面。

（2）在业务工作中，执行"财务会计"｜"固定资产"命令，弹出"这是第一次打开此账套，还未进行过初始化，是否进行初始化？"信息提示框，如图9-4所示。单击【是】按钮，打开"初始化账套向导"对话框。

（3）在"初始化账套向导——约定与说明"对话框中，仔细阅读相关条款，选中"我同意"单选项，如图9-5所示。

图9-4　"固定资产"信息提示框

图9-5　初始化账套向导——约定及说明

（4）单击【下一步】按钮，打开"初始化账套向导——启用月份"对话框，确认账套启用月份为"2021.11"，如图9-6所示。

（5）单击【下一步】按钮，打开"初始化账套向导——折旧信息"对话框，选中"本账套计提折旧"复选框，选择折旧方法为"平均年限法（一）"，折旧汇总分配周期为"1个月"，选中"当（月初已计提月份＝可使用月份-1）时，将剩余折旧全部提足"复选框，如图9-7所示。

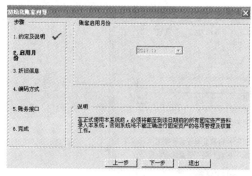
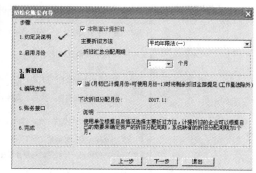

图 9-6　初始化账套向导——启用月份　　　　图 9-7　初始化账套向导——折旧信息

[操作提示]

如果是行政事业单位，不选"本账套计提折旧"，则账套内所有与折旧有关的功能屏蔽，该选项在初始化设置完成后不能修改。

本处选择的折旧方法可以在设置资产类别或定义具体固定资产时进行更改设置。

（6）单击【下一步】按钮，打开"初始化账套向导——编码方式"对话框。确定资产类别编码长度为"2112"；单击"自动编号"单选按钮，选择固定资产编码方式为"类别编号+部门编号+序号"，选择序号长度为"3"。

（7）单击【下一步】按钮，打开"初始化账套向导为——财务接口"对话框。选中"与账务系统进行对账"复选框；选择固定资产的对账科目为"1601 固定资产"，累计折旧的对账科目为"1602 累计折旧"，选中"在对账不平情况下允许固定资产月末结账"选项。

（8）单击【下一步】按钮，打开"初始化账套向导——完成"对话框。单击【完成】按钮，完成本账套的初始化，弹出"是否确定所设置的信息完全正确并保存对新账套的所有设置？"提示框。

（9）单击【是】按钮，弹出"已成功初始化本固定资产账套"提示框，单击【确定】按钮。

[操作提示]

初始化设置完成后，有些参数不能修改，所以要慎重。

如果发现参数有错，必须改正，只能通过固定资产系统"维护"｜"重新初始化账套"命令实现，该操作将清空您对该子账套所做的一切工作。

9.3.1.3　补充参数设置

（1）执行"设置"｜"选项"命令，打开"选项"对话框。

（2）单击【编辑】按钮，选择"与账务系统接口"选项卡。选中"业务发生后立即制单""月末结账前一定要完成制单登账业务"复选框；选择"缺省入账科目"为"1601 固定资产""1602 累计折旧"，如图 9-8 所示，单击【确定】按钮。

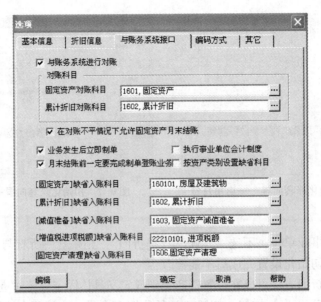

图 9-8 "选项"对话框

9.3.1.4 设置部门对应折旧科目

（1）执行"设置"｜"部门对应折旧科目设置"命令，进入"部门编码表"窗口。

（2）选择"部门"为"管理部门"，单击【编辑】按钮。

（3）选择"折旧科目"为"660202 管理费用/折旧费"，单击【保存】按钮，弹出"是否将［管理部门］部门的所有下级部门的折旧科目替换为［折旧］?"信息提示框，如图 9-9 所示。单击【是】按钮，保存后单击【刷新】按钮，其下属部门自动继承。

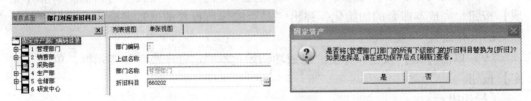

图 9-9 "固定资产"信息提示框

（4）同理，完成其他部门折旧科目的设置。

［操作提示］

因系统录入卡片时，只能选择明细级部门，所以设置折旧科目也只有给明细部门设置才有意义。如果某一上级部门设置了对应的折旧科目，下级部门继承上级部门的设置，当然下级部门也可以选择不同的科目，即上下级部门的折旧科目可以相同，也可以不同。

9.3.1.5 设置资产类别

（1）执行"设置"｜"资产类别"命令，进入"类别编码表"窗口，如图 9-10 所示。

（2）单击【增加】按钮，输入"类别名称"为"房屋及建筑物""净残值率"为"2%""计量单位"为"栋"；选择"计提属性"为"正常计提""折旧方法"为"平均年限法（一）""卡片样式"为"通用样式"，单击【保存】按钮，如图 9-11 所示。

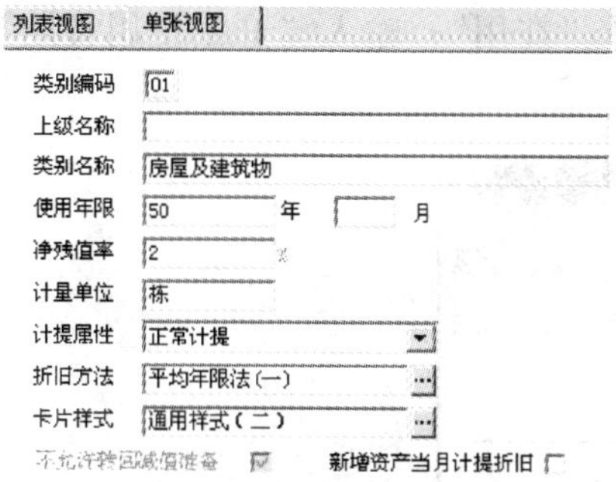

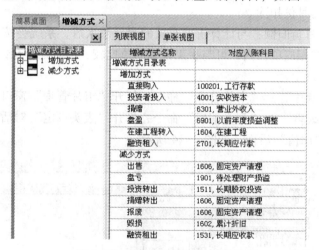

图 9-10 资产类别单张视图

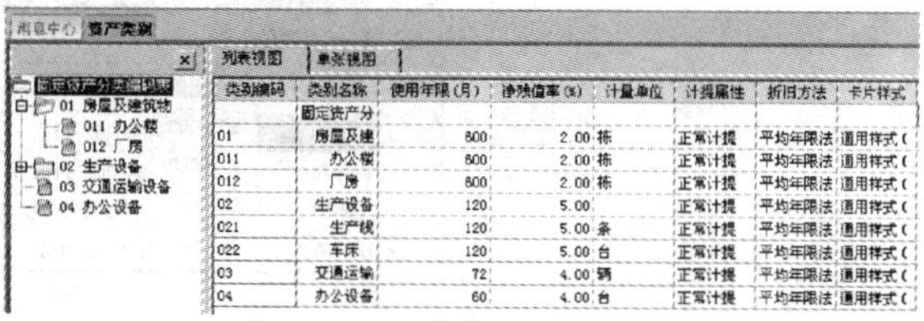

图 9-11 完成资产类别设置

[**操作提示**]

资产类别编码不能重复，同一级的类别名称不能相同。

类别编码、名称、计提属性、卡片样式不能为空。

已使用的类别不能设置新下级。

9.3.1.6 设置增减方式的对应科目

(1) 执行“设置”|“增减方式”命令，进入“增减方式”窗口。

(2) 在左边列表框中，选择“增加方式”中的“直接购入”，单击【修改】按钮。

(3) 输入“对应入账科目”为“100201 工行存款”，单击【保存】按钮。

(4) 同理，输入其他增加方式及减少方式对应入账科目，如图 9-12 所示。

增减方式名称	对应入账科目
增减方式目录表	
增加方式	
直接购入	100201, 工行存款
投资者投入	4001, 实收资本
捐赠	6301, 营业外收入
盘盈	6901, 以前年度损益调整
在建工程转入	1604, 在建工程
融资租入	2701, 长期应付款
减少方式	
出售	1606, 固定资产清理
盘亏	1901, 待处理财产损溢
投资转出	1511, 长期股权投资
捐赠转出	1606, 固定资产清理
报废	1606, 固定资产清理
毁损	1602, 累计折旧
融资租出	1531, 长期应收款

图 9-12 增减方式对应入账科目

[**操作提示**]

当固定资产发生增减变动时，系统生成凭证时会默认采用这些科目。

9.3.1.7 原始卡片录入

(1) 执行“卡片”|“录入原始卡片”命令，打开“固定资产类别档案”对话框。

(2) 选择“固定资产类别”为“011 办公楼”，单击【确定】按钮，进入“固定资产卡片录入”窗口。

(3) 输入“固定资产名称”为“1 号楼”；双击“部门名称”选择“多部门使用”，弹出“使用部门”对话框，选择“办公室”“财务处”“人事处及研发中心”并分别输入对应的使用比例，如图 9-13 所示，单击【确定】按钮返回；双击“增加方

式"选择"在建工程转入",双击"使用状况"选择"在用";输入"开始使用日期"
为"2007-11-30"。

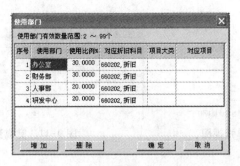

图9-13 "使用部门"对话框

（4）单击【保存】按钮,弹出"数据成功保存!"信息提示框,单击【确定】
按钮。

（5）同理,完成其他固定资产卡片的输入。

［操作提示］

•卡片编号:系统根据初始化时定义的编码方案自动设定,不能修改,如果删除一
张卡片,又不是最后一张时,系统将保留空号。

•已计提月份:系统将根据开始使用日期自动算出,但可以修改,请将使用期间停
用等不计提折旧的月份扣除。

•月折旧率、月折旧额:与计算折旧有关的项目录入后,系统会按照输入的内容自
动计算出并显示在相应项目内,可与手工计算的值比较,核对是否有错误。

9.3.1.8 查看卡片

（1）执行"卡片"｜"卡片管理"命令,打开"卡片管理"窗口。

（2）执行"编辑"｜"列头编辑"命令,打开"表头设定"对话框,选中"累计
折旧",并移到"原值"后面,如图9-14所示。

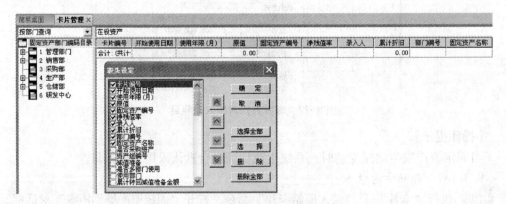

图9-14 卡片表头设定

［操作提示］

固定资产卡片期初录入完成后,如何才能知道数据是否正确呢?可以执行
"处理"｜"对账"命令,系统弹出"与账务对账结果"对话框,显示与账务系统对账
结果,如图9-15所示。

图 9-15 "与账务对账结果"对话框

9.3.2 日常及期末处理

9.3.2.1 资产增加（业务1）

（1）以业务日期进入系统，执行"固定资产" | "卡片" | "资产增加"命令，进入"资产类别参照"窗口。

（2）选择"资产类别"为"04 办公设备"，单击【确定】按钮，进入"固定资产卡片新增"窗口。

（3）输入"固定资产名称"为"扫描仪"；双击"使用部门"选择"财务部"，双击"增加方式"选择"直接购入"，双击"使用状况"选择"在用"；"可使用年限"为"60 月"，"开始使用日期"为"2021-11-21"，"原值"为"2 000"，如图9-16所示。

固定资产卡片

卡片编号	00011			日期	2021-11-30
固定资产编号	04102001	固定资产名称			扫描仪
类别编号	04	类别名称	办公设备	资产组名称	
规格型号		使用部门			财务部
增加方式	直接购入	存放地点			
使用状况	在用	使用年限（月）	60	折旧方法	平均年限法（一）
开始使用日期	2021-11-21	已计提月份	0	币种	人民币
原值	2000.00	净残值率	4%	净残值	80.00
累计折旧	0.00	月折旧率	0	本月计提折旧额	0.00
净值	2000.00	对应折旧科目	660202,折旧	项目	
录入人	刘斌			录入日期	2021-11-21

图 9-16 固定资产增加（资产增加）

（4）单击【保存】按钮，进入"填制凭证"窗口。

（5）选择"凭证类型"为"付款凭证"，修改制单日期、附件数，"借方科目"修改为"160104 办公设备"，票号输入"ZZR004"，"现金流量"选择"13 购置固定资产所支付的现金"，单击【保存】按钮，生成凭证如图9-17所示。

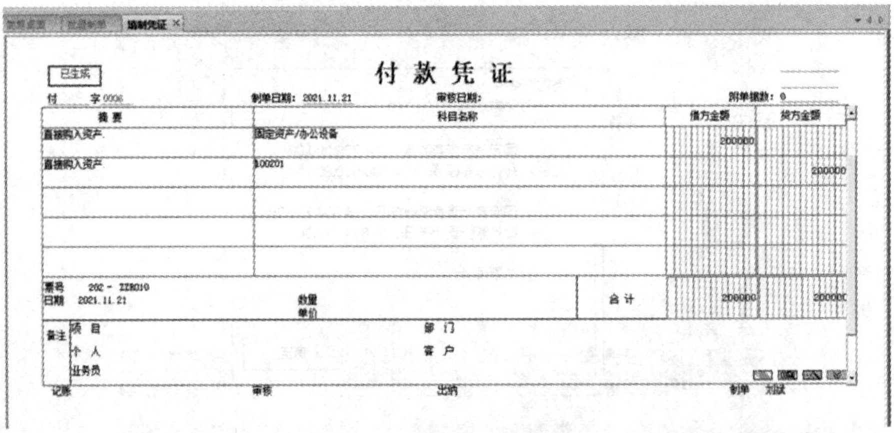

图 9-17　新增资产生成凭证

[操作提示]

固定资产原值一定要输入卡片录入月月初的价值，否则会出现计算错误。

新卡片第一个月不提折旧，累计折旧为空或 0。

卡片输入完后，也可以不立即制单，月末可以批量制单。

9.3.2.2　变更折旧方法（业务 2）

（1）执行"固定资产"｜"变动单"｜"折旧方法调整"命令，弹出固定资产变动单，单击【增加】按钮，填写固定资产变动单，如图 9-18 所示。

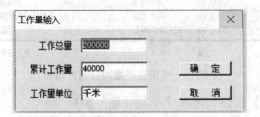

图 9-18　"固定资产变动单"窗口

（2）输入工作量信息，如图 9-19 所示。

图 9-19　"工作量"窗口

9.3.2.3　变更固定资产使用状况（业务 3）

（1）执行"固定资产"｜"卡片"｜"卡片管理"命令，弹出"查询条件选择"窗口，将"开始使用日期"取消，如图 9-20 所示。点击确定。

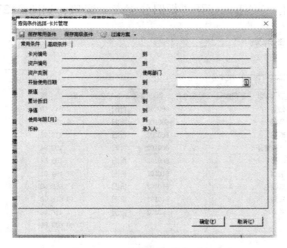

图 9-20　"查询条件"窗口

（2）选择卡片编码 "00003" 的固定资产双击，打开该固定资产卡片，点击【修改】，将"使用状态"修改为"大修理停用"，点击【保存】。如图 9-21 所示。

固定资产卡片

| 卡片编号 | 00003 | | | 日期 | 2021-11-25 |

固定资产编号　021401001　固定资产名称　A生产线
类别编号　021　类别名称　生产线　资产组名称
规格型号　　使用部门　一车间
增加方式　在建工程转入　存放地点
使用状况　大修理停用　使用年限（月）　120　折旧方法　平均年限法（二）
开始使用日期　2017-09-30　已计提月份　49　币种　人民币
原值　1831140.00　净残值率　5%　净残值　91557.00
累计折旧　718067.00　月折旧率　0.0079　本月计提折旧额　14466.01
净值　1113053.00　对应折旧科目　510102,折旧　项目

录入人　刘斌　录入日期　2021-11-01

图 9-21　"固定资产卡片修改"

9.3.2.4　折旧处理（业务4）

（1）执行"固定资产"｜"处理"｜"计提本月折旧"命令，弹出"是否要查看折旧清单？"信息提示框，单击【是】按钮。继续弹出"本操作将计提本月折旧，并花费一定时间，是否要继续？"信息提示框，单击【是】按钮，打开"折旧清单"窗口，如图 9-22 所示。

卡片编号	资产编号	资产名称	原值	计提原值	本月计提折旧额	累计折旧	本年计提折旧	减值准备	净值	净残值	折旧率	单位折旧	本月工量
00001	011101001	1号楼	4 428 000.00	4 428 000.00	7 084.80	1 160 615.80	7 084.80	0.00	3 267 384.20	88 560.00	0.0016		0.000
00002	011401001	2号楼	4 200 000.00	4 200 000.00	6 720.00	1 052 251.00	6 720.00	0.00	3 147 749.00	84 000.00	0.0016		0.000
00003	021401001	A生产线	1 831 140.00	1 831 140.00	14 466.01	732 553.01	14 466.01	0.00	1 096 586.99	91 557.00	0.0079		0.000
00004	021402001	B生产线	1 980 000.00	1 980 000.00	15 642.00	956 142.00	15 642.00	0.00	1 023 858.00	99 000.00	0.0079		0.000
00005	022403001	A车床	2 000 000.00	2 000 000.00	16 000.00	966 000.00	16 000.00	0.00	1 034 000.00	80 000.00	0.0080		0.000
00007	04101001	笔记本电脑	28 900.00	28 900.00	462.40	6 936.00	462.40	0.00	21 964.00	1 156.00	0.0160		0.000
00008	04101002	传真机	3 510.00	3 510.00	56.16	956.56	56.16	0.00	2 553.44	140.40	0.0160		0.000
00009	04201001	1号台式电脑	6 490.00	6 490.00	103.84	1 349.92	103.84	0.00	5 140.08	259.60	0.0160		0.000
00010	043001	2号台式电脑	6 490.00	6 490.00	103.84	1 349.92	103.84	0.00	5 140.08	259.60	0.0160		0.000
合计			14 484 530.00	14 484 530.00	60 639.05	4 878 154.21	60 639.05	0.00	9 606 375.79	444 932.60			0.000

图 9-22　"折旧清单"窗口

（2）单击“退出”按钮，打开“折旧分配表”窗口，如图 9-23 所示。

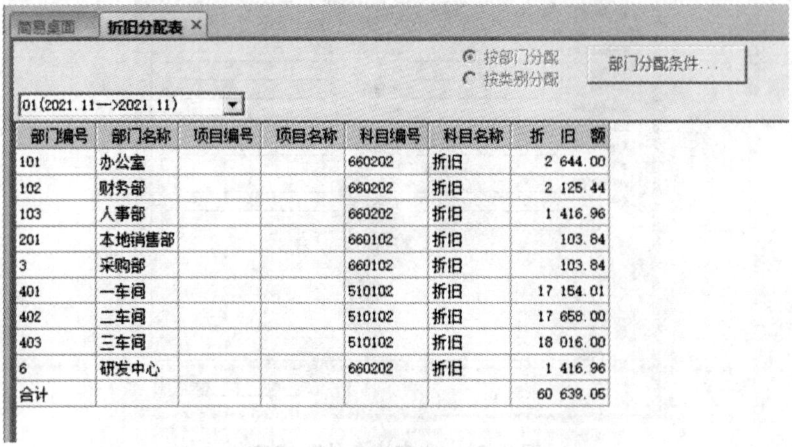

部门编号	部门名称	项目编号	项目名称	科目编号	科目名称	折旧额
101	办公室			660202	折旧	2 644.00
102	财务部			660202	折旧	2 125.44
103	人事部			660202	折旧	1 416.96
201	本地销售部			660102	折旧	103.84
3	采购部			660102	折旧	103.84
401	一车间			510102	折旧	17 154.01
402	二车间			510102	折旧	17 658.00
403	三车间			510102	折旧	18 016.00
6	研发中心			660202	折旧	1 416.96
合计						60 639.05

图 9-23 “折旧分配表”窗口

（3）单击【凭证】按钮，进入“填制凭证”窗口，选择“转账凭证”，输入空白处会计科目，单击【保存】按钮，计提折旧凭证如图 9-24 所示。

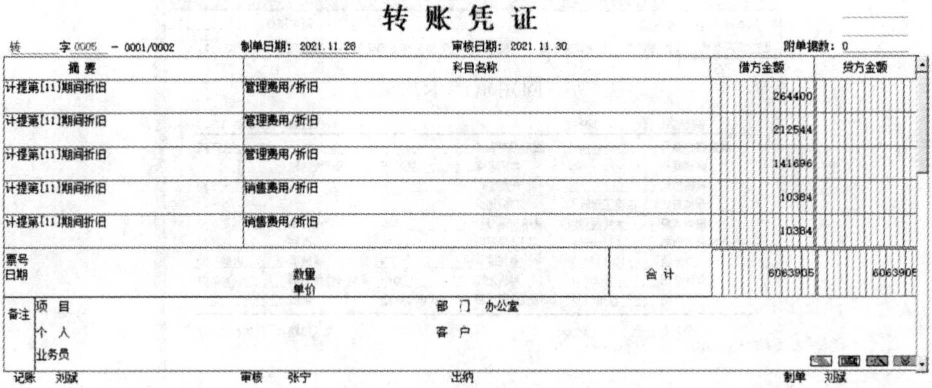

转账凭证

转 字 0005 - 0001/0002 制单日期：2021.11.28 审核日期：2021.11.30 附单据数：0

摘要	科目名称	借方金额	贷方金额
计提第[11]期间折旧	管理费用/折旧	264400	
计提第[11]期间折旧	管理费用/折旧	212544	
计提第[11]期间折旧	管理费用/折旧	141696	
计提第[11]期间折旧	销售费用/折旧	10384	
计提第[11]期间折旧	销售费用/折旧	10384	
票号 日期	数量 单价　　合计	6063905	6063905

备注　项目　　部门　办公室
个人　　客户
业务员

记账　刘斌　审核　张宁　出纳　制单　刘斌

图 9-24 计提折旧凭证

[**操作提示**]

如果上次计提折旧已通过记账凭证把数据传递到账务系统中，则必须删除该凭证才能重新计提折旧。

计提折旧后又对账套进行了影响折旧计算或分配的操作，必须重新计提折旧，否则系统不允许结账。

在折旧费用分配表界面，可以单击“制单”按钮制单，也可以以后利用“批量制单”功能进行制单。

9.3.2.5　资产减少（业务5）

（1）执行“卡片”|“资产减少”命令，进入“资产减少”窗口。

（2）选择卡片编号“00010”，单击【增加】按钮。

（3）选择“减少方式”为“毁损”，“清理原因”为“毁损”，如图 9-25、图 9-26 所示。

图 9-25　资产减少

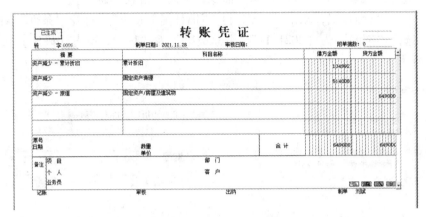

图 9-26　资产减少凭证

[操作提示]

本账套计提折旧后，才能减少资产，原因在于当月增加的固定资产，当月不提折旧，当月减少的固定资产，当月照提折旧。

如果要减少的资产较少或没有共同点，可以通过输入资产编号或卡片号，单击【增加】按钮，将资产添加到资产减少表中。

如果要减少的资产较多并且有共同点，则可以通过单击【条件】按钮，输入一些查询条件，将符合该条件的资产挑选出来进行批量减少操作。

当总账记账完毕后，固定资产系统才可以进行对账。对账平衡后，开始月末结账。

如果在初始设置时，选择了"与账务系统对账"功能，对账的操作不限制执行时间，任何时候都可以进行对账。

若在财务接口中选中"在对账不平情况下允许固定资产月末结账"，则可以直接进行月末结账。

9.3.2.6　查询、修改凭证

（1）执行"处理"｜"凭证查询"命令，进入"凭证查询"窗口。

（2）单击【查询】，可以查询凭证。

（3）单击【编辑】，可以修改凭证。

（4）单击【删除】，可以作废凭证。

[操作提示]

如果通过变动单对固定资产卡片进行修改，那么固定资产的原始卡片将不能直接修改，只能通过变动单，或者删除变动单再在原始卡片上进行修改。

9.3.2.7　将固定资产系统生成的记账凭证审核并记账

在总账系统中，由 104 吴浩对出纳凭证进行签字，由 102 张宁对传递过来的凭证进行审核和记账。

9.3.2.8 对账

（1）由 101 刘斌在固定资产资产系统中执行"处理"｜"对账"命令，系统弹出"与账务对账结果"对话框，如图 9-27 所示。

（2）单击【确定】按钮。

9.3.2.9 账表管理

（1）执行"账表"｜"我的账表"命令，进入"报表"窗口。

（2）单击"折旧表"，双击"（部门）折旧计提汇总表"，打开"条件"对话框。

（3）选择"期间"为"2021.11""汇总级次"为"1—2，单击【确定】按钮，如图 9-28 所示。

图 9-27 "与账务对账结果"对话框

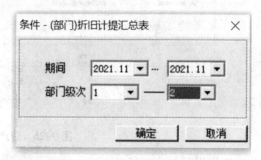

图 9-28 折旧汇总表查询条件

9.3.2.10 结账

（1）执行"处理"｜"月末结账"命令，打开"月末结账"对话框，如图 9-29 所示。

（2）单击【开始结账】按钮，系统自动检查与账务系统的对账结果，如图 9-30 所示，单击【确定】按钮后，弹出"月末结账成功完成！"提示框，如图 9-31 所示。

（3）单击【确定】按钮，出现结账成功提示，如图 9-32 所示。

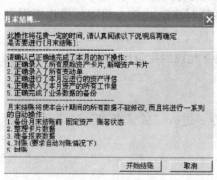

图 9-29 结账

图 9-30 结账提示

固定资产   ×

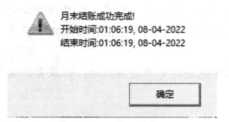

图 9-31　结账成功提示

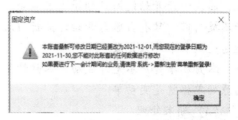

图 9-32　"固定资产"信息提示框

［操作提示］

本会计期间做完月末结账工作后，所有数据资料将不能再进行修改。

本会计期间不做完月末结账工作，系统将不允许处理下一个会计期间的数据。

月末结账前一定要进行数据备份，否则数据一旦丢失，将造成无法挽回的后果。

［操作提示］

取消结账的方法是：

（1）执行"处理"｜"恢复月末结账前状态"命令，系统弹出"是否继续?"信息提示框。

（2）单击【是】按钮，系统弹出"成功恢复月末结账前状态!"信息提示框。

（3）单击【确定】按钮退出。

假如在结账后发现结账前操作有误，必须修改结账前的数据，可以使用"恢复结账前状态"功能，又称"反结账"功能，即将数据恢复到月末结账前状态，结账时做的所有工作都将被无痕迹地删除。

只有在总账系统未进行月末结账时，才可以使用"恢复结账前状态"功能。

一旦成本系统提取了某期的数据，该期不能反结账。如果当前的账套已经做了年末处理，那么就不允许再执行恢复月初状态功能。

［操作提示］

年度结转需要建立年度账套才能结转。

小　结

（1）初始设置。

在建立固定资产账套时需要设置很多选项，明确不同的选择对固定资产业务处理有何影响，才能为企业定制个性化解决方案。

设置固定资产对应入账科目、累计折旧对应入账科目、增减方式对应折旧科目、部门对应折旧科目等都是为了让系统能够根据业务自动识别并生成凭证。

（2）日常业务处理。

卡片管理用于对所有卡片进行综合管理。通过卡片管理可以完成对卡片的修改、删除、查询等。

固定资产变动包括固定资产增加和减少。固定资产增加需要填制固定资产卡片，固定资产开始使用日期等于当前会计期间时，即为新增资产。当月新增加的资产不提折旧。只有当账套开始计提折旧后才能使用资产减少功能，否则减少资产只能通过减少卡片来完成。

本月新增资产不允许变动，本月结账后才能进行资产变动处理，记录资产变动的原始单据就是变动单。

（3）期末处理。

自动计提折旧是固定资产系统的主要功能，折旧计算的结果与选择的折旧方法、原值、减值准备、累计折旧、净残值、使用年限及使用状况有关。只有明确了各种因素的变化对于折旧计提的影响，才能理解折旧计算的原理、审查折旧数据。资产增加/减少、资产变动、折旧计算都可以自动生成凭证传递给总账。所有业务处理完毕，就可以进行固定资产与总账对账功能，对账正确后进行月末结账。

章节练习

一、单项选择题

1. 下列选项中，不属于建立固定资产账套参数的是（   ）。

    A. 约定与说明   B. 启用月份

    C. 卡片格式   D. 折旧信息

2. 固定资产卡片项目定义完毕，系统投放使用后对卡片项目一般（   ）。

    A. 可以增删，不可以修改   B. 可以修改

    C. 可以删除   D. 可以增加

3. 下列选项中，哪些提法是错误的？（   ）

    A. 固定资产系统中可以修改折旧分配的凭证

    B. 固定资产系统中可以删除折旧分配的凭证

    C. 固定资产系统中可以审核折旧分配的凭证

    D. 固定资产系统中可以查询折旧分配的凭证

二、多项选择题

1. 固定资产子系统在进行资产类别设置时，需要输入的数据项是（   ）。

    A. 资产代码   B. 类别名称

    C. 折旧方法   D. 类别编码

2. 固定资产的增减方式中，不能被删除的有（   ）。

    A. 盘盈方式

    B. 下设有两种明细方式的直接购入方式

    C. 未设明细方式的直接购入方式

    D. 盘亏方式

3. 固定资产卡片录入中，哪些项目是可以更改的？（　　）

    A. 固定资产所属部门　　　　　　B. 固定资产名称

    C. 存放地点　　　　　　　　　　D. 对应折旧科目

4. 固定资产使用状况中"使用中"状态包括（　　）。

    A. 在用　　　　　　　　　　　　B. 大修理停用

    C. 经营性出租　　　　　　　　　D. 季节性停用

5. 新增固定资产类别时，哪些项目不能为空？（　　）

    A. 计提属性、卡片样式

    B. 净残值、计提属性、卡片样式

    C. 折旧方法

    D. 类别编码、名称

三、判断题

1. 若自定义的折旧方法月折旧率或月折旧额出现负数，系统会自动中止计提。
（　　）

2. 每月对固定资产计提折旧的操作可以多次进行。　　　　　　　（　　）

3. 固定资产管理系统初始设置时其与财务接口的科目可以不设置。（　　）

4. 固定资产管理系统的期末处理应在总账系统的期末处理之前。（　　）

5. 设置固定资产增减方式的操作应在固定资产日常管理模块进行。（　　）

6. 固定资产新卡片录入的第一个月也应计提折旧。　　　　　　　（　　）

7. 只有当固定资产开始计提折旧后才可以使用资产减少功能。　（　　）

8. 固定资产原始卡片的录入必须在第一个期间结账前。　　　　　（　　）

四、简答题

1. 什么情况下选择"本账套计提折旧"选项？

2. 什么情况下会发生固定资产与账务系统对账不平的情况？

3. 为什么要设置部门对应折旧科目？

4. 在固定资产系统开始日常业务处理之前是否必须将全部原始卡片录入系统？

5. 计提折旧之后，如果发现卡片中内容录入错误，应如何修改？

6. 进行资产评估时，可评估项目包括哪些内容？

7. 固定资产系统不能正常结账的原因包括哪些？

8. 计提折旧之后，又修改了原值、折旧方法，怎么办？

9. 系统在运行过程中，如果发现账簿中的数据错误很多或太乱，应如何处理？

10. 资产减少是否可以当月进行？资产变动是否可以当月进行？

项目 10

应收款管理

10.1   应收款功能概述

应收款管理系统主要实现企业与客户之间业务往来账款的核算与管理。在应收款管理系统中，以销售发票、费用单、其他应收单等原始单据为依据，记录销售业务及其他业务所形成的往来款项，处理应收款项的收回、坏账、转账等情况，提供票据处理的功能，实现对应收款的管理。根据对客户往来款项的核算和管理的程度不同，应收款管理系统提供了详细核算和简单核算两种应用方案。不同的应用方案，其系统功能、产品接口、操作流程等均不相同。

详细核算应用方案的功能主要包括记录应收款项的形成（包括由商品交易和非商品交易所形成的所有的应收项目）、处理应收项目的收款及转账情况、对应收票据进行记录和管理、随应收项目的处理过程自动生成凭证并传递给总账系统、对外币业务及汇兑损益进行处理，以及提供针对多种条件的各种查询和分析。

简单核算应用方案的功能，主要包括接收销售系统的发票、对其进行审核，以及对销售发票进行制单处理并传递给总账系统。

应收款业务流程如图 10-1 所示。

[重点、难点提示]

应收款管理系统的功能较为全面，由于不同功能模块的组合将会使应收款系统的功能实现方式不同，所以，在学习时一定要在弄清应收款系统的基本功能后，系统学习不同模块组合时应收款管理系统录入数据或接收数据的方法和相应的账务处理。

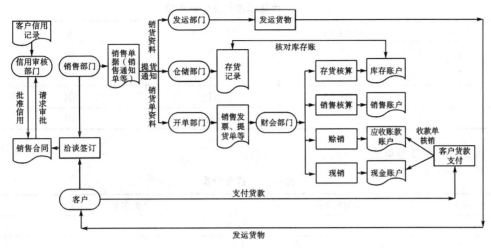

图 10-1 应收款业务流程

10.2 应收款实验资料及操作

10.2.1 实验准备

2021 年 11 月 1 日以"101 刘斌"身份注册进入应收款管理系统。

10.2.2 实验要求

（1）控制参数。

坏账处理方式：应收余额百分比法、自动计算现金折扣。

（2）设置科目。

应收科目：1122。

预收科目：2203。

销售收入科目：6001.1。

应交增值税科目：22210105。

所有客户控制科目：1122。

预收科目：2203。

（3）坏账准备。

提取比例：0.5%；期初余额：13 000 元。

坏账准备科目：1231；对方科目：6701。

账龄区间：0-30-60-90-120。

（4）计量单位级及计量单位见表 10-1。

组号：01；名称：无换算关系；类别：无换算。

表 10-1　计量单位级及计量单位

序号	单位编码	单位名称	计量单位组
1	01	盒	01
2	02	台	01
3	03	只	01
4	04	千米	01

（5）存货分类见表 10-2。

表 10-2　存货分类

序号	分类编码	分类名称
1	1	原材料
2	101	主机
3	101001	芯片
4	101002	硬盘
5	102	显示器
6	103	键盘
7	104	鼠标
8	2	产成品
9	201	计算机
10	3	配套用品
11	301	配套材料
12	302	配套硬件
13	302001	打印机
14	302002	传真机
15	303	配套软件
16	9	应税劳务

（6）存货档案见表 10-3。

表 10-3　存货档案

存货编码	存货名称	所属类别	计量单位	税率	存货属性	参考成本	参考售价
001	PIII 芯片	101001	盒	13%	外购、生产耗用、内销、外销	1 200	
002	160GB 硬盘	102002	盒	13%	外购、生产耗用、内销、外销	800	1 000
003	21 英寸显示器	102	台	13%	外购、生产耗用、内销、外销	2 200	2 500
004	键盘	103	只	13%	外购、生产耗用、内销、外销	100	120
005	鼠标	104	只	13%	外购、生产耗用、内销、外销	50	60

表10-3（续）

存货编码	存货名称	所属类别	计量单位	税率	存货属性	参考成本	参考售价
006	计算机	201	台	13%	自制、内销、外销	5 000	6 500
007	1600K 打印机	30201	台	13%	外购、内销、外销	2 000	2 300
008	运输费	9	千米	9%	外购、内销、外销、应税劳务		

（7）期初余额。

相关票据见表10-4至表10-8。

会计科目：应收账款（1122）；余额：借 2 889 640 元。

表 10-4 销售普通发票

开票日期	客户	销售部门	科目	货物名称	数量	单价	金额
2021-10-12	同城	销售部	1122	键盘	8 752	50	437 600
2021-10-18	小城	销售部	1122	21 英寸显示器	316	2 500	790 000

表 10-5 销售专用发票

开票日期	客户	销售部门	科目	货物名称	数量	单价	税率	金额
2021-08-28	大河	销售部	1122	21 英寸显示器	135	2 500	13%	381 375
2021-07-01	古都	销售部	1122	键盘	11838	50	13%	668 226
2021-07-23	古都	销售部	1122	计算机	100	5270	13%	596 214

表 10-6 其他应收单

单据日期	科目编号	客户	销售部门	金额	摘要
2021-10-31	1122	大河	销售部	16 225	代垫运费

会计科目：商业承兑汇票（112101），余额：借 600 654 元。

表 10-7 商业承兑汇票

开票日期	客户	销售部门	科目	货物名称	数量	单价	金额
2021-10-01	大河	销售部	112101	配套材料	600	1001.09	600 654

会计科目：预收账款（2203），余额：贷 19 000 元。

表 10-8 预收账款

开票日期	客户	销售部门	科目	货物名称	数量	单价	金额
2021-10-01	同城	销售部	2203	键盘	1000	190	19 000

（8）开户银行。

编码：01；名称：工商银行重庆分行鱼胡路分理处；账号：831658796200。

（9）2021 年 11 月日常业务处理。

①2 日，销售部售给小城公司计算机 10 台，单价为 6 500 元/台，开出普通发票，

货已发出。

②4 日，销售部出售给同城公司 21 英寸显示器 20 台，单价为 2 500 元/台，开出增值税发票。货已经发出，同时代垫运费 5 000 元。

③5 日，收到小城公司交来转账支票一张，金额为 65 000 元（支票号：ZZ001），用以归还前欠货款。

④7 日，收到大河公司交来转账支票一张，金额为 100 000 元（支票号：ZZ002），用以归还前欠货款以及代垫运费，剩余款项转为预收账款。

⑤9 日，小城公司交来转账支票一张，金额为 10 000 元（支票号：ZZ003），作为预购 PIII 芯片的定金。

⑥10 日，将同城公司购买的 21 英寸显示器的应收款 56 500 元转给大河公司。

⑦11 日，用小城公司交来的 10 000 元定金冲抵其期初应收账款。

⑧17 日，确认本月的同城代垫运费 5 000 元为坏账处理。

⑨30 日，计提坏账准备。

10.3 应收款实验操作

10.3.1 设置系统参数

（1）2021 年 11 月 1 日，刘斌在用友 ERP-U8 企业应用平台中，打开"业务"选项卡，执行"财务会计"｜"应收款管理"｜"设置"｜"选项"命令，打开"账套参数设置"对话框。

（2）在"常规"选项卡中，单击"坏账处理方式"栏的下三角按钮，选择"应收余额百分比法"，如图 10-2 所示。

（3）打开"权限与预警"选项卡，选中"启用客户权限"前的复选框；"单据报警"选择"信用方式"，在提前天数栏选择提前天数为"7"，如图 10-3 所示。

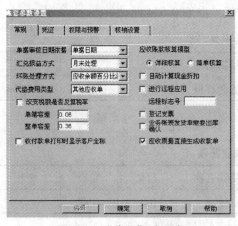

图 10-2 "常规"选项卡

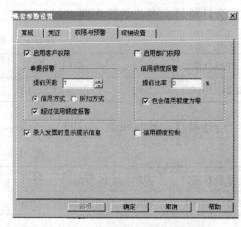

图 10-3 "权限与预警"选项卡

（4）单击【确定】按钮。

［操作提示］

在账套使用过程中，可以随时修改账套参数。

如果选择单据日期为审核日期，则月末结账时单据必须全部审核。

如果当年已经计提坏账准备，则坏账处理方式不能修改，只能在下一年度修改。

关于应收账款核算模型，在系统启用时或者还没有进行任何业务处理的情况下，才允许从简单核算改为详细核算；从详细核算改为简单核算随时可以进行。

10.3.2 设置存货分类

（1）在用友 ERP-U8 企业应用平台中，打开"设置"选项卡，执行"基础档案"｜"存货"｜"存货分类"命令，打开"存货分类"窗口。

（2）单击【增加】按钮，把实验资料录入"存货分类"对话框中，如图 10-4 所示。

10.3.3 设置计量单位

（1）在用友 ERP-U8 企业应用平台中，打开"设置"选项卡，执行"基础档案"｜"存货"｜"计量单位"命令，打开"计量单位"窗口。

（2）单击【分组】按钮，打开"计量单位组"窗口。

（3）单击【增加】按钮，录入计量单位组编码"01"、计量单位组名称"无换关系单位"，单击"计量单位组类别"栏的下三角按钮，选择"无换算率"，如图 10-5 所示。

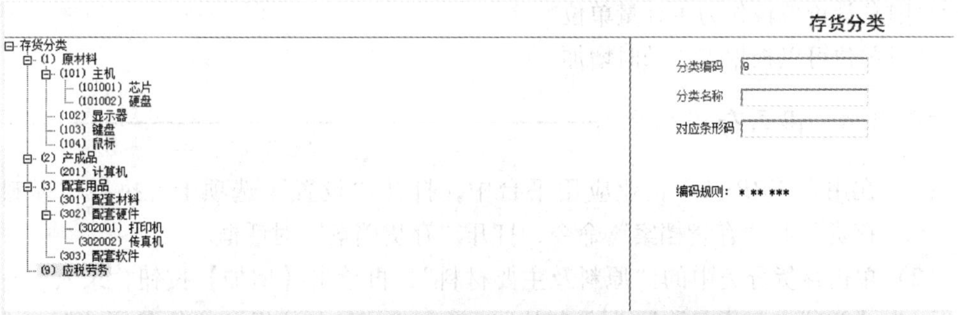

图 10-4　录入存货分类

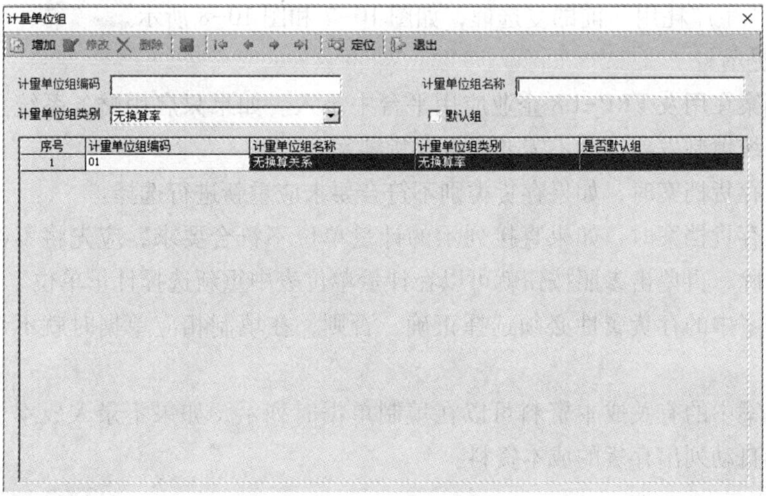

图 10-5　设置计量单位组

（4）单击【保存】按钮，再单击【退出】按钮。

（5）单击【单位】按钮，进入"计量单位设置"窗口。

（6）单击【增加】按钮，录入"计量单位编码"为"1""计量单位名称"为"吨"，单击【保存】按钮。

（7）继续录入其他计量单位内容，完成所有的计量单位录入之后单击【退出】按钮，如图10-6所示。

图10-6　录入其他计量单位

[操作提示]

在设置存货档案之前，必须先到企业应用平台的基础档案中设置计量单位；否则，存货档案中没有备选的计量单位，存货档案不能保存。

在设置计量单位时，必须先设置计量单位分组，再设置各个计量单位组中的计量单位。

计量单位组分为无换算率、固定换算率和浮动换算率3种类型。如果需要换算，一般将财务计价单位作为主计量单位。

计量单位可以根据需要随时增加。

10.3.4　设置存货档案

（1）在用友ERP-U8企业应用平台中，打开"设置"选项卡，执行"基础档案"｜"存货"｜"存货档案"命令，打开"存货档案"对话框。

（2）单击存货分类中的"原料及主要材料"，再单击【增加】按钮，录入"存货编码"为"001""存货名称"为"芯片"，单击"计量单位组"栏的参照按钮，选择"基本计量单位"，单击"主计量单位"栏的参照按钮，选择"盆"，单击选中"内销""外购"和"生产耗用"前的复选框，如图10-7和图10-8所示。

[操作提示]

存货档案在用友ERP-U8企业应用平台中录入。如果只启用财务系统且并不在应收、应付系统填制发票，则不需要设置存货档案。

在录入存货档案时，如果存货类别不符合要求应重新进行选择。

在录入存货档案时，如果直接列示的计量单位不符合要求，应先将不符合要求的计量单位删除，再单击参照按钮就可以在计量单位表中重新选择计量单位。

存货档案中的存货属性必须选择正确，否则，在填制相应单据时就不会在存货列表中出现。

存货档案中的有关成本资料可以在填制单据时列示，如果不录入成本资料，在单据中就不能自动列出存货的成本资料。

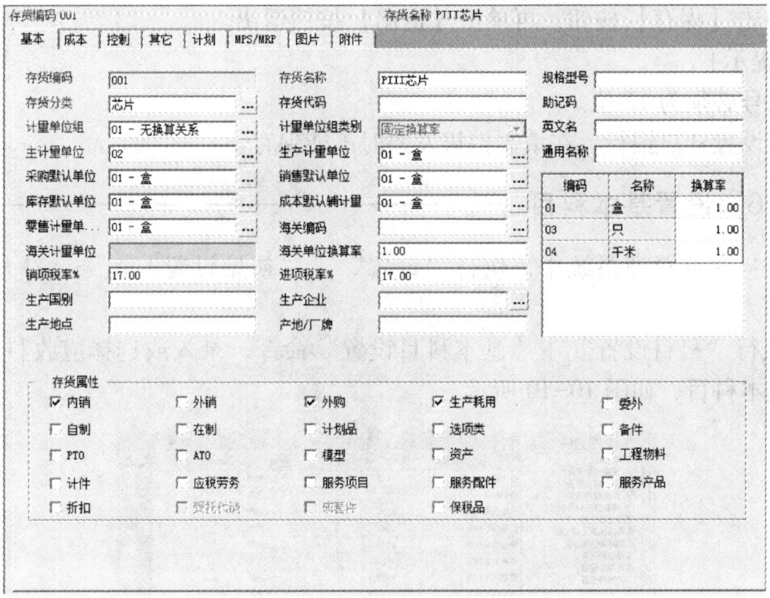

图 10-7　增加存货档案

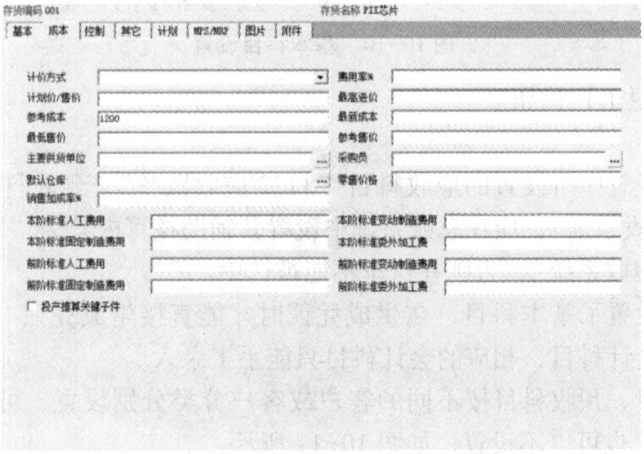

图 10-8　增加存货档案——成本

10.3.5　设置开户银行

（1）在用友 ERP-U8 企业应用平台中，打开"设置"选项卡，执行"基础档案"｜收付结算"｜"本单位开户银行"命令，进入"本单位开户银行"窗口。

（2）单击【增加】按钮，打开"增加本单位开户银行"对话框。

（3）在"增加本单位开户银行"对话框的"编码"栏中录入，在"所属银行编码"栏中选择"中国工商银行"，如图 10-9 所示。

本单位开户银行

序号	编码	银行账号	账户名称	是否暂封	开户银行	所属银行编码	所属银行名称
1	01	331656796200		否	重庆工商银行重庆分…	01	中国工商银行

图 10-9　设置开户银行

（4）单击【保存】按钮，再单击【退出】按钮退出。

[**操作提示**]

银行账号必须为 12 位。

如果不设置开户银行，在填制销售发票时不能保存。

10.3.6 设置基本科目

（1）在应收款管理系统中，执行"设置"│"初始设置"命令，打开"初始设置"对话框。

（2）执行"科目设置"│"基本科目设置"命令，录入或选择应收科目"1122"及其他的基本科目，如图 10-10 所示。

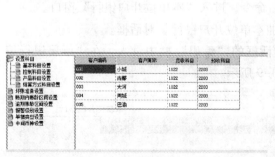

图 10-10 基本科目设置

（3）单击【退出】按钮。

[**操作提示**]

在基本科目设置中所设置的应收科目"1122 应收账款"、预收科目"2203 预收账款"及"1121 应收票据"，应在总账系统中设置其辅助核算内容为"客户往来"，并且其受控系统为"应收系统"，否则在这里不能被选中。

只有在这里设置了基本科目，在生成凭证时才能直接生成凭证中的会计科目，否则凭证中将没有会计科目，相应的会计科目只能手工录入。

如果应收科目、预收科目按不同的客户或客户分类分别设置，可在"控制科目设置"中设置，在此也可以不设置，如图 10-11 所示。

如果针对不同的存货分别设置销售收入核算科目，则在此不用设置，应在"产品科目设置"中进行设置，如图 10-12 所示。

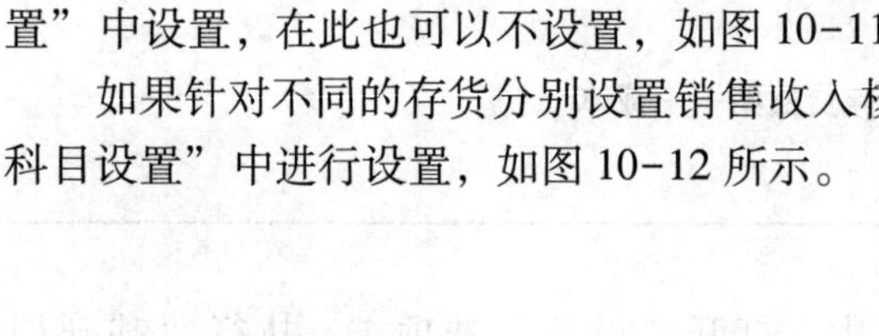

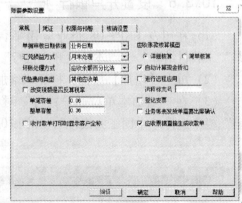

图 10-11 控制科目设置

图 10-12 控制参数设置

10.3.7 结算方式科目

（1）在应收款管理系统中，执行"设置"｜"初始设置"｜"结算方式科目设置"命令，进入"结算方式科目设置"窗口。

（2）单击"结算方式"栏的下三角按钮，选择"现金结算"，单击"币种"栏，选择"人民币"，在"科目"栏录入或选择"1001"，回车。以此方法继续录入其他结算方式科目，如图10-13所示。

图 10-13　设置其他结算方式科目

（3）完成后单击【退出】按钮退出。

[操作提示]

结算方式科目设置是针对已经设置的结算方式设置相应的结算科目。即在收款或付款时，只要告诉系统结算时使用的结算方式，就可以由系统自动生成该种结算方式所使用的会计科目。

如果在此不设置结算方式科目，则在收款或付款时可以手工输入不同结算方式对应的会计科目。

10.3.8 设置坏账准备

（1）在应收款管理系统中，执行"设置"｜"初始设置"｜"坏账准备设置"命令，打开"坏账准备设置"窗口，录入"提取比率"为"0.5"，"坏账准备期初余额"为"800"，"坏账准备科目"为"1231"，"坏账准备对方科目"为"6701"，如图10-14所示。

图 10-14　坏账准备设置

（2）单击【确定】按钮，弹出"存储完毕"信息提示对话框，单击【确定】按钮。

[操作提示]

如果在选项中并未选中坏账处理的方式为"应收余额百分比法"，在此处就不能录入"应收余额百分比法"所需要的初始设置，即此处的初始设置与选项中所选择的坏账处理方式是相对应的。

坏账准备的期初余额应与总账系统中所录入的坏账准备的期初余额相一致，但是系统没有坏账准备期初余额的自动对账功能，只能人工核对。坏账准备的期初余额如果在借方，则用"-"号表示。如果没有期初余额，应将期初余额录入"0"；否则，系统将不予确认。

坏账准备期初余额被确认后，只要进行了坏账准备的日常业务处理，就不允许再修改。下一年度使用本系统时，可以修改提取比率、区间和科目。

如果在系统选项中默认坏账处理方式为直接转销，则不用进行坏账准备设置。

10.3.9 设置账龄区间

（1）在应收款管理系统中，执行"设置"｜"初始设置"｜"账期内账龄区间设置"命令，打开"账期内账龄区间设置"窗口。

（2）在"总天数"栏录入"10"，回车，再在"总天数"栏录入"30"后回车。以此方法继续录入其他的总天数，如图 10-15 所示。

（3）用同样的方法录入"逾期账龄区间设置"，如图 10-16 所示。

（4）单击【退出】按钮。

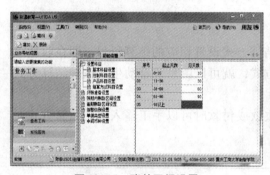

图 10-15 账龄区间设置

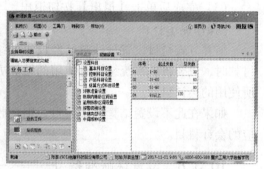

图 10-16 逾期账龄区间设置

［操作提示］

序号由系统自动生成，不能修改和删除。总天数直接输入截止该区间的账龄总天数。

最后一个区间不能修改和删除。

10.3.10 设置报警级别

（1）在应收款管理系统中，执行"设置"｜"初始设置"命令，打开"初始设置"窗口。

（2）在"初始设置"窗口中，单击"报警级别设置"，在"总比率"栏录入"10"，在"级别名称"栏录入"A"，回车，以此方法继续录入其他总比率和级别，如图 10-17 所示。

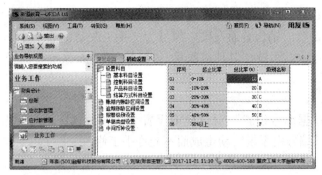

图 10-17 报警级别设置

（3）单击【退出】按钮。

［**操作提示**］

序号由系统自动生成，不能修改、删除。应直接输入该区间的最大比率及级别名称。

系统会根据输入的比率自动生成相应的区间。

单击【增加】按钮，可以在当前级别之前插入一个级别，该级别后的各级别比率会自动调整。

删除一个级别后，该级别后的各级比率会自动调整。

最后一个级别为某一比率之上，所以在"总比率"栏不能录入比率，否则将不能退出。

最后一个比率不能删除，如果录入错误，则应先删除上一级比率，再修改最后一级比率。

10.3.11 单据编号设置

（1）在用友 ERP-U8 企业应用平台中，执行"基础设置" | "单据设置" | "单据编码设置"命令，进入"单据编号设置"。

（2）单击左侧"单据类型"窗口中的"销售管理" | "销售专用发票"命令，打开"单据编号设置——销售专用发票"对话框。

（3）在"单据编号设置——销售专用发票"对话框中，选中"手工改动，重号时自动重取"前的复选框，如图 10-18 所示。

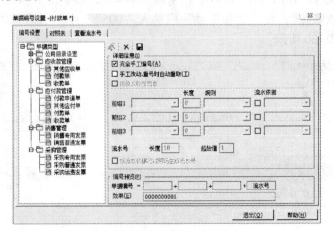

图 10-18 单据编号设置

（4）单击【保存】按钮，再单击【退出】按钮退出。

（5）同理，设置"销售普通发票"编号为"手工改动，重号时自动重取"。

（6）再设置应收款系统"其他应收单""付款单""收款单"编号为，"手工改动，重号时自动重取"。

[操作提示]

如果不在"单据编号设置"对话框中设置"手工改动，重号时自动重取"，则在填制这一单据时其编号由系统自动生成而不允许手工修改。

在"单据编号设置"对话框中还可以设置"完全手工编号"及"按收发标志流水"等。

10.3.12 录入期初销售发票

（1）在应收款管理系统中，执行"设置"｜"期初余额"命令，进入"期初余额——查询"窗口。

（2）单击【确定】按钮，进入"期初余额明细表"窗口。

（3）单击【增加】按钮，打开"单据类别"对话框。

（4）选择"单据名称"为"销售发票"，"单据类型"为"销售专用发票"，如图10-19所示，然后单击【确定】按钮，弹出"销售专用发票"窗口。

图 10-19 选择单据类别

（5）单击【增加】按钮，修改"开票日期""发票号"，在"客户名称"栏录入"002"，或单击"客户名称"栏的参照按钮，选择公司，系统自动带出客户相关信息；在"税率"栏录入"13"，在"科目"栏录入"1122"，或单击"科目"栏参照按钮，选择"1122 应收账款"；在"货物编号"栏录入"005"，或单击"货物编码"栏的参照按钮，如图10-20所示。

图 10-20 录入销售专用发票

[操作提示]

在初次使用应收款系统时，应将启用应收款系统时未处理完的所有客户的应收账款、预收账款、应收票据等数据录入本系统。当进入第二年度时，系统自动将上年度未处理完的单据转为下一年度的期初余额。在下一年度的第一会计期间里，可以进行期初余额的调整。

如果退出了录入期初余额的单据，在"期初余额明细表"窗口中并没有看到新录入的期初余额，应单击【刷新】按钮，就可以列示所有期初余额的内容。

在录入期初余额时一定要注意期初余额的会计科目，如第4张销售发票的会计科目为"112101"，即应收票据。应收款系统的期初余额应与总账进行对账，如果科目错误将会导致对账错误。

如果并未设置允许修改销售专用发票的编号，则在填制销售专用发票时不允许修改销售专用发票的编号。其他单据的编号也一样，系统默认状态为不允许修改。

10.3.13 录入期初其他应收单

（1）在应收款管理系统中，执行"设置"｜"期初余额"命令，打开"期初余额——查询"窗口。

（2）单击【确定】按钮，打开"期初余额明细表"窗口。

（3）单击【增加】按钮，打开"单据类别"对话框。

（4）单击"单据名称"栏的下三角按钮，选择"应收单"，如图10-21所示。

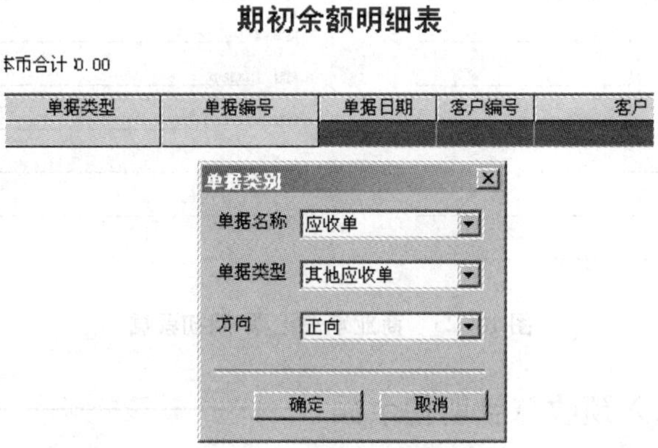

图10-21　选择单据类别

（5）单击【确定】按钮，打开"应收单"窗口。

（6）单击【增加】按钮，修改"单据编号""单据日期"，在"客户名称"栏录入"004，或单击"客户"栏的参照按钮，系统自动带出相关信息。再在"金额"栏录入，在"摘要"栏录入"代垫运费"，

（7）单击【保存】按钮。

[操作提示]

在录入应收单时，只需录入表格上半部分的内容，表格下半部分的内容由系统自动生成。

应收单中的会计科目必须录入正确，否则将无法与总账进行对账。

10.3.14 录入期初商业承兑汇票

（1）执行应收款管理｜设置｜期初余额，单击【增加】，在“单据类别”窗口中，单据名称选择“应收票据”，单据类型选择“商业承兑汇票”，点击【确定】，如图 10-22 所示。

单据类别
单据名称 应收票据
单据类型 商业承兑汇票
方向 正向
确定
取消

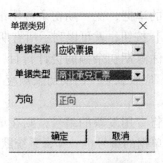

图 10-22 单据类别

（2）在期初余额界面单击【增加】，录入商业承兑汇票期初余额信息，单击【保存】，如图 10-23 所示。

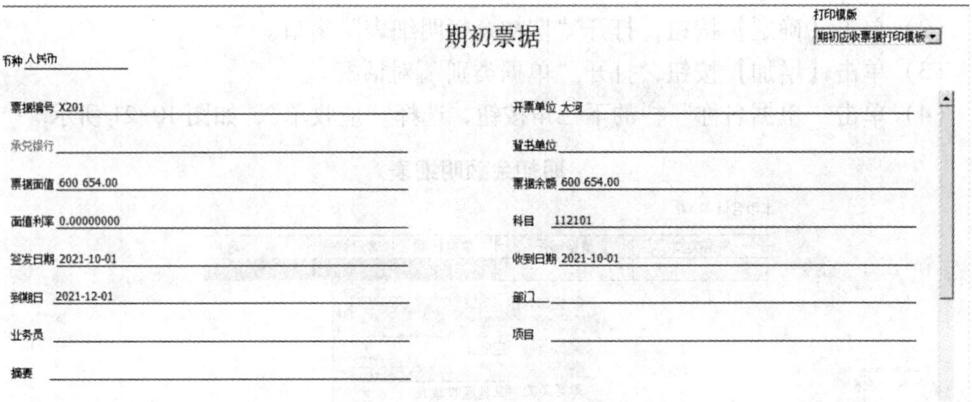

期初票据
打印模版
期初应收票据打印模板
币种 人民币
票据编号 X201
开票单位 大河
承兑银行
背书单位
票据面值 600 654.00
票据余额 600 654.00
面值利率 0.00000000
科目 112101
签发日期 2021-10-01
收到日期 2021-10-01
到期日 2021-12-01
部门
业务员
项目
摘要

图 10-23 商业承兑汇票 期初票据

10.3.15 录入预收账款期初余额

（1）执行应收款管理｜设置｜期初余额，单击【增加】，在“单据类别”窗口中，单据名称选择“预收款”，单据类型选择“收款单”，点击【确定】，如图 10-24 所示。

单据类别
单据名称 预收款
单据类型 收款单
方向 正向
确定
取消

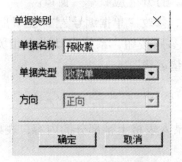

图 10-24 单据类别

（2）在收款单界面单击【增加】，填入期初预收账款信息，单击【保存】。如图10-25所示。

图 10-25　收款单

10.3.16　期初余额核对

应收款管理系统期初余额录入完成后，如图10-26所示。单击上方菜单栏【对账】，总账和应收款管理子系统进行期初余额对账，如图10-27所示。

期初余额明细表

本币合计借 3,471,211.00

单据类型	单据编号	单据日期	客户	部门	业务员	币种	科目	方向	原币金额	原币余额	本币金额
销售普通发票	0000000001	2021-10-12	天津同城公司	外地销售部		人民币	1122	借	437 600.00	437 600.00	437 600.00
销售普通发票	0000000002	2021-10-18	天津同城公司	外地销售部		人民币	1122	借	790 000.00	790 000.00	790 000.00
其他应收单	0000000001	2021-10-31	深圳大河公司	外地销售部		人民币	1122	借	16 225.00	16 225.00	16 225.00
销售专用发票	0000000002	2021-07-01	南京古都公司	外地销售部		人民币	1122	借	668 847.00	668 847.00	668 847.00
销售专用发票	0000000003	2021-07-23	南京古都公司	外地销售部		人民币	1122	借	595 510.00	595 510.00	595 510.00
销售专用发票	0000000001	2021-08-28	深圳大河公司	外地销售部		人民币	1122	借	381 375.00	381 375.00	381 375.00
收款单	0000000004	2021-09-01	天津同城公司			人民币	2203	贷	19 000.00	19 000.00	19 000.00
商业承兑汇票	X201	2021-10-01	深圳大河公司			人民币	112101	借	600 654.00	600 654.00	600 654.00

图 10-26　应收款期初余额

	科目	应收期初		总账期初		差额	
编号	名称	原币	本币	原币	本币	原币	本币
112101	商业承兑汇票	600 654.00	600 654.00	600 654.00	600 654.00	0.00	0.00
112102	银行承兑汇票	600 654.00	600 654.00	600 654.00	600 654.00	0.00	0.00
1122	应收账款	2 889 557.00	2 889 557.00	2 889 557.00	2 889 557.00	0.00	0.00
2203	预收账款	-19 000.00	-19 000.00	-19 000.00	-19 000.00	0.00	0.00
	合计		3 471 211.00		3 471 211.00		0.00

图 10-27　应收与总账期初对账

10.3.17　日常业务处理

（1）2日，销售部售给小城公司计算机10台，单价6 500元/台，开出普通发票，货已发出。

①执行应收款管理|应收单据处理|应收单据录入，单据类型窗口，选择单据名称"销售发票"，单据类型"销售普通发票"。单击【确定】。

②单击销售普通发票窗口【增加】，完成单据信息填写，单【保存】。如图10-28所示。

销售普通发票

打印模版
销售普通发票打印模...

	仓库名称	存货编码	存货名称	规格型号	主计量	数量	报价	含税单价	无税单价	无税金额
1		006	计算机		台	10.00	0.00	6 500.00	5 752.21	57522.12
2										
3										
4										

发票号 0000000003 开票日期 2021-11-30 业务类型
订单号 发货单号
客户简称 小城 销售部门 本地销售部 业务员
付款条件 客户地址 联系电话
开户银行 银行账号 500123456780 税率 13.00
币种 人民币 汇率 1 备注

图 10-28 业务 1 的处理

③单击菜单栏【审核】按钮，完成审核，弹出是否立即制单选项，单击【确定】按钮，完成填制凭证工作。如图 10-29 所示。

转 账 凭 证

转 字 0007　　制单日期：2021.11.02　　审核日期：2021.11.30　　附单据数：1

摘 要	科目名称	借方金额	贷方金额
销售普通发票	应收账款	6500000	
销售普通发票	主营业务收入/A产品		5752212
销售普通发票	应交税费/应交增值税/销项税额		747788

票号
日期 数量
单价 合 计 6500000 6500000

备注 项 目 部 门
个 人 客 户 小城
业务员 -

记账 刘斌　　审核 张宁　　出纳　　制单 刘斌

图 10-29 业务 1 凭证

（2）4 日，销售部出售给同城公司 21 英寸显示器 20 台，单价 2 500 元/台，开除增值税发票。货已经发出，同时代垫运费 5 000 元。

①执行应收款管理 | 应收单据处理 | 应收单据录入，单据类型窗口，选择单据名称"销售发票"，单据类型"销售专用发票"。单击【确定】。

②单击销售专用发票窗口【增加】，完成单据信息填写，单【保存】。如图 10-30 所示。

销售专用发票

打印模版
销售专用发票打印样▼

表体排序

发票号 0000000004 开票日期 2021-11-04 业务类型
订单号 发货单号
客户简称 同城 销售部门 外地销售部 业务员
付款条件 客户地址 联系电话
开户银行 账号 500123456783 税率
币种 人民币 汇率 1 税率 13.00
备注

	仓库名称	存货编码	存货名称	规格型号	主计量	数量	报价	含税单价	无税单价	无税金额
1		003	21英寸显示器		台	20.00	0.00	2 825.00	2 500.00	50 000.00
2										
3										
4										
5										

图 10-30 业务 2 的处理

③单击菜单栏【审核】按钮，完成审核，弹出是否立即制单选项，单击【确定】按钮，完成填制凭证工作。如图 10-31 所示。

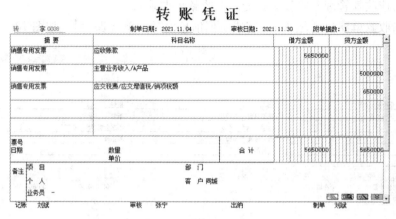

图 10-31　业务 2 凭证

④执行应收款管理｜应收单据处理｜应收单据录入，单据类型窗口，选择单据名称"应收单"，单据类型"其他应收单"。单击【确定】。

⑤单击应收单窗口【增加】，完成单据信息填写，单【保存】。如图 10-32 所示。

图 10-32　业务 2 代垫运费业务处理

⑥单击菜单栏【审核】按钮，完成审核，弹出是否立即制单选项，单击【确定】按钮，完成填制凭证工作。如图 10-33 所示。

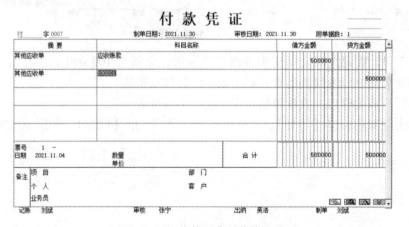

图 10-33　代垫运费制单的处理

（3）5日，收到小城公司交来转账支票一张，金额65 000元，支票号ZZ001，用以归还前欠货款。

①执行应收款管理丨收款单据处理丨收款单据录入。

②单击收款单窗口【增加】，完成单据信息填写，单【保存】。如图10-34所示。

收款单

打印模版 [应收收款单打印模板 ▼]

表体排序 [_____ ▼]

单据编号 0000000001	日期 2021-11-05	客户 小城
结算方式 转账支票	结算科目 100201	币种 人民币
汇率 1	金额 65 000.00	本币金额 65 000.00
客户银行 _____	客户账号 500123456780	票据号 _____
部门 _____	业务员 _____	项目 _____
摘要 _____		

	款项类型	客户	部门	业务员	金额	本币金额	
1	应收款	小城			65 000.00	65 000.00	1122
2							
3							
4							
5							
6							

图10-34　收款单制单的处理

③单击菜单栏【审核】按钮，完成审核，弹出是否立即制单选项，单击【确定】按钮，完成填制凭证工作。如图10-35所示。

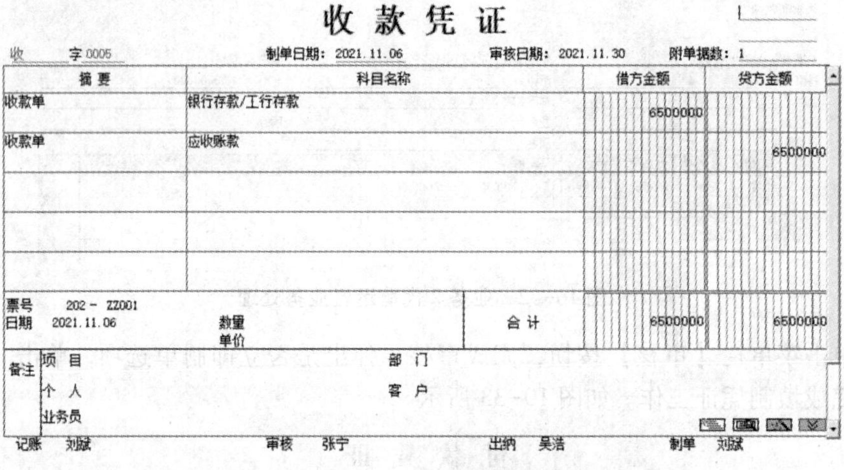

收 款 凭 证

收　字 0005　　制单日期：2021.11.06　　审核日期：2021.11.30　　附单据数：1

摘　要	科目名称	借方金额	贷方金额
收款单	银行存款/工行存款	6500000	
收款单	应收账款		6500000

| 票号　202 - ZZ001 日期　2021.11.06 | 数量 单价 | 合　计 | 6500000 | 6500000 |

备注　项　目　　　　　部　门
　　　个　人　　　　　客　户
　　　业务员

记账　刘斌　　　审核　张宁　　　出纳　吴洁　　　制单　刘斌

图10-35　业务3凭证

（4）7日，收到大河公司交来转账支票一张，金额为100 000元，支票号ZZ002，用以归还前欠货款以及代垫运费，剩余款项转为预收账款。

①执行应收款管理丨收款单据处理丨收款单据录入。

②单击收款单窗口【增加】，完成单据信息填写，单【保存】。如图10-36所示。

收款单

打印模版 应收收款单打印模板

表体排序

单据编号 0000000002　日期 2021-11-07　客户 大河

结算方式 转账支票　结算科目 100201　币种 人民币

汇率 1　金额 400 000.00　本币金额 400 000.00

客户银行　客户账号 500123456782　票据号

部门　业务员　项目

摘要

	款项类型	客户	部门	业务员	金额	本币金额	
1	应收款	大河			397 600.00	397 600.00	1122
2	预收款	大河			2 400.00	2 400.00	2203
3							
4							
5							

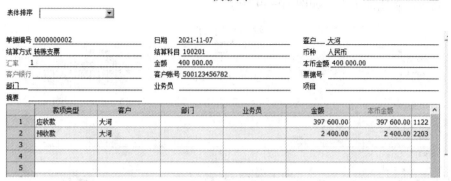

图 10-36　收款单中含预收款制单的处理

③单击菜单栏【审核】按钮，完成审核，弹出是否立即制单选项，单击【确定】按钮，完成填制凭证工作。如图 10-37 所示。

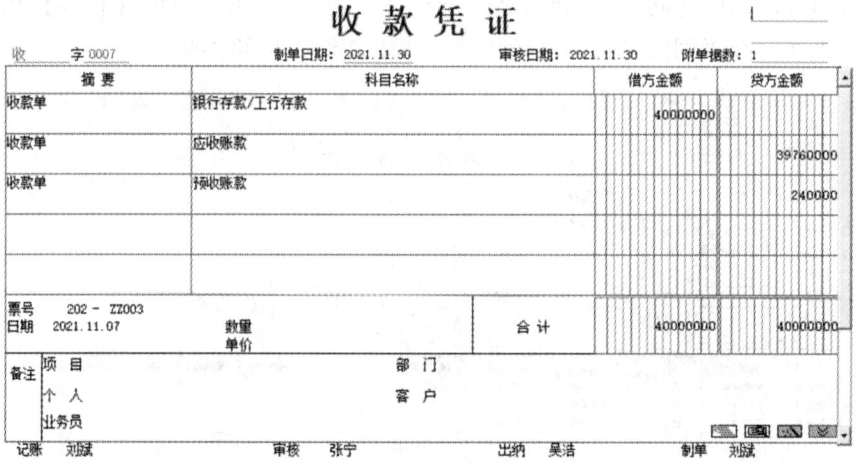

收 款 凭 证

收　字 0007　制单日期：2021.11.30　审核日期：2021.11.30　附单据数：1

摘 要	科目名称	借方金额	贷方金额
收款单	银行存款/工行存款	40000000	
收款单	应收账款		39760000
收款单	预收账款		240000
票号 202 - ZZ003 日期 2021.11.07　数量 单价	合 计	40000000	40000000

备注　项 目　部 门

个 人　客 户

业务员

记账 刘斌　审核 张宁　出纳 吴洁　制单 刘斌

图 10-37　业务 4 凭证

（5）9 日，小城公司交来转账支票一张，金额 10 000 元，支票号 ZZ003，作为预购 PIII 芯片的定金。

①执行应收款管理 | 收款单据处理 | 收款单据录入。

②单击收款单窗口【增加】，完成单据信息填写，单【保存】。如图 10-38 所示。

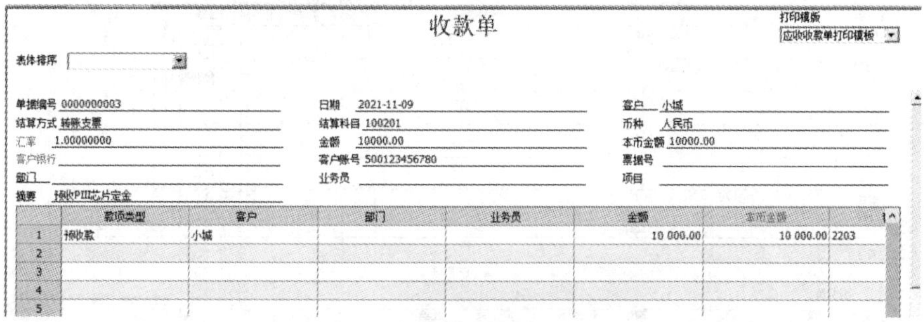

收款单

打印模版 应收收款单打印模板

表体排序

单据编号 0000000003　日期 2021-11-09　客户 小城

结算方式 转账支票　结算科目 100201　币种 人民币

汇率 1.00000000　金额 10000.00　本币金额 10000.00

客户银行　客户账号 500123456780　票据号

部门　业务员　项目

摘要 预收PIII芯片定金

	款项类型	客户	部门	业务员	金额	本币金额	
1	预收款	小城			10 000.00	10 000.00	2203
2							
3							
4							
5							

图 10-38　预收款制单的处理

③单击菜单栏【审核】按钮，完成审核，弹出是否立即制单选项，单击【确定】按钮，完成填制凭证工作。如图10-39所示。

图 10-39　业务 5 凭证

（6）10日，将同城公司购买的21英寸显示器的应收款56 500元转给大河公司。

①执行应收款管理 | 转账 | 应收冲应收。

②转出客户选择【同城】，转入客户选择【大河】，单击菜单栏【查询】按钮。如图10-40所示。在查询信息栏中选择数据，并账金额填入56 500。

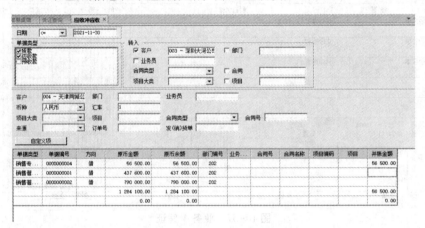

图 10-40　应收冲应收的处理

③单击菜单栏【保存】按钮，弹出是否立即制单按钮，单击【是】，完成凭证填制。如图10-41所示。

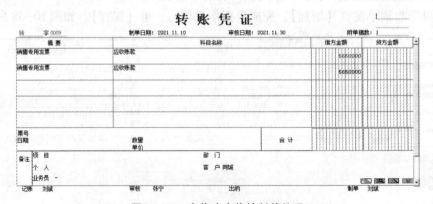

图 10-41　应收冲应收的制单处理

（7）11日，用小城公司交来的10 000元定金冲抵其期初应收账款。

①执行应收款管理丨转账丨预收冲应收。

②在预收冲应收窗口的客户项选择【小城】，单击【过滤】按钮，在预收款栏，转账金额填入10 000，如图10-42所示。

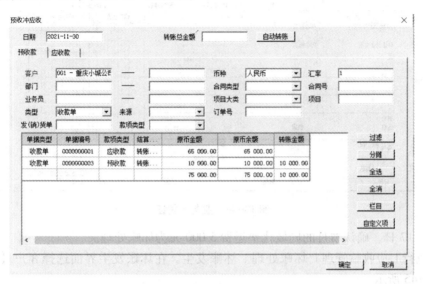

图10-42 预收冲应收的处理

③将选项选到应收款界面，单击【过滤】出应收款信息，转账金额填入10 000，如图10-43所示。

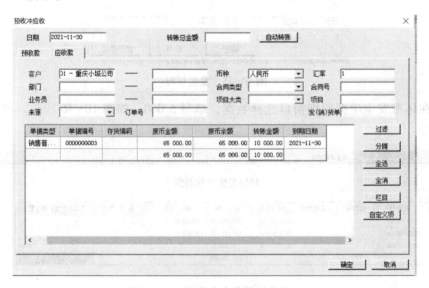

图10-43 预收冲应收的制单处理

④单击【确定】按钮，弹出是否立即制单，单击【是】，完成凭证制单，如图10-44所示。

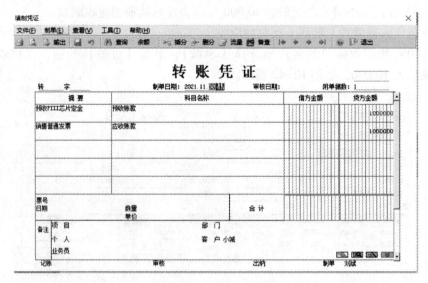

图 10-44　业务 7 凭证

（8）17 日，确认本月的同城代垫运费 5 000 元为坏账处理。

①执行｜应收款管理｜坏账处理｜坏账发生。在坏账发生界面选择客户【同城】，如图 10-45 所示。

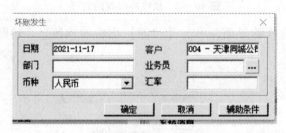

图 10-45　发生坏账

②在坏账发生单据明细窗口选择数据，填写 5 000，如图 10-46 所示。单击【确认】按钮。

图 10-46　坏账发生单据明细

③弹出是否立即制单，单击【是】，完成凭证填制。如图 10-47 所示。

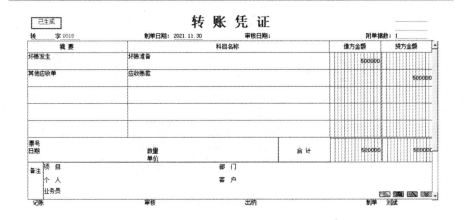

图 10-47　业务 8 凭证

（9）30 日，计提坏账准备。

执行应收款管理｜坏账处理｜计提坏账准备，完成凭证填制，如图 10-48 所示。

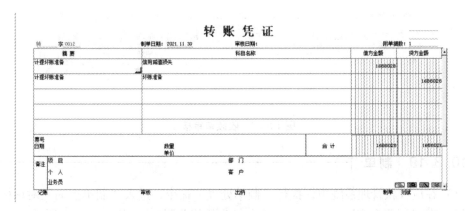

图 10-48　业务 9 凭证

［操作提示］

在"制单查询"对话框中，系统已默认制单内容为"发票制单"，如果需要选中其他内容制单，可以选中要制单内容前的复选框。

如果所选择的凭证类型错误，可以在生成凭证后再修改。

在以上例子中，由应收单生成的凭证，其贷方是"现金"或"银行存款"，则应修改凭证类别为"付款凭证"，否则系统将不予保存。

凭证一经保存就传递到总账系统，再在总账系统中进行审核和记账等。

10.3.18　审核收款单

（1）在应收款管理系统中，执行"收款单据处理"｜"收款单据审核"命令，打开"结算单过滤条件"对话框，如图 10-49 所示。

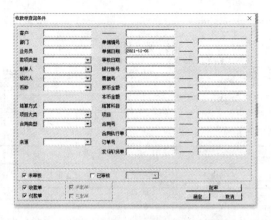

图 10-49　"收款单过滤条件"对话框

（2）单击【确定】按钮，打开"结算单列表"窗口。

（3）单击【全选】按钮。

（4）单击【审核】按钮，系统提示"本次审核成功单据 1 张"，如图 10-50 所示。

（5）单击【确定】按钮，再单击【退出】按钮退出。

图 10-50　收款单审核

10.3.19　制单

（1）在应收款管理系统中，执行"制单处理"命令，进入"制单查询"对话框。

（2）在"制单查询"对话框中，选中"收付款单制单"，如图 10-51 所示。

（3）单击【确定】按钮，进入"制单"窗口。

图 10-51　"制单查询"对话框

（4）单击【制单】按钮，生成记账凭证。

[**操作提示**]

如果在"单据查询"窗口中，选中"收付款单制单"后，再取消勾选"发票制单"选项，则会打开"收付款单制单"窗口。如果不取消勾选"发票制单"选项，虽然制单窗口显示的是"应收制单"，但两种待制的单据都会显示出来。

在制单功能中，还可以根据需要进行合并制单。

小 结

本部主要对应收款管理系统进行介绍。应收款管理系统主要实现企业与客户之间业务往来账款的核算与管理。根据对客户往来款项的核算和管理的程度不同，系统提供了"详细核算"和"简单核算"两种应用方案。

（1）详细核算应用方案的功能主要包括记录应收款项的形成（包括由商品交易和非商品交易所形成的所有的应收项目）、处理应收项目的收款及转账情况、对应收票据进行记录和管理、随应收项目的处理过程自动生成凭证并传递给总账系统、对外币业务及汇兑损益进行处理，以及提供针对多种条件的各种查询和分析。

简单核算应用方案的功能，主要包括接收销售系统的发票、对其进行审核，以及对销售发票进行制单处理并传递给总账系统。

（2）应收款系统的功能较为全面，由于不同功能模块的组合将会使应收款系统的功能实现方式不同，所以，在学习时一定要在弄清应收款系统的基本功能后，系统学习不同模块组合时应收款系统录入数据或接收数据的方法和相应的账务处理。

章节练习

一、单项选择题

1. 明光公司应收款项通过总账系统核算，并进行分客户管理，则其"应收账款"科目应选择（　　）辅助核算方式。

  A. 部门核算   B. 个人往来

  C. 客户往来   D. 供应商往来

2. 用户可通过总账系统"个人往来账"功能对与单位内部职工发生的往来业务进行个人往来管理，但必须先在设置会计科目时将相关科目的辅助核算形式设为"个人往来"。下列科目中，适合于设置为个人往来核算科目的有（　　）。

  A. 其他应收款   B. 预付账款

  C. 应收账款   D. 应付账款

3. 收到客户的转账应收账款100元，银行收的手续费为5%，实际本单位银行收到的款项是95元。问应如何录入收款单？（　　）。

  A. 收款单表头100元，表体其他费用——手续费5元，应收款95元

  B. 收款单表头 100 元，表体其他费用 5 元，应收款 95 元

  C. 收款单表头 95 元，表体其他费用 5 元，应收款 100 元

  D. 收款单表头 -95 元，表体其他费用 5 元，应收款 100 元

4. 应收模块与（　　）模块没有接口。

  A. UFO   B. 总账

  C. 存货   D. 应付模块

5. 下列选项中，关于选择收款说法正确的是（　　）。

  A. 选择收款是手工录入收款单，然后由系统来核销

  B. 选择收款是系统生成的收款单，审核后由系统来核销

  C. 选择收款是录入完应收单后由系统自动生成收款单并核销

  D. 选择收款是系统生成收款单、系统来核销

二、多项选择题

1. 单据审核日期的依据分为（　　）。

  A. 单据日期   B. 审核日期

  C. 业务日期   D. 发生日期

  E. 登录日期

2. 收款单形成的方式有（　　）。

  A. 手工录入   B. 应付冲应收时产生

  C. 票据录入时产生   D. 选择收款

3. 核销的形式有（　　）。

  A. 即时核销   B. 手工核销

  C. 自动核销   D. 红票对冲

4. 红票对冲可以处理的是（　　）。

  A. 红字应收单和红字收款单

  B. 红字其他应收单和蓝字其他应收单

  C. 红字收款单和蓝字收款单

  D. 红字销售发票和蓝字收款单

三、判断题

1. 采用账龄分析法计提坏账准备时，可以分应收账款与其他应收款两个项目进行计提，不同项目可以采用不同的计提比例。 （　　）

2. 应收系统中只能选择核算项目"客户"，进行"应收账款"的管理。 （　　）

3. 应收系统与总账系统相同，审核人与制单人必须为同一个人。 （　　）

4. 应收票据转出是指将票据转手给其他供应商。 （　　）

5. 在核销处理时，对系统提供的三种核销方式，针对某一张单据，只能采取一种核销方式。 （　　）

四、简答题

1. 谈谈你对应收款模块中系统参数（选项）的理解与认识？

2. 试用图示的方式表示应收款业务处理的流程。

3. 设置存货科目和对方科目有何意义？

4. 应收款和总账之间的关系是怎样的？

5. 除了产成品入库和材料领用出库业务以外，企业还有哪些其他的出入库业务？

项目 11

总账管理期末处理

11.1 期末业务处理概述

每个会计期末，会计人员都需要完成一些特定的工作。期末业务主要包括期末转账处理、试算平衡、对账、结账等。

（1）自动转账。

在会计业务中，许多会计事项每月都有规律地重复出现，如每月提取折旧费、按月上缴税金、按月发工资、月底结转费用到损益账户等。这些凭证的摘要、借贷方科目各月基本相同、金额的来源或计算方法也基本不变。因此，可以把这类凭证的摘要、借贷方科目、金额的来源或计算方法预先进行定义，用户在执行"生成转账凭证"时，计算机根据预先定义的金额来源或计算方法自动取数或计算来填制相应的金额，从而生成相应的转账凭证，这个过程叫作"自动转账"，这样的凭证被称为"自动转账凭证"。通过自动转账避免了每月重复填制类似的转账凭证，并提高了转账的效率和准确性。

自动转账需要事先进行转账定义。转账定义是把凭证的摘要、会计科目、借贷方向及金额的计算公式预先设置成凭证模板，称为自动转账分录，待需要转账时调用相应的自动转账分录生成凭证，生成的凭证是未经记账的，需要进行记账，如图 11-1 所示。

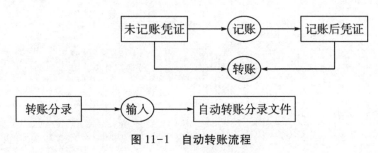

图 11-1　自动转账流程

系统提供五种类型的转账定义，其中自定义转账是应用最为广泛和灵活的。归纳整理自定义转账能处理哪些类型的业务，理解凭证各项数据的来源及如何利用金额公式表述是自定义转账最核心的内容。

（2）结账。

每月月末，需要计算各账簿的本期发生额和期末余额，并结转到下一个会计期间，称之为结账。结账会终止本期工作，每月只能进行一次。因此，需要了解结账的工作要求和工作程序。

[重点、难点提示]

（3）月末处理。

总账系统提供有灵活的自定义转账功能、各种取数公式可满足各类业务的转账工作；能自动完成月末分摊、计提、对应转账、销售成本、汇兑损益、期间损益结转等业务；进行试算平衡、对账、结账、生成月末工作报告。

11.2 期末处理实验

11.2.1 实验概述

11.2.1.1 实验目的
掌握总账系统期末处理的操作方法。

11.2.1.2 实验内容
（1）自定义结转、对应结转、损益结转基础设置。

（2）自定义结转、对应结转、损益结转生成。

（3）期末凭证审核、记账。

（4）对账、结账。

（5）账套数据备份。

11.2.1.3 实验准备
引入"项目5中的凭证处理"备份数据或光盘中的"实验财套/凭证处理27"。

11.2.1.4 实验要求
（1）以"102 张宁"的身份进行转账定义、转账凭证生成操作。

（2）以"104 吴浩"的身份进行出纳签字，现金、银行存款日记账和资金日报表的查询，支票登记。

（3）以"101 刘斌"的身份进行主管签字、审核、记账、账簿查询操作。

11.2.2 实验资料

期末处理由操作员"102 张宁"进行，生成的凭证由刘斌审核、记账。

11.2.2.1 期末转账定义
（1）结转制造费用。

（2）期间损益结转定义。

凭证类别：转账凭证。本年利润科目：4103。

11.2.2.2　期末转账生成

（1）张宁生成自定义结转，结转制造费用，生成凭证。

（2）吴浩对已生成的凭证进行出纳签字，刘斌对已生成的凭证进行审核、记账。

（3）张宁进行期间损益结转凭证，收支分别结转，生成凭证。

11.2.2.3　对账、结账

11.2.2.4　实验操作时间与地点

操作时间：2课时。操作地点：多媒体机房。

11.3　期末处理实验操作

11.3.1　待处理财产损益——期末处理

（1）11月30日，查明期初待处理财产损溢科目75 960元，是由一车间员工蒋宁宁个人工作失误所致，经批准计入其他应收款/应收个人款科目。

借：其他应收款　　　　　　　　　　　　　　　　　　　75 960

　　贷：待处理财产损溢　　　　　　　　　　　　　　　　　　75 960

［操作步骤］

待处理财产损溢减少，其他应收款科目增加 见图11-2。

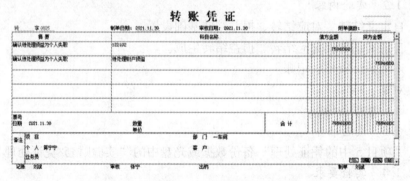

图11-2　转账凭证

（2）计提短期借款利息。

①执行"总账"｜"期末"｜"转账定义"｜"自定义转账"命令，进入"自动转账设置"窗口。

②单击【增加】按钮，打开"转账目录"设置对话框。

③输入转账序号"0001"，转账说明"计提短期借款利息"；选择凭证类别"转账凭证"，如图11-3所示。

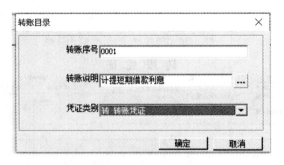

图 11-3　转账目录

④单击【确定】按钮，继续定义转账凭证分录信息。

⑤单击【增行】按钮，确定分录的借方信息。选择科目"660301"。

⑥在金额公式栏单击 按钮，打开"公式向导"对话框，选择"去对方科目计算结果 JG（）"，单击【下一步】按钮。

⑦单击【增行】按钮，确定分录的贷方信息。如图 11-4 所示，选择科目编码"2231"，方向"贷"，输入金额公式"期末结果 QM（）"，点击下一步，选择科目2001，方向贷方。单击【保存】。

图 11-4　自定义转账——转账目录

⑧单击【转账生成】，单击是否结转，如图 11-5 所示。单击【确定】。

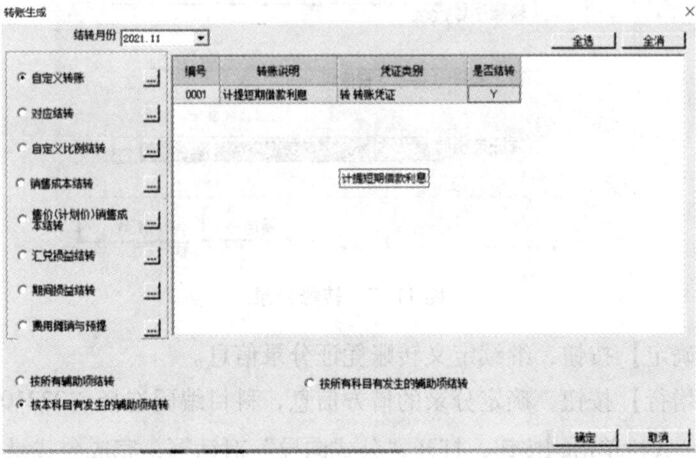

图 11-5　转账生成

⑨完成凭证填制，如图 11-6 所示。

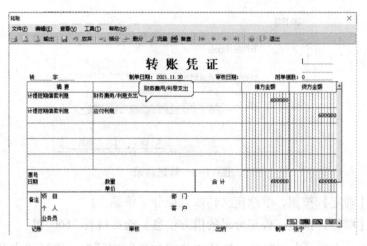

图 11-6　生成凭证信息

[操作提示]

转账科目可以为非末级科目、部门可为空，表示所有部门。

输入转账计算公式有两种方法：一是直接输入计算公式；二是引导方式录入公式。

（3）结转未交增值税。

①执行"总账"｜"期末"｜"转账定义"｜"自定义转账"命令，进入"自动转账设置"窗口。

②单击【增加】按钮，打开"转账目录"设置对话框。

③输入转账序号"0002"，转账说明"结转未交增值税"；选择凭证类别"转账凭证"，如图 11-7 所示。

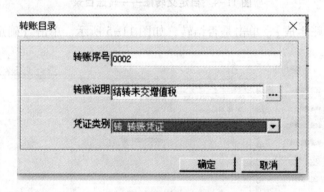

图 11-7　转账目录

④单击【确定】按钮，继续定义转账凭证分录信息。

⑤单击【增行】按钮，确定分录的借方信息，科目编码选择"22210103"。

⑥在金额公式栏单击▦按钮，打开"公式向导"对话框，完成公式录入，如图 11-8 所示。

图 11-8　自定义转账设置

⑦单击【增行】按钮，确定分录的贷方信息。选择科目编码 "222102"，方向 "贷"，输入金额公式 "取对方计算结果 JG（）"，点击下一步，单击【保存】。如图 11-9 所示。

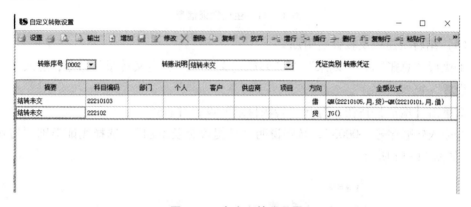

图 11-9　自定义转账设置

⑧单击【转账生成】，单击是否结转，如图 11-10 所示。单击【确定】。

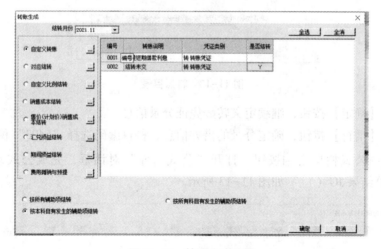

图 11-10　转账生成设置

⑨完成凭证填制，如图 11-11 所示。

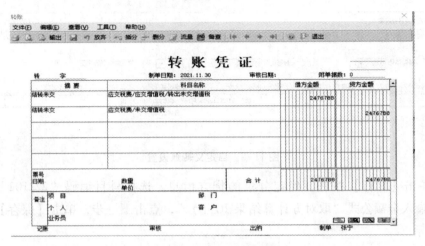

图 11-11　生成凭证信息

（4）结转城建税及教育费附加。

①执行"总账"｜"期末"｜"转账定义"｜"自定义转账"命令，进入"自动转账设置"窗口。

②单击【增加】按钮，打开"转账目录"设置对话框。

③输入转账序号"0003"，转账说明"计提税金及附加"；选择凭证类别"转账凭证"，如图 11-12 所示。

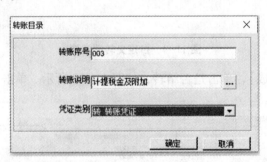

图 11-12　转账目录

④单击【确定】按钮，继续定义转账凭证分录信息。

⑤单击【增行】按钮，确定分录的借方信息，科目编码选择"6403"税金及附加。

⑥在金额公式栏单击▦按钮，打开"公式向导"对话框，完成公式录入，选择"取对方计算结果 JG（）"如图 11-13 所示。

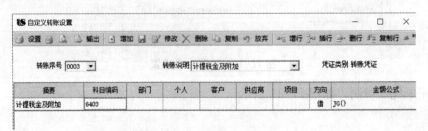

图 11-13　自定义转账设置

⑦单击【增行】按钮，确定分录的贷方信息。选择科目编码"222108"，方向"贷"，输入金额公式"贷方发生额 FS（222102，月，贷）＊0.07"，单击【增行】按钮，选择科目编码"222113"，方向"贷"，输入金额公式"贷方发生额 FS（222102，月，贷）＊0.03"点击下一步，单击【保存】。如图 11-14 所示

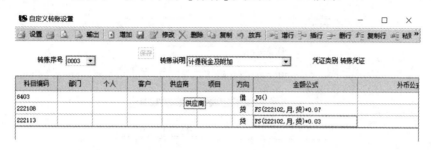

图 11-14　自定义转账设置

⑧单击【转账生成】，单击是否结转，如图 11-15 所示。单击【确定】。

图 11-15　转账生成设置

⑨完成凭证填制，如图 11-16 所示。

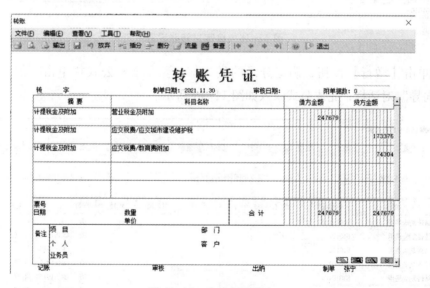

图 11-16　生成凭证信息

（5）结转制造费用。

①执行"总账"｜"期末"｜"转账定义"｜"自定义转账"命令，进入"自动

转账设置"窗口。

②单击【增加】按钮，打开"转账目录"设置对话框。

③输入转账序号"0004"，转账说明"结转制造费用"；选择凭证类别"转账凭证"，如图 11-17 所示。

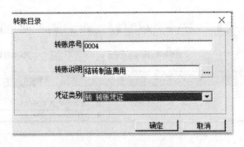

图 11-17　转账目录

④单击【确定】按钮，继续定义转账凭证分录信息。

⑤单击【增行】按钮，确定分录的借方信息，科目编码选择"50010103"生产成本。

⑥在金额公式栏单击■按钮，打开"公式向导"对话框，完成公式录入，选择"取对方计算结果 JG（）"如图 11-18 所示。

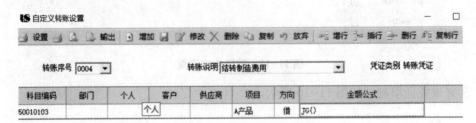

图 11-18　自定义转账设置

⑦单击【增行】按钮，确定分录的贷方信息。在金额公式栏单击■按钮，打开"公式向导"对话框，完成公式录入如图 11-19 所示。

摘要	科目编码	部门	个人	客户	供应商	项目	方向	金额公式
结转制造费用	50010103					A产品	借	JG()
结转制造费用	510101						贷	QM(510101,月,借)
结转制造费用	510102	510101					贷	QM(510102,月,借)
结转制造费用	510103						贷	QM(510103,月,借)
结转制造费用	510104						贷	QM(510104,月,借)
结转制造费用	510105						贷	QM(510105,月,借)
结转制造费用	510120						贷	QM(510120,月,借)

图 11-19　自定义转账设置

⑧单击"转账生成"，单击是否结转，如图11-20所示。单击【确定】。

图11-20　转账生成设置

⑨完成凭证填制，如图11-21所示。

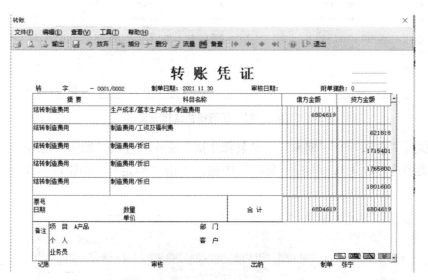

图11-21　生成凭证信息

（6）期间损益结转定义。

①操作员102执行"总账"｜"期末"｜"转账定义"｜"期间损益"命令，进入"期间损益转账设置"窗口。

②选择凭证类别"转账凭证"，本年利润科目："4103"，如图11-22所示，单击【确定】按钮。

图 11-22　期间损益结转设置

③执行"总账"|"期末"|"转账生成"命令，进入"期间损益结转"窗口。

④类型选"收入"，单击"全选"按钮，单击"确定"。如图 11-23、图 11-24 所示。

图 11-23　转账生成

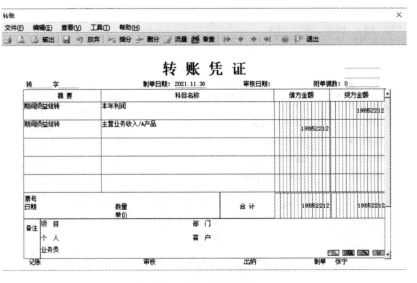

图 11-24 结转凭证

⑤类型选"支出",单击"全选"按钮,如图 11-25、图 11-26 所示。

图 11-25 转账生成

项目 11 总账管理期末处理

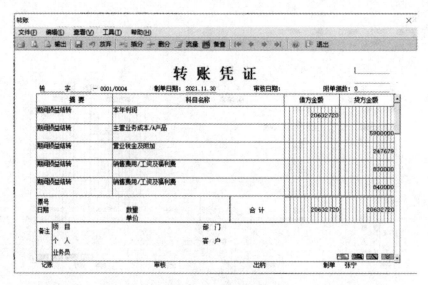

图 11-26 结转凭证

⑥操作员 101 刘斌对已生成的凭证进行审核、记账。。

（7）计提所得税费用。

①操作员 102 执行"总账"｜"期末"｜"转账定义"｜"自定义转账"命令，进入"自定义转账设置"窗口。

②单击"增加"，转账序号"0005"，转账说明"计提所得税费用"，凭证类型："转账凭证"。如图 11-27 所示。

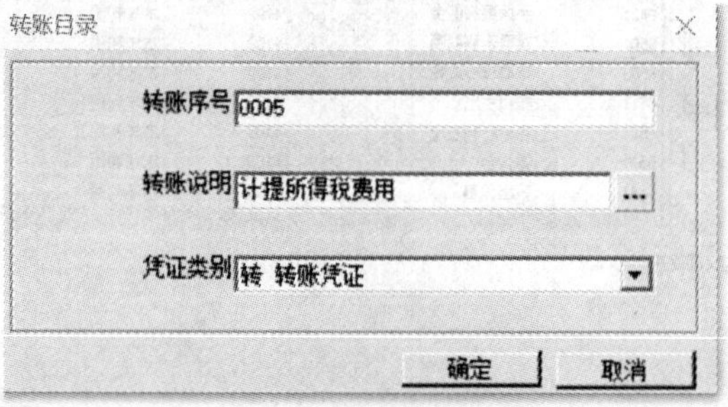

图 11-27 转账目录

③单击【确定】按钮，继续定义转账凭证分录信息。

④单击【增行】按钮，确定分录的借方信息，科目编码选择"6801"所得税费用。

⑤在金额公式栏单击□按钮，打开"公式向导"对话框，完成公式录入，选择"取对方计算结果 JG（）"。

⑥单击【增行】按钮，确定分录的贷方信息，科目编码选择"222106"应交税费-应交所得税。在金额公式栏单击□按钮，打开"公式向导"对话框，完成公式录入，选择"QM（4103，月）＊0.25"如图 11-28 所示。

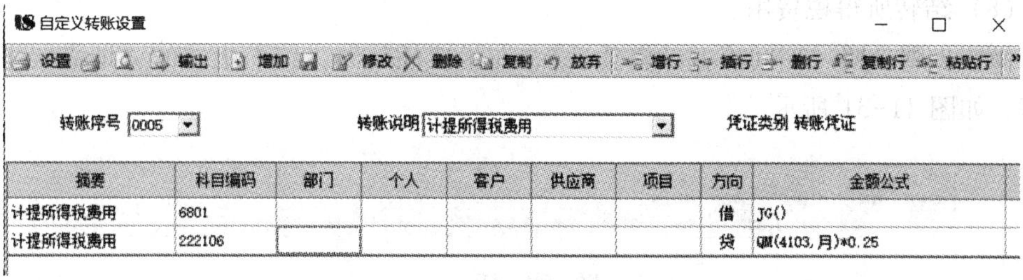

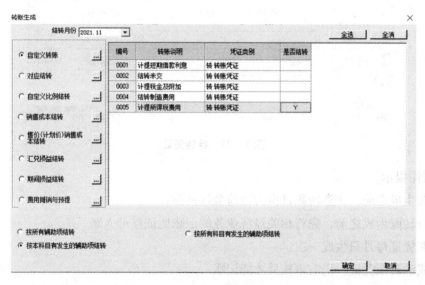

图 11-28 自定义转账设置

⑦单击"转账生成",选择"计提所得税费用",单击【确定】。如图 11-29、图 11-30 所示。

图 11-29 转账生成

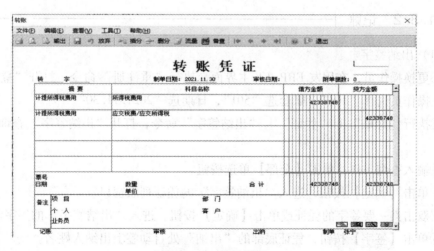

图 11-30 结转凭证

⑧操作员 101 刘斌对已生成的凭证进行审核、记账。

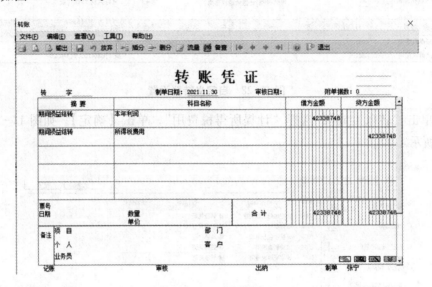（8）结转所得税费用。

操作步骤参照"期间损益结转凭证"，在生成凭证时，前面生成的凭证需要审核、记账，如图 11-31 所示。

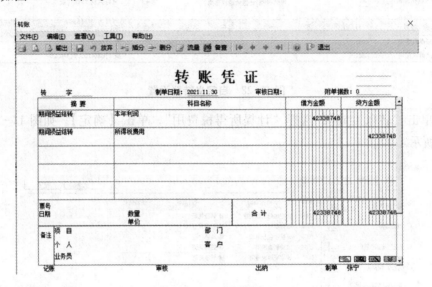

图 11-31　结转凭证

[操作提示]

转账生成之前，注意转账月份为当前会计月份。

进行转账生成之前，先将相关经济业务的记账凭证登记入账。

转账凭证每月只生成一次。

生成的转账凭证，仍需审核后才能记账。

以"101 刘斌"身份将生成的自动转账凭证审核、记账。

11.3.2　记账

（1）出纳签字。

①更换操作员，在用友 ERP-U8 主界面，执行"重注册"命令，打开"登录"对话框。操作员选择"104"，账套选"501"，日期选"2021.11.30"。

②执行"总账"｜"凭证"｜"出纳签字"命令，打开"出纳签字"查询条件对话框。

③输入查询条件：单击【全部】单选按钮。

④单击【确定】按钮，进入"出纳签字"的凭证列表窗口。

⑤双击某一要签字的凭证或单击【确定】按钮，进入"出纳签字"的签字窗口。

⑥单击【签字】按钮，凭证底部的"出纳"处自动签上出纳人姓名。

⑦单击【下张】按钮，对其他凭证签字，最后单击【退出】按钮。

（2）审核凭证。

①以"101 刘斌"的身份重新注册。

②执行"总账" | "凭证" | "审核凭证"命令，打开"凭证审核"查询条件对话框。

③输入查询条件，单击【确定】按钮，进入"凭证审核"的凭证列表窗口。

④双击要审核的凭证或单击【确定】按钮，进入"凭证审核"的审核凭证窗口。

⑤检查要审核的凭证，无误后，单击"审核"菜单的【成批审核凭证】按钮，单击【确定】按钮。

⑥最后单击【退出】按钮。

（3）记账。

①执行"总账" | "凭证" | "记账"命令，进入"记账"窗口。

②第一步选择要进行记账的凭证范围。例如，在转账凭证的"记账范围"栏中输入"14-17"，本例单击【全选】按钮，选择所有凭证，单击【记账】按钮。

③系统显示期初试算平衡表，单击【确定】按钮。

④系统进行自动记账处理。登记完后，弹出"记账完毕!"信息提示对话框。

⑤单击【确定】，记账完毕。

11.3.3 对账

以"101 刘斌"的身份进行对账、结账。

（1）执行"总账" | "期末" | "对账"命令，进入"对账"窗口。

（2）将光标定位在要进行对账的月份"2021.11"，单击【选择】按钮。

（3）单击【对账】按钮，开始自动对账，并显示对账结果，如图 11-32 所示。

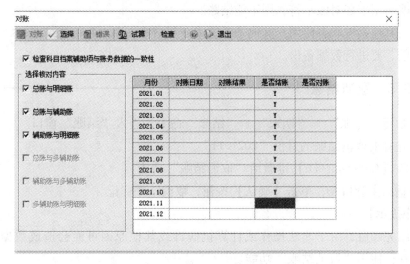

图 11-32 对账

（4）单击【试算】按钮，可以对各科目类别余额进行试算平衡。

11.3.4 结账

（1）执行"总账" | "期末" | "结账"命令，进入"结账"窗口，如图 11-33

所示。

（2）单击要结账月份"2021.11"，单击【下一步】按钮。

（3）单击【对账】按钮，系统对要结账的月份进行账账核对。

（4）单击【下一步】按钮，系统显示"2021 年 11 月工作报告"，如图 11-34 所示。

图 11-33　结账

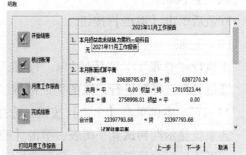

图 11-34　结账报告

（5）查看工作报告后，单击【下一步】按钮，单击【结账】按钮。若符合结账要求，系统将进行结账，否则不予结账。

［操作提示］

结账只能由有结账权限的人进行。

本月还有未记账凭证时，则本月不能结账。

结账必须按月连续进行，若上月未结账，则本月不能结账。

若总账与明细账对账不符，则不能结账。

如果与其他系统联合使用，其他子系统未全部结账，则本月不能结账。

结账前，要进行数据备份。

11.3.5　取消结账

（1）执行"总账"｜"期末"｜"结账"命令，进入"结账"窗口。

（2）选择要取消结账的月份"2021.11"。

（3）按【Ctrl+Shift+F6】键激活"取消结账"功能。

（4）输入主管口令，单击【确认】按钮，取消结账标记。

［操作提示］

当在结完账后，由于非法操作或计算机病毒或其他原因可能会造成数据被破坏，这时可以在此使用"取消结账"功能。

11.3.6　数据备份

全部项目完成后，备份账套数据。

本部分主要对总账管理期末处理业务进行介绍。用友 ERP-U8 系统中财务会计和供应链系统的期末处理分月末处理和年末处理。月末处理是在每个会计月终了时，对本月会计数据进行月末结算，并将各项余额结转到下个月；年末处理是将本年度各项会计数据的最后余额结转到新的会计年度账里。

（1）进行财务会计和供应链等子系统的期末处理时，必须把总账系统放在最后处理。采购管理系统必须优先于应付款管理系统结账；销售管理系统必须优先于应收款管理系统结账；库存管理系统必须优先于采购管理系统和销售管理系统结账；薪资管理系统和固定资产管理系统必须优先于总账系统前结账。

（2）结账前，应检查本会计月工作是否已全部完成。只有在当前会计月所有工作全部完成后，才能进行月末结账。如果没有进行期初记账，系统不允许做月末结账，不允许跨月结账。

章节练习

一、单项选择题

1. 使用总账系统填制凭证后，计算机自动检查借贷双方是否平衡，不平衡的凭证是（　　）。

    A. 不能保存　　　　　　　　　B. 可强行保存

    C. 不能退出　　　　　　　　　D. 不能放弃

2. 总账子系统是以（　　）为原始数据，通过凭证输入和处理，完成记账、结账和银行对账、账簿查询及打印输出，以及系统服务和数据管理等工作。

    A. 经济业务　　　　　　　　　B. 信息

    C. 记账凭证　　　　　　　　　D. 凭证

3. 在总账系统中，对结账的叙述，错误的是（　　）。

    A. 结账前，本月凭证必须登记入账

    B. 结账后，不能再输入该月凭证

    C. 结账必须按月连续进行

    D. 每月可以结多次账

4. 总账系统初始设置不包括（　　）。

    A. 单据设置　　　　　　　　　B. 会计科目

    C. 结算方式　　　　　　　　　D. 数据权限分配

5. 在总账系统中，设置记账凭证类别时，下列会计科目中，可作为收款凭证"借方必有"科目的是（　　）。

    A. 短期投资　　　　　　　　　B. 短期借款

    C. 银行存款　　　　　　　　　D. 资本公积

6. 在总账系统中，用户可通过（　　）功能彻底删除已作废记账凭证。

    A. 整理凭证   B. 删除凭证

    C. 作废平整   D. 冲销凭证

7. 在总账系统"凭证审核"功能中，可以对记账凭证进行对照式审核。所谓对照式审核，是指（　　）。

    A. 通过对记账凭证的二次输入，达到系统自动审核的目的

    B. 通过将记账凭证与原始单据对比，达到系统自动审核的目的

    C. 通过将记账凭证与其他系统的记录对比，达到系统自动审核的目的

    D. 通过将记账凭证与账簿记录对比，达到系统自动审核的目的

二、多项选择题

1. 总账系统与其他财务管理子系统之间存在数据传递关系，它既可以接收其他子系统生成的凭证，也可以向（　　）等子系统提供财务数据。

    A. UFO 报表系统   B. 应收应付系统

    C. 管理驾驶舱   D. 存货核算系统

2. 总账系统是财务管理系统的一个基本的子系统，它可以接收下列哪些系统生成的凭证？（　　）。

    A. 财务分析系统   B. 固定资产系统

    C. 工资系统   D. 资金管理系统

3. 在总账系统中，"设置/选项"功能可进行（　　）参数的设置。

    A. 赤字控制   B. 凭证编号方式

    C. 科目级数及每级科目代码长度   D. 凭证类别

4. 在总账系统中，"数据操作权限"功能可实现（　　）权限的分配。

    A. 记录权限分配   B. 字段权限分配

    C. 凭证审核权限分配   D. 记账权限分配

5. 在总账系统中，可以对会计科目进行（　　）辅助核算。

    A. 分部门核算   B. 项目核算

    C. 内部往来核算   D. 客户往来核算

6. 在总账系统中，"期初余额"功能包括（　　）

    A. 试算平衡   B. 修改会计科目设置

    C. 输入科目期初余额   D. 核对科目期初余额

7. 通过总账系统"银行对账"功能，可以实现（　　）等项操作。

    A. 银行对账单查询   B. 自动银行对账

    C. 引入银行对账单   D. 输入银行对账单

8. 关于总账系统结账的功能，下列选项中，正确的有（　　）。

    A. 结账前，一般应进行数据备份

    B. 结账操作只能由会计主管进行

    C. 已结账月份不能再填制记账凭证

    D. 结账功能每月可根据需要多次进行

9. 在总账系统中，如果由于断电或人为因素导致记账错误，可调用"恢复记账前状态"功能，将数据恢复到记账前状态并进行调整。目前系统提供的恢复记账前状态的方式有（　　　）

    A. 将系统恢复到最后一次记账前状态

    B. 将系统恢复到本月月初状态

    C. 将系统恢复到启用时状态

    D. 将系统恢复到本年年初状态

三、判断题

1. 总账系统是财务管理系统的一个基本子系统，并在财务管理系统中处于中枢地位。（　　　）

2. 总账系统中已设定并使用的凭证类别不能删除，但可以修改其类别字。（　　　）

3. 在总账系统中，只有在"会计科目"功能下通过"指定科目"预先指定的现金类科目，才可以通过"现金日记账"功能查询其日记账。（　　　）

4. 在总账系统中，可根据需要随时更改已定义并使用的会计科目辅助账设置。（　　　）

5. 在总账系统中，已经记过账后，期初余额功能变为浏览只读状态，除执行"结转上年余额"的功能外，不能再录入或修改期初余额。（　　　）

6. 在总账系统"期初余额"功能中，在输入科目期初余额和方向的同时，可根据需要对会计科目进行增、删、改的操作。（　　　）

7. 在总账系统中添置记账凭证时，凭证一旦保存，其凭证编号和凭证类别不能再进行修改。（　　　）

8. 在总账系统中，如果涉及银行科目的会计分录已输入支票信息，并对该支票做过报销处理，则对相关记账凭证的修改操作将同时影响"支票登记簿"中的内容。（　　　）

9. 在总账系统"支票登记簿"中，已报销的支票由系统自动写上报销日期作为已报销的标志，该项标志不可取消。（　　　）

10. 在总账系统中，取消出纳凭证的签字既可以由出纳员自己进行，也可以由会计主管进行。（　　　）

11. 在总账系统中，上月未记账，本月可以先记账，但若上月为结账，则本月不能记账。（　　　）

12. 通过总账系统账簿查询功能，既可以实现对已记账经济业务的账簿信息查询，也可以对未记账凭证的模拟记账信息查询。（　　　）

13. 在总账系统业务处理过程中，可以随时查询包含未记账的所有账表，充分满足管理者对信息及时性的要求。（　　　）

14. 在总账系统中，已作废的凭证不能审核，也不参与记账，在账簿查询时，查不到作废凭证的数据。（　　　）

四、简答题

1. 如果你看到如图 11-35 所示的界面，你是否可以判断企业哪个角色在进行什么操作？

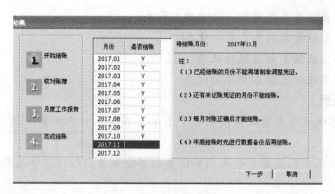

图 11-35　系统提示

2. 如果凭证上的辅助核算项目输入错误，应该如何修改？

3. 利用自定义转账设置计提福利费凭证（应付福利费按照应付工资总额的14%提取）。

4. 企业中有哪些业务适用于自动转账处理？

5. 如果企业目前尚有未记账凭证，是否可以进行期间损益结转，是否可能产生不好的后果？举例说明。

6. 如果结账时未能通过工作检查，那么最有可能的问题出在哪里？

7. 如果结账之后发现记账凭证有误，那么是否还能够无痕迹修改？

项目 12

UFO 报表

12.1 会计报表功能概述

报表管理系统的基本功能就是按需求设计报表的格式、编制并输出报表，并对报表进行审核、汇总、挖掘数据的价值，生成各种分析图表，为管理者提供各种管理信息。会计电算化后，各类财务报表的编制也可以通过计算机来完成。根据计算机技术与会计报表的编制方法相结合设计出的专门用于报表数据处理的软件，被称为报表系统。

（1）报表格式设计。

一张报表中相对固定的内容被称为报表的格式。报表格式设计在格式状态下进行，主要包括以下几项内容：

①表样设计。

表样设计包括确定报表的行数和列数、定义行高列宽、画表格线、输入表中文字、定义单元属性、设置单元风格等。以上这些项目确定了一张报表的大小和外观。

②关键字定义。

关键字可以唯一标识一个表页。财务报表系统中提供了六种关键字：单位名称、单位编号、年、季、月、日。另外，还可以根据需要自定义关键字。

③设置公式。

财务报表系统提供了计算公式、审核公式、舍位平衡公式。计算公式用于为报表中的单元赋值。报表中的数据既可以通过财务报表系统内置的函数从总账系统或其他系统获取，也可以根据表内数据计算生成，还可以从本表他页或他表获得。审核公式用于利用报表数据之间存在的钩稽关系验证报表编制的正确性。舍位平衡公式用于报表金额单位的进位转换时确保原有的平衡关系不致被破坏。

（2）数据处理功能。

按照设定的公式完成报表编制称为数据处理。在"数据"状态下，录入生成报表所必需的关键字，进行表页重算，即可生成报表。之后，可以对报表进行审核、汇总等。

（3）利用模板编制报表。

财务报表系统内置了多个行业的各种标准财务报表格式，用户可以在此基础上根据本单位具体情况稍微做些修改，省去了从头自定义一张报表的烦琐工作。会计报表工作流程如图 12-1 所示。

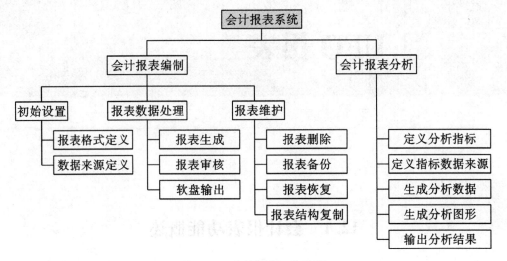

图 12-1　会计报表工作流程

会计报表处理流程如图 12-2 所示。

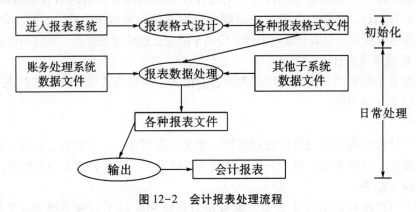

图 12-2　会计报表处理流程

12.2　会计报表实验

12.2.1　实验要求

12.2.1.1　实验目的

（1）理解报表编制的原理及流程。

（2）掌握报表格式定义、公式定义的操作方法；掌握报表单元公式的用法。

（3）掌握报表数据处理、表页管理及图表功能等操作。

（4）掌握如何利用报表模板生成一张报表。

12.2.1.2 实验内容

（1）自定义一张报表。

（2）利用报表模板生成资产负债表、利润表、现金流量表等报表。

12.2.1.3 实验准备

引入项目 8 中的账套数据或光盘中的"实验账套/期末处理 8-1"。

12.2.1.4 实验要求

以账套主管"103 学生本人"的身份进行报表管理操作。

12.2.2 实验资料

（1）根据前 11 章的实验资料，计算出融智科技股份有限责任公司的资产负债表。

（2）自定义报表——货币资金表，如表 12-1 所示。

表 12-1 货币资金表

编制单位：　　　　　　　　　年　月　日　　　　　　　　　单位：元

科目名称	行次	期初数	借方发生额	贷方发生额	期末数
库存现金	1				
银行存款	2				
工行存款	3				
中行存款	4				
建行存款	5				
其他货币资金	6				
合　计					

单位负责人：　　　　　　会计主管：　　　　　　制表人：

（3）格式设计。

（4）要求如下：

①报表标题居中；行高 10 毫米，第一行 15 毫米，报表各列等宽，宽度为 40 毫米。

②区域画线。

③单元公式。

④生成 2021 年 11 月货币资金表。

要求：增加 2 张表页；生成报表；报表审核。

⑤定义审核公式，检查合计数是否相等，如果不相等，提示"报表不平"提示信息。

12.3 会计报表实验指导

12.3.1 制作常规报表

利用模板制作 11 月份资产负债表，如图 12-3 所示。

（1）选择"业务工作"｜"财务会计"｜"UFO 报表"，进入报表窗口。

（2）选择"文件"｜"新建"｜命令，系统弹出新建窗口，选择"格式"｜"生成常用报表"，生成后可以在"窗口"菜单中选择相应的报表。

（3）在报表的左下角显示"格式"，表示此时报表处于格式状态。

（4）单击写有"公式单元"的单元格，在窗口上面的编辑框中显示出当前单元格的公式，如果要修改公式，可以单击工具栏上的 fx 进行修改，通过函数向导进行函数定义。

资产负债表

会企01表

编制单位：融智科技有限公司　　　2021 年　11 月　30 日　　　单位：元

资　产	行次	期末余额	年初余额	负债和所有者权益（或股东权益）	行次	期末余额	年初余额
流动资产：				流动负债：			
货币资金	1	4 222 172.00	1 520 495.00	短期借款	32	2 000 000.00	1 197 000.00
交易性金融资产	2	30 000.00	89 000.00	交易性金融负债	33		
应收票据	3	演示数据	600 254.00	应付票据	34	340 000.00	340 000.00
应收账款	4	2 115 976.72	2 616 917.00	应付账款	35	1 498 748.00	2 398 708.00
预付款项	5	298 000.00	298 000.00	预收款项	36	21 400.00	19 000.00
应收利息	6			应付职工薪酬	37	208 426.59	324 632.80
应收股利	7			应交税费	38	970 679.07	296 299.32
其他应收款	8	84 781.00	8 821.00	应付利息	39	6 000.00	
存货	9	6 231 510.01	7 333 339.00	应付股利	40		
一年内到期的非流动资产	10			其他应付款	41	163 450.50	250 200.00
其他流动资产	11			一年内到期的非流动负债	42		
流动资产合计	12	12 982 439.73	12 466 826.00	其他流动负债	43		
非流动资产：				流动负债合计	44	5 208 704.16	4 825 840.12
可供出售金融资产	13	380 673.00	639 693.00	非流动负债：			
持有至到期投资	14			长期借款	45	876 000.00	690 000.00
长期应收款	15			应付债券	46	302 566.08	302 566.08
长期股权投资	16			长期应付款	47		
投资性房地产	17			专项应付款	48		
固定资产	18	9 781 450.87	9 774 790.00	预计负债	49		
在建工程	19			递延所得税负债	50		
工程物资	20			其他非流动负债	51		
固定资产清理	21	5 140.08		非流动负债合计	52	1 178 566.08	992 566.08
生产性生物资产	22			负债合计	53	6 387 270.24	5 818 406.20
油气资产	23			所有者权益（或股东权益）：			
无形资产	24	248 090.00	254 768.20	实收资本（或股本）	54	14 049 929.00	15 627 239.00
开发支出	25			资本公积	55	600 432.00	600 432.00
商誉	26			减：库存股	56		
长期待摊费用	27			盈余公积	57	590 000.00	590 000.00
递延所得税资产	28			未分配利润	58	1 770 162.44	500 000.00
其他非流动资产	29			所有者权益（或股东权益）合计	59	17 010 523.44	17 317 671.00
非流动资产合计	30	10 415 353.95	10 669 251.20				
资产总计	31	23 397 793.68	23 136 077.20	负债和所有者权益（或股东权益）总计	60	23 397 793.68	23 136 077.20

图 12-3　资产负债表

12.3.2　自定义货币资金表

12.3.2.1　报表格式设计

（1）新建报表名称。

①以会计"103"身份登录企业应用平台 UFO 报表系统。

②执行"文件"｜"新建"命令，建立一张空白报表，报表名默认为"report1"。

③报表格式定义。

查看空白报表底部左下角的【格式/数据】按钮，使当前状态为"格式"状态。

（2）设置报表尺寸。

①执行"格式"｜"表尺寸"命令，打开"表尺寸"对话框。

②输入行数"11"，列数"6"，如图12-4所示，单击【确认】按钮。

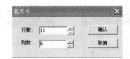

图12-4　定义表尺寸

（3）定义组合单元。

①选择需合并的区域"A1：F1"。

②执行"格式"｜"组合单元"命令，打开"组合单元"对话框。

③选择组合方式"整体组合"或"按行组合"，即合并成一个组合单元。

（4）画表格线。

①选中报表需要画线的区域"A4：F11"。

②执行"格式"｜"区域画线"命令，打开"区域画线"对话框。

③选择"网线"，单击【确认】按钮，将所选区域画上表格线。

（5）输入报表项目。

①选中需要输入内容的单元或组合单元。

②在该单元或组合单元中输入相关文字内容，如在A1组合单元输入"货币资金表"并居中，如图12-5所示。

货币资金表

单位：元

科目名称	行次	期初数	借方发生额	贷方发生额	期末余额
库存现金	1				
银行存款	2				
工行存款	3				
中行存款	4				
建行存款	5				
其他货币资金	6				
合　计					

图12-5　输入表格文字

［操作提示］

①报表项目是指报表的文字内容，主要包括表头内容、表体项目、表尾项目等，不包括关键字。

②日期一般不作为文字内容输入，而是需要设置为关键字。

（6）定义报表行高、列宽。

①选中需要调整的2~11行。

②执行"格式"｜"行高"命令，打开"行高"对话框，如图12-6所示。

③输入行高："10"，单击【确认】按钮。

④同理，将第1行懂得行高设为15毫米。

⑤选中需要调整的 A~F 列。

⑥执行"格式"｜"列宽"命令，打开"列宽"对话框。

⑦输入列宽："40"，单击【确认】按钮，如图 12-7 所示。

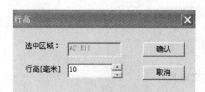

图 12-6　设置行高

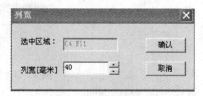

图 12-7　设置列宽

[操作提示]

行高、列宽的单位为毫米。

（7）定义单元属性。

①选定单元"A、B 列"。

②执行"格式"｜"单元属性"命令，打开"单元属性"对话框。

③单击"单元类型"选项卡，单击"字符"选项，单击【确定】按钮。

[操作提示]

①格式状态下输入内容的单元均默认为表样单元，未输入数据的单元均默认为数值单元，在数据状态下可输入数值。若希望在数据状态下输入字符，应将其定义为字符单元。

②字符单元和数值单元输入后只对本表页有效，表样单元输入后对所有表页有效。

（8）设置关键字。

①选中需要输入关键字的单元"A3"。

②执行"数据"｜"关键字"｜"设置"命令，打开"设置关键字"对话框。

③单击"单位名称"单选按钮，单击【确定】按钮，如图 12-8（a）所示。

④同理，在 D3 单元中分别设置"年""月"和"日"关键字，单击【确定】按钮，如图 12-8（b）所示。

（a）设置关键字

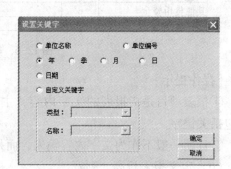

（b）设置关键字

图 12-8　设置关键字

⑤执行"数据"｜"关键字"｜"偏移"命令，打开"关键字偏移"对话框，并设置"年""月""日"分别向左偏移"-120、-90和-60"，如图12-9所示。

［操作提示］

①每个报表可以同时定义多个关键字。

②如果要取消关键字，须执行"数据"｜"关键字"｜"取消"命令。

（9）报表公式定义。

①定义单元公式——账务取数函数定义，以期初数为例。

选定需要定义公式的单元"C6"，即"银行存款"的期初数。单击 f_x 或执行"数据"｜"编辑公式"｜"单元公式"命令，打开"定义公式"对话框，如图12-10所示。

图 12-9　设置关键字偏移

图 12-10　公式向导

a. 单击【函数向导】按钮，打开"函数向导"对话框。从"函数分类"列表中选择"用友账务函数"，从"函数名"列表中选择"期初（QC）"，如图12-11所示。单击【下一步】按钮，打开"用友账务函数"对话框。

b. 单击【下一步】按钮，出现业务函数对话框，如图12-12所示。

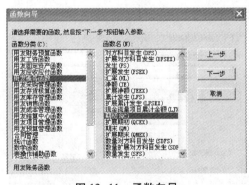

图 12-11　函数向导

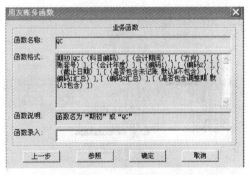

图 12-12　业务函数向导

c. 单击【参照】按钮，打开"财务函数"对话框。取货币资金中库存现金科目1001的期末数，如图12-13所示。

d. 单击【确定】返回，最终返回到"定义公式"对话框，如图12-14所示。

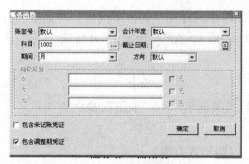

图 12-13　财务函数向导　　　　　　　　　　图 12-14　定义公式

e. 设置完成之后，"定义公式"对话框中的内容为 QC("1002",月,,,,,,,,,,)。

同理，定义现金科目的期初数公式 QC("1001",月,,,,,,,,,)。

同理，定义工行存款科目的期初数公式 QC("100201",月,,,,,,,,,)。

同理，定义中行存款科目的期初数公式 WQC("100202",月,,,,,,,,,)。

同理，定义建行存款科目的期初数公式 WQC("100203",月,,,,,,,,,)。

同理，定义其他货币资金科目的期末数公式 QC("1012",月,,,,,,,,,)。

②定义单元公式——账务取数函数定义，以期末数为例。

a. 选定需要定义公式的单元"F5"，即"现金"的期末数。

b. 单击【fx】按钮或执行"数据"|"编辑公式"|"单元公式"命令，打开"定义公式"对话框。

c. 单击【函数向导】按钮，打开"函数向导"对话框。从"函数分类"列表中选择"用友账务函数"，从"函数名"列表中选择"期末（QM）"，如图 12-15 所示。单击【下一步】按钮，打开"用友账务函数"对话框。

d. 单击【参照】按钮，打开"财务函数"对话框。取"货币资金"中"库存现金"科目 1001 的期末数，如图 12-16 所示。

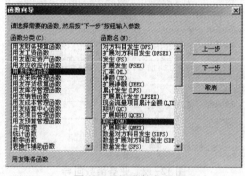

图 12-15　函数向导

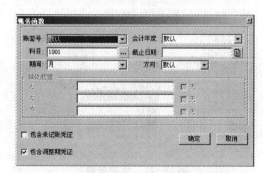

图 12-16　财务函数

e. 单击【确定】返回，最终返回到"定义公式"对话框，如图 12-17 所示。

图 12-17　定义公式

f. 设置完成之后，"定义公式"对话框中的内容为 QM("1001",月,,,,,,,,,)。

同理，定义银行存款科目的期末数公式 QM("1002",月,,,,,,,,,)。

同理，定义工行存款科目的期末数公式 QM("100201",月,,,,,,,,,)。

同理，定义中行存款科目的期末数公式 WQM("100202",月,,,,,,,,,)。

同理，定义建行存款科目的期末数公式 WQM("100203",月,,,,,,,,,)。

同理，定义其他货币资金科目的期末数公式 QM("1012",月,,,,,,,,,)。

[**操作提示**]

a. 单元公式中涉及的符号均为英文半角字符。

b. 单击【*fx*】按钮或双击某公式单元或按"="键，都可打开"定义公式"对话框。

（10）定义单元公式——统计函数。

①选定被定义单元"C11"，即"合计"期初数。

②单击【*fx*】按钮，打开"定义公式"对话框。

③单击"函数向导"按钮，打开"函数向导"对话框，如图 12-18 所示。

④在函数分类列表框中选择"统计函数"，在右边的函数名列表中选中"PTOTAL"，单击【下一步】按钮，打开"固定区统计函数"对话框，输入固定区区域"C5：C10"，如图 12-19 所示。

图 12-18　统计函数

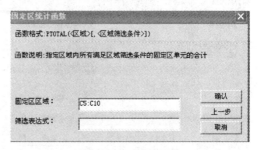

图 12-19　统计函数

⑤同理，输入减项固定区区域"C7:C9"，如图 12-20 所示，单击【确认】按钮。

图 12-20　统计函数

公式列表如表 12-2 所示。

表 12-2　公式列表

期初数	借方发生额	贷方发生额	期末数
QC("1001",月,,,,,,,,,)	FS("1001",月,"借",,,,,)	FS("1001",月,"贷",,,,,)	QM("1001",月,,,,,,,,,)
QC("1002",月,,,,,,,,,)	FS("1002",月,"借",,,,,)	FS("1002",月,"贷",,,,,)	QM("1002",月,,,,,,,,,)

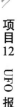

表12-2(续)

期初数	借方发生额	贷方发生额	期末数
QC("100201",月,,,,,,,,,)	FS("100201",月,"借",,,,,)	FS("100201",月,"贷",,,,,)	QM("100201",月,,,,,,,,,,)
WQC("100202",月,,,,,,,,,)	WFS("100202",月,"借",,,,,)	WFS("100202",月,"贷",,,,,)	WQM("100202",月,,,,,,,,,,)
WQC("100203",月,,,,,,,,,)	WFS("100203",月,"借",,,,,)	WFS("100203",月,"贷",,,,)	WQM("100203",月,,,,,,,,,,)
QC("1012",月,,,,,,,,,)	FS("1012",月,"借",,,,,)	FS("1012",月,"贷",,,,,)	QM("1012",月,,,,,,,,,,)
C11=C5+C6+C10	D11=D5+D6+D10	E11=E5+E6+E10	PTOTAL(F5:F10)－PTOTAL(F7:F9)

（11）定义审核公式。

①执行"数据"｜"编辑公式"｜"审核公式"，打开"审核公式"对话框。

②输入审核公式，如图12-21所示。

（12）保存报表格式。

①执行"文件"｜"保存"命令。如果是第一次保存，则打开"另存为"对话框。

②选择保存文件夹，输入报表文件名"货币资金表"；选择保存类型"＊.REP"，单击【保存】按钮。

③格式定义完成后，如图12-22所示。

图12-21　审核公式　　　　　　　图12-22　公式列表

[操作提示]

①报表格式设置完以后切记要及时将这张报表格式保存下来，以便以后随时调用。如果没有保存就退出，系统会出现提示："是否保存报表？"，以防止误操作。

②".REP"为用友报表文件专用扩展名。

12.3.2.2　报表数据处理

（1）打开报表。

①启动财务报表系统，执行"文件"｜"打开"命令。

②选择报表保存的文件夹，选择报表文件"货币资金表.REP"，单击【打开】按钮。

③查看是否为"数据"状态，如果不是，单击空白报表底部左下角的【格式/数据】按钮，使当前状态为"数据"状态。

［**操作提示**］

报表数据处理必须在"数据"状态下进行。

（2）增加表页。

①执行"编辑"｜"追加"｜"表页"命令，打开"追加表页"对话框。

②输入需要增加的表页数"2"，单击【确认】按钮。

［**操作提示**］

①追加表页是在最后一张表页后追加 N 张空表页，插入表页是在当前表页后面插入一张空表页。

②一张报表最多只能管理 99 999 张表页，试用版最多为 4 页。

（3）输入关键字值。

①执行"数据"｜"关键字"｜"录入"命令，打开"录入关键字"对话框。

②输入年"2021"，月"11"，日"30"。

③单击【确认】按钮，弹出"是否重算第 1 页?"对话框。

④单击【是】按钮，系统会自动根据单元公式计算 1 月份数据；单击【否】按钮，系统不计算 1 月份数据，以后可利用"表页重算"功能生成 1 月份数据。

［**操作提示**］

①每张表页均对应不同的关键字值，输出时随同单元一起显示。

②日期关键字可以确认报表数据取数的时间范围，即确定数据生成的具体日期。

（4）生成报表。

①执行"数据"｜"表页重算"命令，弹出"是否重算第 1 页?"提示框。

②单击【是】按钮，系统会自动在初始的账套和会计年度范围内根据单元公式计算生成数据。

［**操作提示**］

可将生成的数据报表保存到指定位置。

（5）报表审核。

①执行"数据"｜"审核"命令。

②系统会自动根据前面定义的审核公式进行审核。

12.3.2 调用报表模板生成资产负债表

12.3.2.1 调用资产负债表模板

（1）新建一张空白报表，在"格式"状态下，执行"格式"｜"报表模板"命令，打开"报表模板"对话框。

（2）选择您所在的行业"2007 年新会计制度科目"，财务报表"资产负债表"。

（3）单击【确认】按钮，弹出"模板格式将覆盖本表格式! 是否继续?"提示框。

（4）单击【确定】按钮，即可打开"资产负债表"模板，如图 12-23 所示。

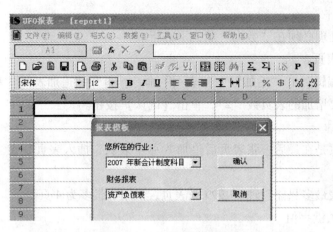

图 12-23 调用报表模板

12.3.2.2 调整报表模板

（1）在【格式】状态下，根据本单位的实际情况，调整报表格式，修改报表关键字位置。

（2）保存调整后的报表模板，如图 12-24 所示。

资 产	行次	期末余额	年初余额	负债和所有者权益（或股东权益）	行次	期末余额	年初余额
流动资产：				流动负债：			
货币资金	1	公式单元	公式单元	短期借款	32	公式单元	公式单元
交易性金融资产	2	公式单元	公式单元	交易性金融负债	33	公式单元	公式单元
应收票据	3	公式单元	公式单元	应付票据	34	公式单元	公式单元
应收账款	4	公式单元	公式单元	应付账款	35	公式单元	公式单元
预付款项	5	公式单元	公式单元	预收款项	36	公式单元	公式单元
应收利息	6	公式单元	公式单元	应付职工薪酬	37	公式单元	公式单元
应收股利	7	公式单元	公式单元	应交税费	38	公式单元	公式单元
其他应收款	8	公式单元	公式单元	应付利息	39	公式单元	公式单元
存货	9	公式单元	公式单元	应付股利	40	公式单元	公式单元
一年内到期的非流动资产	10			其他应付款	41	公式单元	公式单元
其他流动资产	11			一年内到期的非流动负债	42		
流动资产合计	12	资示数据 公式单元	公式单元	其他流动负债	43		
非流动资产：				流动负债合计	44	公式单元	公式单元

资 产 负 债 表

会企01表

单位名称：xxxxxxxxxxxxxxxxxx　　　xxxx 年xx 月xx 日　　　单位：元

图 12-24 修改关键字位置

12.3.2.3 修改报表公式：账表一体化处理

（1）资产负债表中的存货科目金额包含生产成本，公式设置如下：

①双击 D15 单元，打开"定义公式"对话框。

②在原公式最后输入+，单击【函数向导】按钮，打开"函数向导"对话框。

③从左侧的函数分类中选择"用友账务函数"，在右侧的函数名窗口中选择"期初"函数，如图 12-25 所示。

④单击【下一步】按钮，进入"用友账务函数"对话框。单击【参照】按钮，进入"账务函数"对话框。

⑤会计期间选择"全年"；会计科目选择"5001 生产成本"，单击【确定】按钮返回，定义公式对话框如图 12-26 所示。

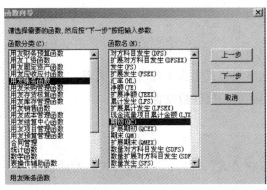

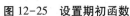

图 12-25　设置期初函数

图 12-26　定义存货年初数公式

⑥单击【确认】按钮返回，选择 C15 单元，定义存货期末数的取数公式，如图 12-27 所示。

（2）将本年利润加到未分配利润科目，公式设置如下：

①选择 G35 单元，定义未分配利润年初数的取数公式，如图 12-28 所示。

图 12-27　定义存货公式

图 12-28　定义未分配利润公式

②选择 H35 单元，定义未分配利润期末数的取数公式，如图 12-29 所示。

（3）将待处理财产损溢加到其他非流动资产。

①选择 D40 单元，定义其他非流动资产年初数的取数公式，如图 12-30 所示。

图 12-29　定义未分配利润公式

图 12-30　定义其他非流动资产公式

②选择 C40 单元，定义其他非流动资产期末数的取数公式，如图 12-31 所示。

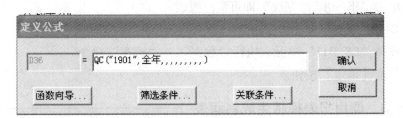

图 12-31　定义其他非流动资产公式

12.3.2.4　生成资产负债表数据

（1）在【数据】状态下，执行"数据"｜"关键字"｜"录入"命令，打开

"录入关键字"对话框。

（2）输入关键字：年"2021"，月"11"，日"30"。

（3）单击【确认】按钮，弹出"是否重算第1页？"提示框。

（4）单击【是】按钮，系统会自动根据单元公式生成1月资产负债表。

（5）单击工具栏中的【保存】按钮，将生成的报表数据保存。

12.3.2.5　审核公式

（1）定义审核公式。

①执行"数据"｜"编辑公式"｜"审核公式"，打开"审核公式"对话框。

②输入审核公式。

（2）报表审核。

①执行"数据"｜"审核"命令。

②系统会自动根据前面定义的审核公式进行审核。

12.3.2.6　舍位平衡

（1）定义舍位公式。

①执行"数据"｜"编辑公式"｜"舍位公式"，打开"舍位公式"对话框。

②输入舍位。

（2）舍位平衡。

①执行"数据"｜"舍位平衡"命令。

②系统会自动根据前面定义的舍位公式进行舍位平衡，生成舍位平衡表。

12.3.2.7　插入、追加表页

单击"编辑"菜单，选择"插入"或"追加"表页。

12.3.2.8　整表重算、表页计算、表也不计算

单击"数据"菜单，选择"整表重算"或"表也不计算"。

12.3.2.9　数据采集

执行"数据"｜"数据采集"命令，选择"资产负债表——舍位表"。

12.3.2.10　汇总

（1）执行"数据"｜"汇总"命令，将资产负债表和资产负债表——舍位表汇总到一起，单击"数据"菜单的"汇总。

（2）单击"下一步""完成"即可汇总报表。

12.3.2.11　透视

（1）选择"C8:D11"单元，执行"数据"｜"透视"命令。

（2）单击【确定】按钮。

12.3.3　调用报表模板生成利润表

利用同样方法，调用并生成2021年11月利润表。

12.3.3.1　调用利润表模板

（1）进入UFO报表，在"格式"状态下，执行"格式"｜"报表模板"命令，

打开"报表模板"对话框。

（2）选择您所在的行业"2007 新会计制度科目"，财务报表"利润表"。

（3）单击【确认】按钮，弹出"模板格式将覆盖本表格式！是否继续？"提示框。

（4）单击【确定】按钮，即可打开"利润表"模板，如图 12-32 所示。

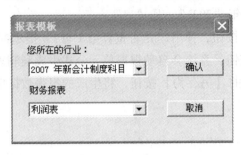

图 12-32　报表模板

12.3.3.2　修改利润表关键字

（1）删除 A3 单元的编制单位。

（2）执行"数据"｜"关键字"｜选择单位名称。

（3）执行"数据"｜"关键字"｜"关键字偏移"，"月"向左偏移"-50"。

12.3.3.3　修改格式

12.3.3.4　设置利润表公式

（1）选择单元，双击【fx】按钮，打开"定义公式"对话框。

（2）单击【函数向导】按钮打开"函数向导"对话框。

（3）从左侧的函数分类中选择"用友账务函数"，在右侧的函数名窗口中选择"累计发生"函数。

（4）单击【下一步】按钮，进入"用友账务函数"对话框。单击【参照】按钮，进入"账务函数"对话框。

（5）会计期间选择"全年"；会计科目选择"6001 主营业务收入"；单击【确定】按钮返回，输入+，重复步骤 1~4，会计科目选择"6051 其他业务收入"定义公式对话框如图 12-33 所示。

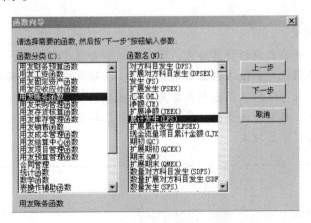

图 12-33　定义利润表累计发生额公式

（6）单击【确认】按钮返回。定义其他项目的取数公式。

12.3.3.5 生成利润表数据

（1）在【数据】状态下，执行"数据"｜"关键字"｜"录入"命令，打开"录入关键字"对话框。

（2）输入关键字：年"2021"、月"11"。

（3）单击【确认】按钮，弹出"是否重算第1页？"提示框。

（4）单击【是】按钮，系统会自动根据单元公式生成利润表。

（5）单击工具栏中的【另存为】按钮，将生成的报表数据保存。

小 结

财务报表系统不能自动提供企业需要的所有报表，它仅仅是一套制表的工具。报表模板生成报表提供了快速制表的方法，利用报表模板还可以解决资产负债表、利润表的编制。企业内部管理报表一般需要进行自定义。自定义报表时，注意区分不同单元类型所存放的数据类型（见表12-3），设置关键字、定义公式几个关键步骤。

（1）单元数据类型。

表 12-3 单元类型

单元类型	特　　征
表样型	在格式状态下输入和修改
数值型	单元的默认类型，在数据状态下输入、修改
字符型	在格式状态下定义，在数据状态下输入、修改

（2）关键字。

关键字是一种特殊的数据单元，可以唯一标识一个表页，用于在大量表页中快速选择表页。关键字在"格式"状态下设置，在"数据"状态下录入。一张报表中，只有明确哪些项目必须设置为关键字，哪些项目不必设置为关键字，才能提高数据处理效率。

（3）公式定义。

报表系统中的公式包括计算公式、审核公式和舍位平衡公式，其中最常用的是计算公式。财务报表中的很多数据都来自账簿，从账簿中获取数据是通过函数实现的。按照数据的来源不同，函数相应分为账务函数、其他业务系统取数函数、统计函数、数学函数、日期时间函数、本表他页取数函数等。掌握函数的用法，就能从账簿中取得数据，生成报表。

一、单项选择题

1. 在 UFO 报表的操作窗口，点击行标和列标相交处的空白格的功能是（　　）。

　　A. 内有任何功能　　　　　　　B. 选择全表单元

　　C. 按行划分显示窗口　　　　　D. 按列划分显示窗

2. 在 UFO 格式状态下执行"格式"菜单的"生成常用报表"功能，能直接生成何种报表？（　　）

　　A. 指定行业的全套会计报表　　B. 选定账套行业的全套会计报表

　　C. 总账行业的全套会计报表　　D. 可选行业的全套会计报表

3. 关于 UFO 报表系统的操作规定，请选出正确的表述。（　　）

　　A. 对于报表尺寸、颜色等的设定，将作用第一表页

　　B. 对于报表尺寸、颜色等的设定，将作用指定表页

　　C. 对于报表尺寸、颜色等的设定，将作用于所有表页

　　D. 对于报表尺寸、颜色等的设定，将不影响表页

4. 在 UFO 中欲查找某一时间的损益表数据，需要在（　　）下进行查询。

　　A. 导出文件　　　　　　　　　B. 格式状态

　　C. 数据状态　　　　　　　　　D. 打印输出

5. UFO 报表通过（　　）操作可生成可以在浏览器上浏览的网页报表文件。

　　A. 文件菜单下的"其他格式"中的"导出成 XML"

　　B. 文件菜单下的"其他财务软件"中的"导出"

　　C. 文件菜单下的"另存为"

　　D. 文件菜单下的"生成 HTML 文件"

6. UFO 报表中同一报表文件的表页可以是（　　）。

　　A. 不同格式不同数据　　　　　B. 相同格式相同数据

　　C. 相同格式不同数据　　　　　D. 不同格式同样数据

7. UFO 报表的表页上增加图形显示区域的正确步骤是（　　）。

　　A. 在格式状态下追加表行或表列　　B. 在数据状态下插入表行或表列

　　C. 在数据状态下追加表行或表列　　D. 在格式状态下插入表行或表列

8. 编制 UFO 报表时，通过（　　）让计算机自动完成取数计算。

　　A. 输入日期　　　　　　　　　B. 输入单位编号

　　C. 输入单位名称　　　　　　　D. 录入关键字

9. 在 UFO 报表中，舍位平衡公式不需要确定的条件是（　　）。

　　A. 舍位单元　　　　　　　　　B. 舍位表名

　　C. 舍位位数　　　　　　　　　D. 舍位区域

10. 以下哪些类型不是 UFO 报表的单元类型？（　　）

　　A. 字符型　　　　　　　　　　B. 表样型

　　C. 数值型　　　　　　　　　　D. 逻辑型

11. UFO 报表从总账能取数的前提是（　　）。

    A. 总账正确填制凭证后即可　　　B. 总账必须结账后

    C. 总账必须记账后　　　D. 总账正确填制凭证且审核后

二、多项选择题

1. 以下哪些类型是 UFO 报表的单元类型？（　　）

    A. 逻辑型　　　B. 数值型

    C. 表样型　　　D. 字符型

2. 在编制 UFO 报表时，可用（　　）方式设置表格线。

    A. 单元属性　　　B. 套用格式

    C. 区域填充　　　D. 区域画线

3. 为保证 UFO 报表与总账的对应关系，可以采用以下哪些方法？（　　）

    A. 进入 UFO 时，选择正确的账套

    B. 将报表文件与总账文件放在同一路径下

    C. 在取数函数中指定账套号

    D. 在数据状态下选中"数据"菜单的"计算时提示选择账套"

4. 要想改变设置好的 UFO 报表尺寸，可以选择哪些方法？（　　）

    A. 在格式状态下执行插入行或列操作

    B. 在数字状态下执行追加表页操作

    C. 在格式状态下执行追加行或列操作

    D. 在数字状态下执行插入表页操作

5. UFO 系统生成资产负债表的准确性取决于下列哪些条件？（　　）

    A. 总账是否进行月末结账　　　B. 取数公式是否正确

    C. 以前生成过本表　　　D. 总账是否记账

6. UFO 报表可以将下列哪些类型的数据文件采集到 UFO 报表文件中？（　　）

    A. DOX　　　B. TXT

    C. JPG　　　D. DBF

7. 在 UFO 报表中，以下哪种操作能使用定制模板的方式生成财务报表？（　　）

    A. 新建/文件/其他格式/从 XML 导入

    B. 新建/文件/其他财务软件数据/导入

    C. 新建/格式/生成常用报表模板

    D. 新建/格式/报表模板

8. 在 UFO 报表中，下列哪些是正确的操作？（　　）

    A. 各表页同样位置上的表样单元的内容和显示方式都相同

    B. 在格式状态下向单元格输入的数据是表样类数据

    C. 需要设置组合的单元必须具有相同的单元类型

    D. 对于字符型单元只能在数据状态下输入数据

9. 在进行 UFO 报表的表页计算时，要想更换总账套，下列哪些步骤是必须的？（　　）

A. 在"数据"菜单下选择"整表重算"

B. 在数据状态下更改账套

C. 在格式状态下选择账套

D. 在"数据"菜单下选中"计算时提示选择账套"

10. 在 UFO 系统中，要想在表页上联查明细账，需要具备哪些权限？（　　）

A. UFO 所有明细功能权限B. UFO 总账函数权限

C. UFO 的函数权限D. 总账明细账查询权限

三、判断题

1. UFO 报表可以和用友 ERP-U8 管理软件的任何系统进行数据传递。（　　）

2. 在 UFO 中生成一张新表时，所有的单元都被默认为字符单元。（　　）

3. 在 UFO 报表系统中，可以自定义报表模板。（　　）

4. UFO 报表可直接在格式状态下获取总账数据。（　　）

5. 执行 UFO 舍位操作后，工作界面展示的报表是生成的舍位报表。（　　）

6. 执行舍位操作后，不需要对生成的 UFO 舍位报表进行任何修改。（　　）

7. 在 UFO 二次开发窗口下输入命令行后，可以提示语法错误。（　　）

8. 用友 UFO 报表系统是报表事务处理的工具。（　　）

9. UFO 增加表页的工作只能通过"编辑"菜单下的"追加"功能完成。

（　　）

10. 在 UFO 中只能从总账中提取财务数据。（　　）

四、简单题

1. 简述表样型数据和字符型数据有何不同。举例说明。

2. 编制单位是否应设置为关键字？

3. 如果利用报表模板生成的资产负债表资产合计不等于负债加所有者权益，你觉得有可能是哪方面的原因？

4. 一个报表文件中是否可以存放不同格式的表页？

5. 为防止无关人员查阅报表，应该采取的措施有哪些？

6. 你是否能够根据本单位业务需要自定义报表模板，并将其加入系统的模板库中？

7. 编制一张自定义报表——"管理费用明细表"。

参考文献 ▶▶

[1] 陈丰，毛华扬，黄继平. ERP 原理与应用 ［M］. 北京：中国人民大学出版社，2018

[2] 张洪波. 会计信息化 ［M］. 北京：高等教育出版社，2016.

[3] 孙伟力. 新编会计信息化应用实验 ［M］. 南京：南京大学出版社，2016.

[4] 吴美云，孙伟力. 会计电算化实务 ［M］. 南京：南京大学出版社，2016.

[5] 陈彦，孙伟力. 财务软件应用 ［M］. 北京：中国财政经济出版社，2016.

[6] 汪刚，付奎亮. 会计信息化实用教程 T3-用友通标准版 10.8 ［M］. 北京：清华大学出版社，2014.

[7] 毛华扬，邹淑. 会计业务一体化实验教程（用友 ERP-U8 V10.1 版）［M］. 北京：清华大学出版社，2014.

[8] 王新玲，汪刚. 会计信息系统实验教程（用友 ERP-U8 V10.1 版）［M］. 北京：清华大学出版社，2013.

[9] 张瑞君，蒋砚章. 会计信息系统 ［M］. 6 版. 北京：中国人民大学出版社，2012.

[10] 崔红. 财务软件实用教程（用友 ERP-U8 版）［M］. 北京：清华大学出版社，2012.

[11] 陈旭，张志恒. 高等学校十二五经济管理类规划教材：会计信息 ［M］. 北京：电子工业出版社，2011.

[12] 杨周南. 会计信息系统 ［M］. 大连：大连出版社，2007.

[13] 汪刚. 会计信息系统实验教程 ［M］. 北京：高等教育出版社，2010.

[14] 王剑胜. 会计电算化 ［M］. 北京：高等教育出版社，2010.

[15] 张瑞君. 会计信息系统 ［M］. 6 版. 北京：中国人民大学出版社，2010.

[16] 张瑞君. 会计电算化信息系统 ［M］. 北京：中国人民大学出版社，2010.

[17] 何日胜. 会计电算化系统应用操作 ［M］. 北京：清华大学出版社，2003.